지은이 · 전명윤

일명 환타幻打. 환상을 깬다는 뜻이다. 세상 어느
곳이든 먹고사는 일이 가장 중요하다. 그 사실을
감추고 반짝거림만을 좇는 여행 구원론을
깨트리고 싶었다.
아시아 이곳저곳을 떠돌던 어느 날 홍콩에
빠졌다. 영국이 만들고 중국인으로 채워졌으며
세계의 문화를 덧입은 이 도시의 정체성은
그야말로 코즈모폴리턴cosmopolitan이다. 나는
이 매력적인 도시를 오랫동안 보고 싶어서
가이드북 ┈┈┈┈┈ 4년간 수없이 홍콩을
┈┈┈┈┈┈┈┈┈┈┈┈ 들을 살펴보았다.
┈┈┈┈┈┈┈┈┈ 는 사람들의 표정은
┈┈┈┈┈┈┈┈┈┈┈ 모습이 좋았다.
┈┈┈┈┈┈┈┈ 은 내가, 그리고 우리가
사랑했던 도시와 사람들에게 바치는 마지막
헌사이다.
지은 책으로 『프렌즈 홍콩·마카오』, 『프렌즈
베이징』, 『프렌즈 인도·네팔』, 『프렌즈
오키나와』, 『상하이 100배 즐기기』 등의
여행서와 에세이 『환타지 없는 여행』, 『생각으로
인도하는 질문여행』이 있다. 『거의 모든
재난에서 살아남는 법』이라는 응급 상황 매뉴얼
북을 함께 쓰기도 했다.

REMEMBER HONGKONG

일러두기

1. 이 책에 등장하는 인명, 지명 등의 고유명사는 국립국어원 외래어표기법에 따라 표기했다.

2. 홍콩의 인명과 지명, 상호 등은 중국 푸통화 발음이 아니라 영어 또는 광둥어 발음으로 표기했다.
   예) 조슈아 웡Joshua Wong, 라이치콕荔枝角

3. 신해혁명 이전의 중국인과 현대 중국/홍콩 영화인의 경우는 한국어 한자 독음으로 표기했다.
   예) 공자孔子, 왕가위王家衛

4. 고유명사 가운데 일부 역사적 장소와 중국/홍콩 언론사의 이름은 한국어 한자 독음으로 표기했다.
   예) 천안문天安門, 『환구시보環球時報』

리멤버 홍콩

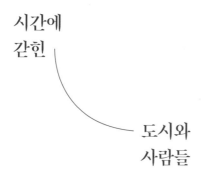

시간에
갇힌

도시와
사람들

전명윤 지음

사□계절

우리가 사랑한 도시

그저 숫자의 순환에 불과하건만, 그 숫자의 앞자리가 바뀌는 1999년과 2000년 사이의 밀레니엄 이벤트는 세상의 어느 한 구석이 끝날지도 모른다는 환상을 심어주었다. 많은 사람이 세 번째 밀레니엄이 시작되기 전에 어떤 일이 벌어질 것이라고 생각했다. 되돌아보면 황당한 사건들뿐이지만, 그때 우리는 진지했다. 소년, 소녀가 즐겨보는 잡지들은 주기적으로 중세의 예언가 노스트라다무스를 소환했고, 어떤 종교 집단은 휴거를 기다렸으며, 심지어 가장 이성적이어야 할 과학도 대중에게 Y2K에 대한 공포를 주입시켰다. 적당히 세상을 이해하고, 적당히 아는 체 하던 20대 중반의 나에게도 '세기말'이라는 단어는 느닷없이 쏟아진 장맛비 같았다. 아무 일도 없을 것이라는 걸 알면서도 괜히 불안해했고, 뭔가를 기다리기도 했다.

1995년 개봉한 홍콩 영화 〈중경삼림重慶森林〉은 당시 청춘들의 이목을 사로잡았다. 나는 처음 이 영화를 보고 현란한(혹은 정신없는) 화면에 다른 사람들이 왜 그토록 열광하는지 이해할 수 없었지만, 이듬해에 인생 최초의 실연을 겪고는 마치 깨달음을 얻은 사람처럼 〈중경삼림〉에 집착하게 되었다. 나는 영화 속 주인공을 따라 거리를 뛰었다. 꼭 그처럼 눈물이 흐르는 걸 감추고 싶었고, 달리고 있노라면 눈물이 땀으로 배출되는 기분이

들었다. 거식증까지 찾아온 나는 샤워를 하다가도 다 닳은 비누를 보면서 오열했고, 그런 뒤 영화 속 주인공처럼 통조림을 사 모으기도 했다. 온 세상의 모든 것에 '유통기한'이 존재하는 것처럼 느껴졌다.

이후 나는 홍콩 영화에 몰입했다. 실연을 잊기 위해 찾아간 인도에서도 자꾸만 영화 속 홍콩의 풍경이 떠올랐다. 나는 갠지스강에서 불타는 시신을 보면서 삶의 유통기한을 생각했고, 숨만 쉬어도 땀이 줄줄 흐르는 바라나시Varanasi의 낡은 게스트 하우스에서 영화 〈몽콕하문旺角卡門〉의 공기를 상상했다. 어쩌면 인도를 14억 명의 주민이 살고 있는 청킹맨션重慶大廈이라고 생각했는지도 모르겠다. 나는 인도에서 〈중경삼림〉의 임청하林靑霞처럼 어두침침한 인간 숲을 누비고 있었다.

열 달 만에 서울로 돌아온 그날, 홍콩이 중국에 반환될 것이라는 소식을 들었다. 그 유통기한은 1997년 7월 1일. 어떤 사람들은 브리티시 홍콩이 홍콩 차이나로 바뀌는 순간 종말이 온다고 믿었다. 마침내 찾아온 반환의 날, 홍콩 반환식 뉴스를 보던 나는 귀국길에 홍콩을 들르지 못한 것을 후회했다. 나는 〈중경삼림〉 속의 홍콩을 만나지 못한 채로 떠나보냈다.

그리고 10년이 흘렀다. 2007년 우연히도 홍콩이 내게 다가왔다. 인도, 중국, 상하이 가이드북을 함께 만든 출판사에서 홍콩 가이드북도 만들면 어떻겠느냐고 제안했다. 홍콩 여행에 대한 수요가 급증했기 때문이다. 나는 가이드북의 정보를 취재한다는 핑계로 홍콩의 모든 것에 파묻히기로 했다.

그런데 알면 알수록 홍콩의 삶은 영화와 달랐다. 그 도시에서 삶을 살아내고 있는 이들은 자신은 중국인이 아니라 '홍콩인'이라는 사실에 자부심을 갖고 있었다. 처음에는 그 낯선 정체성이 껄끄럽기도 했다.

급커브 탓에 쉴 새 없이 기우뚱거리는 2층 버스를 타고 리펄스베이Repulse Bay와 스탠리Stanley로 가고, 빅토리아피크Victoria Peak로 갈 방법을 찾으려고 장대비를 뚫고 산을 오르는 일은 고역이었다. 숙박비를 아끼려고 작은 월세방을 찾다가 디스크에 걸리고, 하루에 여덟 끼씩 먹으며 취재를 하다가 당뇨가 생기기도 했지만, 그래도 난 홍콩이 좋았다. 중국과 인도를 휩쓰는 민족주의 열풍보다는, 세계 시민으로서 떠다니기를 꿈꾸는 홍콩 사람들의 정서가 더 마음에 들었다.

2014년 우산혁명을 취재하다가 문득 이 도시의 유통기한이 '50년'이 아닐지도 모른다는 생각을 했다. 1997년에 한 번 잃어버렸던 홍콩을 또다시 상실하게 될지도 모른다는 불안감에, 나는 평생 이 도시를 따라다니겠다고 결심했다. 내 수입의 일부를 오직 이 도시와 함께하는 데 써도 괜찮을 것 같았다.

그날부터 팟캐스트 등 여러 매체에 나가서 홍콩에 대해 떠들기 시작했다. 내 말을 듣고 딤섬을 먹고 쇼핑을 하러 홍콩으로 가던 한국 사람들이 좁은 섬에 갇힌 채 유통기한이 정해진 삶을 살고 있는 홍콩 사람들의 상황에 감응하기 시작했다. 그때 우리는 2047년이 되어서 지금의 홍콩이 끝나버리고 난 뒤에는 무슨 일이 벌어질지를 질문하고 생각해보았다.

돌아보면, 그날의 질문은 얼마나 사치스러웠던가. 2019년 내내 나는 내가 사랑하는 도시가 불타는 광경을 지켜봐야 했다.

눈을 감고도 찾을 수 있는 골목골목들이 매캐한 최루탄 연기에 갇히고 함께 먹고 마시던 친구들이 경찰에게 얻어맞는 광경을 그저 지켜볼 수밖에 없었다. 취재를 마치고 돌아올 때마다 환청에 시달렸다. 사람들의 고함과 경찰의 구둣발 소리가 들리더니, 펑 하고 최루탄이 터지고, 이내 울부짖음이 가득 찼다. 그리고 자신들의 이야기를 제대로 전달해달라는 홍콩 사람들의 당부가 귓전을 떠나지 않았다.

2019년 11월의 상황은 너무나 끔찍해서, 도저히 글로 옮길 수 없었다. 연재 일정을 미루고 미루며 꾸역꾸역 홍콩의 소식을 전달할 때마다 내가 갖고 있던 홍콩에 대한 감정들이 마른 각질이 되어서 바닥으로 떨어졌다. 취재 기사를 정리하고, 그것을 다시 책으로 묶는 동안 홍콩도, 나도 자꾸만 사그라들었다.

하루는 불타는 도시에서 탈출해서 내가 사랑하는 홍콩으로 도망가고 싶다는 감정에 휩싸였다. 시위 현장에서 빠져나와 거리를 걷다가 정신을 차려보니 만다린오리엔탈 호텔 앞에 서 있었다.

"저기쯤인가?"

언젠가 이 호텔에서 가장 오래 일한 스태프에게 장국영張國榮의 마지막에 대한 이야기를 들은 적이 있다.

"당시엔 호텔 맨 꼭대기에 휘트니스 센터랑 발코니가 있었지. 그이는 종종 운동을 마친 후 발코니에 테이블을 가져다놓고 1층 식당에서 음식을 주문해서 먹었어. 사실 그러면 안 되지만 장국영은 우리 호텔의 VVIP여서 가능했어. 그날은 나에게 냅킨을 가져다달라고 하더라고. 그래서 찾아 왔더니 그가 자리에 없었어. 꼭 영화 같았지. 커튼만 펄럭이고 사람은 사라진 거야."

그는 그렇게 날아가버렸다고 했다.

나는 그가 뛰어내린 발코니를 한 번 올려다보고 호텔 베이커리로 가서 장미잼을 샀다. 진열장에는 스콘도, 클로티드 크림도 남은 게 없었다. 장미잼만 덜렁 들고 밖으로 나온 나는 털썩 주저앉았다.

'장국영이 살아 있었다면 이 꼴을 보고 무슨 생각을 했을까? 살아 있는 많은 사람들이 홍콩에 갇혀서 아무것도 할 수 없게 될 거라는 걸 그는 알았을까?'

허탈하게 웃고 있는데 시위대가 내 앞으로 밀려왔다. 나도 시위대와 함께 최루탄을 피해 황후상광장Statue Square으로 갔다가 소호SOHO로 향했다. 달려가는 내내 익숙한 풍경들이 곁을 스쳤다. 양조위梁朝偉가 좋아하는 우육면 가게, 주윤발周潤發이 총격전을 벌이던 골목과 영화 속에서 그리도 쓸쓸해 보이던 미드레벨 에스컬레이터는 그대로였지만 더 이상 내가 알던, 내가 사랑했던 홍콩은 존재하지 않았다. 나는 다시 자리에 주저앉아서 쫓기는 자와 쫓는 자만 남은 도시를 넋을 놓고 바라보았다.

그렇게 우리가 사랑했던 홍콩의 유통기한이 끝나버렸다. 약속과는 달리….

1.

홍콩은 어떻게
홍콩이 되었나

밸런타인데이의 비극

2018년 2월 8일, 홍콩인 찬통카이陳同佳와 푼히우윙潘曉穎 커플은 밸런타인데이를 기념해 타이완으로 여행을 떠났다. 하지만 이들의 동행은 비극으로 끝났다. 여행 마지막 날인 2월 17일, 찬(남성)은 푼(여성)을 살해·유기한 뒤 도망쳤다. 밝혀진 바에 따르면 찬은 귀국을 하루 앞두고 푼과 다투었다고 한다. 싸움의 발단은 푼의 임신. 찬은 아이의 아버지가 푼의 전 남자 친구이고, 푼이 그와의 섹스 비디오를 자신에게 보여줬다고 주장했다. 이에 격분하여 푼을 살해한 뒤 시신을 여행 가방에 넣어 주웨이竹圍 역 근처 공원에 유기했다는 것이다.

살해 직후 그는 푼의 스마트폰과 디지털카메라, 신용카드를 챙겨 달아났다. 도주 중 피해자의 카드로 타이완에서 2만 타이완달러(한화 약 80만 원)를 인출했고, 홍콩으로 돌아와 이틀간 약 1만 9200홍콩달러(한화 약 270만 원)를 더 꺼냈다. 그는 홍콩에서 푼의 부모에게 전화를 걸어 여행 중 푼과 말다툼을 했는데, 화가 난 푼이 밖으로 뛰어나갔으며, 자신이 뒤쫓아갔으나 결국 찾지 못해 혼자 귀국했다고 말했다. 찬의 전화를 받은 푼의 부모는 홍콩 경찰에 딸의 실종을 신고했다. 경찰이 푼의 입국 기록을 찾지 못하자 부모는 다시 타이완 경찰에 신고했다.

3월 11일, 타이완 경찰은 "CCTV를 통해 푼이 마지막으로 숙소에 들어간 시간이 2월 17일 0시 26분인 것을 확인했다. 다만 푼이 숙소 밖으로 나오는 장면은 없었다"라고 홍콩 경찰에 통보했다. 이틀 뒤 홍콩 경찰은 찬을 살해 혐의로 긴급 체포했다. 조사를 받던 찬은 자신이 푼을 살해한 뒤 시신을 지하철역에 유기했다고 자백했다. 타이완 경찰은 주웨이 역 인근에서 푼의 시신이 담긴 분홍 가방을 발견했다. "최근에 매일 비가 온 탓에 시신은 매우 부패한 상태였다." 푼의 시신을 부검한 타이완 경찰은 사인(목뼈 골절)과 사망 당시 임신 5주였다는 사실을 확인했다. 3월 29일, 푼은 주검이 되어 홍콩으로 돌아왔다.

한동안 이 사건에 대한 기사가 거리의 신문 판매소를 가득 채웠다. 젊은 연인의 치정과 살인, 섹스 비디오 등 황색언론이 좋아하는 요소가 가득했기 때문이다. 이때까지는 그런 줄로만 알았다.

갑자기 상황이 예상하지 못한 방향으로 흘러갔다. 홍콩에서 살인죄는 종신형에 해당하는 범죄지만, 살인이 타이완에서 벌어졌기 때문에 찬을 홍콩 법으로 처벌할 수 없었다. 한국처럼 속인주의 형법을 채택한 나라는 자국민이 해외에서 벌인 범죄를 국내법으로 처벌할 수 있지만, 홍콩은 속지주의를 채택하고 있기 때문에(영국의 영향이다) 홍콩인이 해외에서 벌인 범죄를 처벌할 수 없다. 속지주의 국가는 대신 범인을 범죄를 저지른 국가로 보내 재판받게 한다. 곧 찬을 처벌하기 위해서는 그를 타이완으로 보내야 한다는 뜻이다. 타이완 검찰은 사건 초기부터 찬의 신병 인도를 요청했다. 하지만 홍콩 경찰은 찬을 송환하는 대신 경찰 세 명을 타이완에 파견해 사건을 조사하게 했다. 타이완 검찰은 2018년 3월, 4월, 7월에 찬의 송환과 사법 공조를 요청했지만, 홍콩 측은 묵묵부답이었다. 더 이상 사건 처리를 미룰 수 없게 된 타이완 검찰은 2018년 12월 3일을 기해 찬에게 37년 6개월간 효력이 있는 수배를 명령했다.

사실 홍콩은 홍콩대로 고민에 빠졌다. 이 사건은 찬을 타이완으로 보내 재판받게 해야 하지만, 홍콩과 타이완은 범죄인 인도 협정을 맺지 않았기 때문에 신병을 인도할 법적 근거가 없었다. 결국 찬이 살인을 자백했음에도 불구하고 홍콩 검찰과 법원은 살인죄를 심판하지 못했다. 2019년 4월 29일, 찬은 푼의 카드와 물품 등을 훔친 혐의로 29개월 형을 선고받았다. 이마저도 검찰의 구형보다 3분의 1이나 감형된 결과였다.

Cap.503

이 이야기를 들은 여러분은 '홍콩과 타이완이 범죄인 인도 협정을 맺으면 안 돼?'라고 생각할지도 모른다. 하지만 그건 불가능하다. 중국(홍콩)과 타이완은 서로를 국가로 인정하지 않기 때문이다. 중국헌법은 타이완을 미수복 구역으로 규정한다. 타이완헌법에는 중국 대륙 전체가 미수복 구역으로 되어 있다. 그리고 홍콩은 법적으로 중국의 특별행정구(香港特別行政區, Hong Kong Special Administrative Region)이기 때문에 타이완과 개별 협정을 맺을 수 없다. 홍콩은 국제올림픽위원회IOC나 국제축구연맹FIFA, 세계무역기구WTO 같은 국제기구에 단독 가입할 수 있지만, 상대가 타이완이라면 이야기가 달라진다. 홍콩에는 미니헌법이라고 할 수 있는 '홍콩기본법'이 있지만 이 또한 '중화인민공화국헌법'의 영향을 받는 하위 법에 불과하다.

홍콩의 '범죄자에 대한 인도 조례'(흔히 'Cap.503'이라고 부른다. 이 책에서는 'Cap.503' 또는 '송환법'으로 표기했다)의 1조는 법의 적용 범위를 규정한다. 그에 따르면 이 조례를 "중국 혹은 중국의 다른 부속 지역에서는 적용할 수 없다." 홍콩 정부가 타이완 검찰의 송환 요청에 묵묵부답하며 수사관만 파견한 이유도, 자칫 둘 사이의 공조가 타이완의 주권을 인정한 것처럼 비치면 난처해지기 때문이다.

그러던 2019년 2월, 별안간 홍콩의 치안과 방재, 중대 범죄를 총괄하는 행정부 소속의 보안국이 중국, 타이완, 마카오 등 범죄인 인도 협정을 맺지 않은 지역으로 도망간 범죄자의 송환을 위해 법률 개정이 필요하다는 의견을 밝혔다. 그러면서 푼 살인 사건을 중요한 사례로 들었다. 이어서 5월 20일에는 보안 장관 존 리John Lee가 "오는 6월 9일에 Cap.503 개정안을 홍콩 의회에 제출할 것"이라고 발표했다. 개정안의 핵심은 "이 법의 적용 범위를 삭제하여 범죄인 인도 협정을 맺지 않은 지역으로 범죄인을 송환할 수 있는 법적 근거를 마련하겠다"는 것이다.

곧바로 홍콩 시민 사회가 반발했다. 홍콩 사회가 반발한 까닭은 동일한 범죄에 대해 중국과 홍콩의 형량이 다르기 때문이다. 현재 홍콩에서 한화 약 5억 원을 뇌물로 받거나 횡령할 경우 최대 10년 형을 받지만, 중국에서는 동일한 죄에 대해 사형까지 선고할 수 있다.

중국은 전 세계에서 가장 다양한 죄에 사형을 선고하고 집행하는 나라다. 반면 홍콩은 1993년에 종신형 이상의 신체형을 폐지했다. 오늘날 대부분의 사형제 폐지국은 자국인이 국외에서 사형을 받을 가능성이 있는 범죄를 저지른 경우에는 상대국으로의 송환을 거부하며, 이와 같은 일을 피하기 위해 사형 집행국과는 범죄인 인도 협정을 맺지 않는다. 예를 들어 실질적 사형제 폐지 국가인 한국은 세계의 여러 나라와 범죄인 인도 협정을 맺고 있지만, 여전히 사형을 집행하는 일본은 미국, 한국 등 일부 국가를 제외하면 어떤 나라와도 이 조약을 맺지 않았다. 이런 상황에 비춰봤을 때 송환법 개정은 처음부터 무리한 시도였다.

푼 살해 사건에서 홍콩은 법의 허점으로 인해 실체가 밝혀진 살인을 처벌하지 못했다. 이 부분에 대해서는 개선이 필요하다. 하지만 찬을 타이완에 송환하려다가 자칫 홍콩인을 중국으로 송환할 법적 근거가 만들어지는 것은 위험천만한 일이다. 홍콩 정부와 친정부 언론은 이 법의 개정이야말로 사법 정의를 실현하는 조치라고 주장하며, 이를 정치적으로 해석하지 말라고 시민들에게 당부했다. 하지만 당국의 설명이 길어질수록 시민들의 시선은 싸늘해졌다. 이것은 법 조항 하나를 넣고 빼는 간단한 문제가 아니기 때문이다. 송환법 개정은 1997년 이후 이어진 중국과 홍콩 시민의 갈등이 새로운 국면으로 접어들었음을 알린 사건이다.

Cap.503을 입법한 이들은 1조에 "중국 혹은 중국의 다른 부속 지역에서는 적용할 수 없다"라고 명시했다. 단지 범죄인 인도 협정을 맺지 않는 소극적 방지가 아니라 미체결 지역에서는 이 법을 집행하지 않는다고 확정한 것이다. 정확히는 광범위한 사형제 집행 국가인 중국으로 홍콩인을 인도할 수 없게 하여 중국의 내정 간섭을 막고 홍콩인의 민주적 활동을 보호하기 위해서였다. 앞서 2016년 홍콩 입법회(한국의 국회 역할을 한다)에서 열린 대정부 질의에서 야당 의원들은 송환법을 개정할 계획이 있느냐고 질문했고, 홍콩 정부는 그럴 의사가 없다고 답변했다. 그로부터 3년 뒤, 한 살인 사건이 촉발한 송환법 개정 시도가 거대한 폭풍을 몰고 왔다. 그 소용돌이 속으로 들어가기 전에, 잠시 홍콩이 만들어진 배경과 역사를 돌아보자.

영국의 차와 인도의 아편과 청나라의 돌섬

홍콩의 중심부인 센트럴Central의 마천루 사이를 지나 셩완 Sheung Wan으로 가다 보면, 동서로 뻗은 퀸스로드Queen's Road 와 할리우드로드Hollywood Road를 남북으로 연결하는 좁은 길 포제션스트리트Possession Street가 나온다. 이 야트막한 오르막은 홍콩 구시가가 어떻게 만들어졌는지 잘 보여주는 장소이다. 이곳에서 특히 주목할 건물은 포제션스트리트 10~12번지에 있는 '홍콩전기HK Electric' 사옥이다. 홍콩전기는 1890년 홍콩에 최초로 전기를 공급한 회사로, 현재도 홍콩의 전력 대부분을 담당하는 두 회사 중 하나이다. 이제는 낡은 건물이 초라해 보이기도 하지만, '최초의 홍콩'을 상징한다는 점 때문에 오랫동안 관광객의 발길이 이어지고 있다.

홍콩전기 사옥을 지나 조금 더 올라가면 교차로가 나온다. 여기에서 오른쪽으로 방향을 틀어 30미터를 가면 패방牌坊(공로

가 있는 사람을 기념하기 위해 세운 문짝 없는 대문이다. 지붕을 여러 층 없은 것이 특징이다)이 있는 작은 공원이 있다. 요즘 지도에는 할리우드로드공원Hollywood Road Park이라고 되어 있는데, 1980년대까지는 포제션포인트Possession Point라고 불렀다. 이 또한 상징적인 장소로서, 19세기에 아시아를 휩쓸고 간 서세동점의 흔적이 고스란히 남아 있다.

커피를 주로 마시는 다른 유럽 국가와 달리 영국은 차 문화권에 속한다. 영국에 차가 전파된 건 1662년으로, 포르투갈의 공주 캐서린Catherine of Braganza이 영국의 찰스 2세Charles II와 혼인하며 모기가 우글거리던 인도의 봄베이Bombay(오늘날의 뭄바이Mumbai)에서 차 한 덩이를 가져왔다. 이 일을 계기로 차는 영국 상류층의 기호 식품이 되었다. 이듬해인 1663년, 영국의 시인이자 정치가인 에드먼드 월러Edmund Waller는 「캐서린 왕비가 권장하는 차에 대하여」라는 시를 짓고 차가 "비너스의 상록수나 아폴로의 월계수보다 낫다"라고 묘사했을 정도다. 캐서린이 가져온 차 한 덩이는 금방 동났고, 1664년 동인도회사는 네덜란드 상인에게서 2파운드 2온스(약 1킬로그램)의 차를 구입했다. 이렇게 영국은 차를 수입하기 시작했다. 차는 영국 궁정의 식문화를 바꿨고, 이내 귀족 문화로 편입되었다. 당시 차의 가격은 몹시 비싸서, 차 한 잔이면 커피 다섯 잔을 마실 수 있었다고 한다. 영국의 차 수입량은 시간이 갈수록 늘어나서, 1760년에는 그 비율이 국가 전체 수입의 약 40퍼센트를 차지했다.

그 시기에 영국 정부는 노동계급의 음주 문제로 골치를 앓고 있었다. 시장과 산업의 발달로 임금노동자가 증가했지만, 그들이 늘 술에 취해 있던 탓에 생산성은 기대만큼 늘지 않았다. 이에 정부는 노동자의 음료를 술에서 차로 바꾸기로 했다. 정부가 차에 부과하던 관세를 119퍼센트에서 12.5퍼센트로 줄이자 차 문화가 순식간에 사회 전체로 파고들었다. 상류 문화에 대한 동경과 모방은 시대와 장소를 막론하고 익숙한 일이다.

그런데 예상하지 못한 문제가 생겼다. 관세를 낮춘 탓에 국가의 이익이 급감한 것이다. 심지어 영국이 식민지에서 번 돈 전부를 차 수입에 쏟아붓는 꼴이었다. 1785년에는 영국이 중국에서 수입한 품목의 90퍼센트가 차였다. 비단도, 도자기도 아닌 오로지 차, 차, 차! 온 나라가 차에 열광했고, 무역 적자는 눈덩이처럼 불었다. 그 결과 영국이 전 세계 식민지에서 긁어모은 막대한 양의 금은이 고스란히 중국으로 흘러갔다.

무역 적자를 어떻게 해소할 것인가? 이 문제를 고민하던 영국의 머릿속에 1757년 식민지화한 인도 동부의 벵골Bengal이 번쩍 떠올랐다. 정확히는 그곳에서 생산되는 아편에 주목한 것이다. '아편을 중국으로 가져가서 팔면 금과 은을 되찾아올 수 있겠다!' 불온한 생각이 양귀비꽃처럼 피어올랐다.

중국 청나라는 옹정제雍正帝 시절(1729)에 아편의 흡연과 판매를 엄격히 금지했다. 아편을 판 사람은 유배형에, 아편굴을 운영한 사람은 가차 없이 사형에 처했다. 그런데 1781년 영국은 인도산 아편의 중국 (밀)수출을 허가했다. 인도에서 난 아편이 중국의 도시와 시골로 스며들자 영국의 무역 적자가 빠르게 해소되었다. 30년도 채 지나지 않은 1807년에 대중국 무역이 균형을 회복했고, 다시 30년 뒤에는 청제국 전체 재정의 30퍼센트가 아편과 바뀌어 영국으로 흘러갔다. 아편 단 한 품목 때문에 두 나라의 무역 수지가 역전된 것이다. 당시의 기록을 보면 1839년에 청제국으로 들어간 아편은 4만 상자, 2000톤에 달한다. 한 번에 1그램씩 담배에 섞어 피운다고 가정하면 자그마치 20억 회 분량이다. 1840년 아편전쟁 당시의 청제국 인구가 4억 명이었으니, 모든 중국인이 다섯 번씩 피울 수 있는 엄청난 양이었다.

아편은 인도에도 매우 중요한 산업이었다. 19세기 초에 청제국으로 흘러간 아편은 인도 동부의 파트나Patna와 바라나시, 내륙 중동부의 말와Malwa 지역에서 생산되었다. 1840년에는 아편의 원료인 양귀비를 재배하는 면적이 대한민국 울산광역시의 두 배 크기인 2000제곱킬로미터에 달했다. 양귀비 재배에 종사하는 노동자는 130만 명이었고 아편의 제조와 운송을 맡은 사람까지 합하면 약 1000만 명이 아편 무역에 종사했다. 아편은 영국령 인도의 전체 수입의 5분의 1을 담당했다.

1838년 청제국의 도광제道光帝는 임칙서林則徐를 흠차대신欽差大臣으로 임명하고 아편 근절에 대한 전권을 부여했다. 청은 더 이상 아편 무역으로 인한 손실을 묵과할 수 없었다. 중국 전역에서 아편 중독자가 창궐하여 온 나라의 경제와 사회가 마비될 지경이었다. 1839년 5월 임칙서는 2만 3000상자, 약 1150톤의 아편을 몰수해 석회와 섞은 뒤 바다에 버렸다(아편은 석회와 소금에 반응하면 못 쓰게 된다. 바다에 버린 아편을 건지려는 사람들까지 고민한 조치였다). 이후 각국의 무역상을 체포하여 앞으로 아편 무역을 하지 않겠다는 각서를 받았다. 이 조치에 영국이 반발했

"대중국 무역 적자를 고민하던
영국의 머릿속에 불온한 생각이
양귀비꽃처럼 피어올랐다."

다. 영국은 각서 제출을 거부했고, 결국 광저우廣州에서 쫓겨나 마카오를 거쳐 아무도 살지 않던 돌섬 하나를 점령했다. 이 섬에 상륙한 영국은 해변 안쪽에서 평평한 땅을 찾아 막사를 세웠다. 1839년 8월, 소수의 영국군 부대를 지휘한 찰스 엘리엇Charles Elliot은 그곳이 얼마 후 영국의 영토가 되고 앞으로 아시아의 진주로 발돋움하며 2020년에는 미중 분쟁의 중심이 되리라고는 생각하지 못했을 것이다. 그 섬이 바로 홍콩이다(영국군 막사가 서 있던 곳은 오늘날의 할리우드로드공원이다).

홍콩의 탄생

1840년 6월 아편전쟁이 발발하자 영국 함대는 임칙서가 수비하는 광저우를 피해 수도 베이징北京 코앞의 항구 도시 톈진天津으로 전진했다. 영국 군함에 놀란 청제국은 황궁을 위험에 빠트린 임칙서를 파직하고 만주족 출신의 황족인 기선琦善을 후임으로 임명했다. 이때가 1840년 12월이다. 영국은 청에 아편을 몰수한 죄를 물어 400만 냥을 배상하고 홍콩섬을 내놓으라고 요구했다.

기선은 영국과 협상하려 했지만 영토 할양은 받아들일 수 없었다. 그것은 곧 청제국의 패배를 의미하기 때문이다. 1841년 1월 영국군은 공격을 재개했다. 이번에는 위협에 그치지 않고 광저우를 직격했다. 세계 최초의 철갑 증기선 네메시스호가 활약한 이 전투에서 영국군은 단 한 명의 사망자도 없이 완승을 거두었다. 광저우가 함락되고 양국 사이의 재협상이 시작되었다. 그 결과 기선과 찰스 엘리엇은 '촨비초약穿鼻草約'을 체결했다. 영국은 배상 요구액을 600만 냥으로 증액하고 홍콩섬 할양을 요구했다. 하지만 청의 조정은 조인을 거부하고 기선을 헤이룽장黑龍江으로 유배시켰다. 그리고 도광제는 영국과의 전쟁을 선포했다.

청의 선전포고 직후 영국군은 양쯔강揚子江을 거슬러 오르며 상하이上海와 난징南京을 점령했다. 청군은 연패를 거듭하다가 1842년 8월 29일 난징에 정박한 영국 군함 콘월리스호에서 강화 조약을 맺었다. '난징조약南京條約'이라는 이름으로 잘 알려진 아편전쟁 강화 조약의 주요 내용은 다음과 같다.

- 홍콩을 영국에 할양한다.
- 광저우·샤먼廈門·푸저우福州·닝보寧波·상하이 등 5개 항구를 개항하고 영사領事를 설치한다.
- 전쟁 배상금 1200만 냥, 몰수당한 아편의 보상금 600만 냥을 비롯하여 총 2100만 냥을 영국에 지불한다.
- 수출입 상품에 대한 관세를 제한한다.
- 이 조약은 청나라와 영국 두 나라 관리의 대등한 교섭의 결과이다.

바로 이 조약을 통해 이 책의 주인공인 홍콩과 홍콩의 영원한 라이벌이 될 운명을 타고난 도시 상하이가 탄생했다.

홍콩 1842

1842년 8월 29일 남중국해의 작은 돌섬이 영국 땅이 되었다. 나무 한 그루 풀 한 포기 자라지 않을 만큼 척박했던 섬의 이름은 홍콩. 거기에 산 아래 난 한 뼘의 땅에서 농사를 짓고 물고기를 잡던 소수의 주민과 정치적 도망자, 그리고 해적들이 모여 있었다. 영국은 즉시 인구조사를 실시했는데 주민의 수가 7450명에 불과했다.

영국이 청제국과 맺은 난징조약에는 이것이 "대등한 교섭의 결과"라고 쓰여 있지만, 어디를 보더라도 영국의 이권만 보장한 불평등 조약이다. 난징조약은 이후 100년 이상 중국을 구속한 숱한 불평등 조약의 출발점이었다. 영국은 1860년에 카오룽반도九龍半島를 손에 넣었고, 1898년에는 현재 홍콩의 80퍼센트를 차지하고 있는 신계新界 지역을 99년간 조차했다.

영국은 도시를 계속 확장했다. 이때는 홍콩이라는 이름도 없던 시절이라, 영국은 이 도시를 퀸스타운Queen's Town이라고 불렀다. 이후 규모가 확장되며 빅토리아시City of Victoria가 되었고, 1857년 도시가 더 커지자 빅토리아시를 네 개의 구로 나누었다. 오늘날 센트럴은 한자로 中環(중환)으로 표기하고 성완은 上環(상환)이라고 쓰는데, 지명에 環(환)자가 들어간 게 바로 1857년의 일이다. 참고로 당시 싸이완西環(서환)은 오늘날의 케네디타운Kennedy Town과 싸이잉푼Sai Ying Pun 지역이고, 하완下環(하환)은 오늘날의 완차이Wan Chai, 코즈웨이베이Causeway Bay 지역이다.

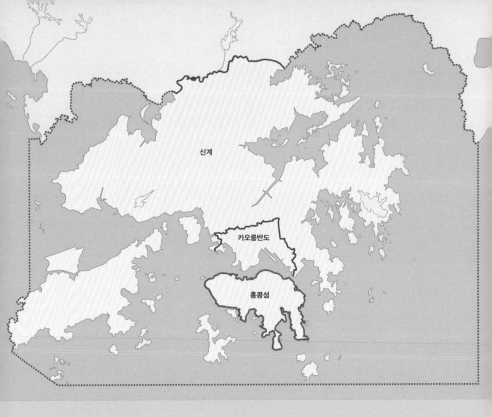

신계

카오룽반도

홍콩섬

홍콩의 영역 변화

━━━━━━ 홍콩섬, 1842년 할양.

━━━━━━ 카오룽반도, 1860년 할양.

━━━━━━ 신계, 1898년부터 99년간 조차.

아편전쟁의 패배로 실력이 만천하에 드러난 청제국은 심각한 혼란에 빠졌다. 만주에서 흥기해 중국 대륙을 지배한 만주족은 밖으로는 중국의 부를 노리는 외세와 싸우고 안으로는 한족의 저항을 억눌러야 하는 처지가 됐다. 19세기 청제국의 인구는 급증했지만 농지는 늘지 않았다. 식량 부족과 무역 적자가 날로 심각해지는 가운데 서양 오랑캐에게 패배하자 '천자의 나라'라는 전통적 세계관마저 붕괴되었다.

1850년 10월, 홍수전洪秀全이 태평천국의 기를 올리고 개벽을 주장하며 난을 일으켰다. 서구에서 온 기독교 사상에 남녀 차별 철폐, 전족 금지, 토지 공유 등의 개혁을 더한 이 운동은 수많은 농민과 유랑민을 사로잡고 13년간 중국 남부를 휩쓸었다. 동시에 태평천국과 청제국의 전쟁으로 당시 중국 인구의 5퍼센트에 해당하는 2000만 명이 목숨을 잃었다. 이후 중국은 크고 작은 전쟁이 끊이지 않는 아수라장으로 변했다.

영국령 홍콩은 혼란한 시기에 대륙에서 피난 온 사람들의 안식처이자 수많은 혁명 지사들의 은거지가 되었다. 태평천국운동의 주역인 홍수전의 동생 홍인간洪仁玕은 홍콩에서 유학을 마치고 돌아온 뒤 태평천국에 서구 제도를 도입하려 했고, 신해혁명의 주역인 쑨원孫文은 홍콩의 차이니스대학에서 수학한 후 오늘날 신계의 툰먼屯門에서 혁명을 꿈꿨다. 베트남혁명의 아버지 호치민胡志明도 1930년대에 홍콩을 기반으로 활동했다. 이처럼 홍콩은 중국 혁명의 인큐베이터이자 혁명, 사변, 내전, 전쟁으로 피폐해진 20세기 아시아 인민의 피난처였다.

1949년 중화인민공화국이 건국되고 중화민국의 국민당 정부가 타이완으로 물러나면서 홍콩은 새로운 전기를 맞았다. 이번에는 고립이다. 그때까지 홍콩 인구가 본토의 정치적 변화에 따라 늘었다 줄었다 했던 이유는 아무도 홍콩을 '거주지'로 생각하지 않았기 때문이다. 그런데 갑자기 홍콩에서 중국으로 난 문이 잠겨버렸다. '몇 년 버티다 내전이 끝나면 고향으로 돌아가야지'라고 생각하며 홍콩으로 온 피난민들이 꼼짝없이 홍콩에 갇혀버렸다. 2차 세계대전이 끝났을 때 홍콩의 인구는 66만 명이었지만, 불과 6년 만에 그 수가 210만 명으로 불어났다. 특히 1949년 공산당이 중국을 완전히 장악한 뒤에는 인구가 달마다 10만 명씩 늘어났다. 지금은 홍콩과 선전深圳 사이에 전철이 다니고 다리도 놓였지만, 1949년에는 선전에서 홍콩으로 넘어오려면 무려 4킬로미터를 헤엄쳐서 와야 했다.

1961년 무렵 홍콩에서 태어난 홍콩 거주민은 전체 인구의 절반이 안 됐다. 만약 성인만 따로 분류한다면 홍콩 출신자의 비율은 더 줄어들 것이다. 이 말인즉, 홍콩은 그곳에서 나고 자란 토박이가 아니라 실향민들의 도시였다는 뜻이다. 고향으로 돌아가지 못하고 갇혀버린 이들, 혹은 공산당을 피해 고향을 떠난 이들의 땅. 그들의 고향은 인민공화국이 들어선 중국이었고, 돌아가고 싶어도 갈 수 없는 땅이 되었다.

당신은 누구인가?

2016년 기준 홍콩 거주자 중 홍콩에서 태어난 인구의 비중은 60.7퍼센트, 약 445만 명이다. 하지만 세대를 나누어서 보면 65세 이상은 32.4퍼센트만 홍콩에서 태어난 반면 15세 미만은 90.9퍼센트가 홍콩에서 태어났다.

1997년까지 홍콩의 법적 지위는 영국의 식민지였고 홍콩인은 영국부속영토시민BDTC(British Dependent Territories Citizen) 자격을 받았다. 영국 시민은 아니지만 영연방의 시민으로서 해외에서 영국 영사의 보호를 받을 권리를 갖는다는 뜻이다. 이들은 1997년 홍콩이 중국에 반환된 뒤 중화인민공화국 홍콩특별행정구의 일원이 되었다.

가이드북 작가라는 직업의 특성상 홍콩 사람을 만날 일이 많다. 우산혁명 이전에 그들을 만날 때면 종종 물어보았다. "넌 홍콩인이야 홍콩 차이니스야, 아니면 차이니스야?" 대부분의 사람들은 "너는 한국인이니?"라는 질문을 받았을 때 대답을 크게 고민하지 않는다. 한국인이라면 "예스", 아니면 "노"라고 대답할 수 있다. 하지만 홍콩인은 이 질문을 받고 고민에 빠진다. 어떻게 대답할지 난감해하는 동시에 '도대체 나는 누구지?'라며 정체성의 혼란을 느낀다.

중국으로 반환된 뒤 많은 홍콩 사람이 눈앞에 닥친 상황을 받아들이고 잘 살아보려 했다. 2008년 베이징올림픽 때는 온갖 미디어가 대대적으로 찍어낸 이데올로기의 영향으로 스스로를 '차이니스'로 인식하는 홍콩인이 늘어나기도 했다. 그럼에도 2019년 조사에서 홍콩의 젊은 세대 중 자신의 정체성을 차이니스라고 답한 경우는 3퍼센트에 불과하다. 피난지에 정착한 조부모·부모 세대와 홍콩에서 태어난 젊은 세대가 홍콩을 인식하는 관점은 다를 수밖에 없다. 그럼에도 두 계층 모두 홍콩의 법적 지위가 불안하다고 느낀다는 점은 다르지 않다.

웡 할아버지는 1950년생이다. 그의 집안은 대대로 장쑤성江蘇省 우시無錫에서 장사를 하다가 20세기가 시작되었을 무렵에 상하이로 이주해 큰 식당을 열었다. 1949년 4월 인민해방군이 상하이를 포위하기 직전에 웡 할아버지의 아버지가 동생과 부인을 광저우로 피난을 보냈다. 곧바로 상하이가 함락되고 11월에는 광저우마저 인민해방군 수중에 떨어졌다.

할아버지의 어머니는 광저우에서 임신 사실을 알았고, 만삭의 배를 부여잡고 홀로 홍콩에 도착했다. 얼마 후 홍콩에서 태어난 웡 할아버지는 자신의 아버지를 영원히 만나지 못했다. "그 난리 통에 여자 혼자서 갓난아이를 키우는 게 쉬웠겠어? 그때 영국 적십자사가 운영하는 난민 캠프가 있었는데, 거기서 살았대."

그들이 상하이 출신이었다는 게 불행 중 다행이었다. 당시에 홍콩으로 피난을 온 이들은 주로 광둥성廣東省과 상하이 출신이었다. 동향의 이웃들은 모두 힘든 처지였지만 서로를 보듬으며 고난을 견뎠다. 다행히 웡 할아버지의 어머니는 라이치콕荔枝角 소재의 병원에서 허드렛일을 하는 일자리를 구했다.

홍콩의 1950년대는 모두가 배를 곯던 시절이다. 영국은 2차 세계대전이 끝나자마자 일본에게 홍콩을 돌려받았는데, 곧바로 중국에서 수많은 난민이 몰려드는 바람에 행정이 마비되었다. 1950년대 말이 될 때까지 홍콩은 주거와 보건은 물론 변변한 교육 시스템도 갖추지 못했다. 웡 할아버지도 열 살이 되어서야

학교에 갈 수 있었다.

이제 막 건물을 짓기 시작한 신계 지역은 친중국 분위기가
강했고, 중국 공산당과 연계된 조직도 많았다. 중국의 공산혁명
은 마오쩌둥毛澤東의 지도하에 농촌에서 시작되었다는 신화가
널리 퍼져 있지만, 실제로는 중화인민공화국 초대 총리를 지낸
저우언라이周恩來를 비롯하여 도시에서 활동한 이들이 초기의
공산당 지도부를 이끌었다. 상하이, 광저우, 우한武漢 같은 산업
도시는 공산당 비밀 당원들의 놀이터였다. 1950년대에 홍콩으
로 밀려온 난민들 틈에도 공산당원과 공산당 지지자가 많았다.
그들은 공산화를 피해서 홍콩으로 온 것이 아니라, 단지 전란의
포화를 피하기 위해 온 사람들이다. 한국전쟁 이후 '반공'을 말
하지 않으면 살아남기 어려웠던 한국과 달리 홍콩은 공산주의
에 대해 유화적이었다. 영국은 1950년 서방 최초로 중화인민공
화국을 국가로 인정하기도 했다. 매카시즘의 광풍이 불던 시절
에도 홍콩은 공산당이 공개 활동만 하지 않는다면 어느 정도 존
재를 인정해주었다. 웡 할아버지가 다닌 학교는 물론 당시 신계
의 전반적인 분위기도 그러했다. 신계는 일본이 홍콩을 점령했
던 시기에 홍콩에서 유일하게 반일 무장 활동을 한 '홍콩·카오
룽독립여단Hong Kong and Kowloon Independent Brigade'의 거점
이었는데, 그들도 공산주의자였다. 그때는 아시아 어디에서든
좌우의 경계보다 민족주의가 더 중요했다. 중국에서 있었던 두
차례의 국공합작을 떠올려보라. 홍콩의 좌파와 우파도 때로는
사상 갈등을 벌였지만, 외세의 지배 앞에서는 '어쨌든 우리 중
국이 먼저다'라고 뭉쳤다.

"학교에서 가장 먼저 배운 말이 조국, 그리고 애국심이었어. 그날 집에 돌아와서 엄마에게 물어보았지. 우리는 왜 홍콩에 사느냐고. 중국으로 돌아가면 안 되느냐고." 웡 할아버지는 당시를 이렇게 기억했다.

도시의 팽창

브리티시 홍콩이 영원할 줄 알았다. 홍콩은 태평양전쟁 시기 일본에 점령당했던 때를 제외하면 20세기 내내 영국에 속해 있었다. 2차 세계대전 종전 후 다른 열강들이 중국과 맺은 불평등 조약을 폐기하고 떠나갈 때도 영국은 홍콩에서 버텼다. 영국은 홍콩섬과 카오룽반도는 조차가 아니라 할양받은 땅, 즉 남에게 빌린 땅이 아니라 내 땅이라고 여겼다. 무엇보다 중국이 공산화된 상황에서 홍콩이라는 동아시아의 교두보를 지키는 게 전략적으로 중요하다고 판단했다. 중국 공산당은 겉으로는 영국의 만행을 격렬하게 비난하는 척했지만, 속으론 영국령 홍콩을 서구와 연락할 창구로 생각했다. 게다가 도처에 문제가 쌓여 있던 건국 초기에 홍콩을 무력으로 점령할 여유도, 배짱도 없었다. 영국과 중국 모두 최선의 대응은 현상 유지였다.

국공내전과 중국 공산화의 여파로 수많은 중국인이 홍콩으로 왔다. 과거와 다른 점이라면 중국 공산화 이후의 난민은 단순한 피난민이 아니라는 것이다. 그중에는 중국 제일의 상업도시인 상하이와 닝보 출신의 자본가와 금융 전문가가 많았다. 대륙이 빠르게 공산화되는 가운데 재산은 챙겨오지 못했지만 그보다 더 중요한 경험을 홍콩으로 옮겨왔다. 그들은 홍콩에 '시장 자본주의 체제'를 이식했다. 그러자 홍콩 경제에 훈풍이 불기 시작했다. 제조 공장과 은행이 문을 열더니 금융업이 날로 발전했다. 오늘날 홍콩이 아시아는 물론 세계의 경제와 금융 중심지로 발돋움하게 된 배경에 바로 이 중국 출신의 자본가들이 있다.

1953년 홍콩의 인구가 급증하자 영국은 골치가 아파졌다. 카오룽반도와 신계를 구분하는 바운더리로드Boundary Road를 따라 북쪽으로 도시가 확장되었지만 중국에서 밀려오는 인구를 감당하기는 부족했다. 그러던 중 1953년 12월 25일에 중국 난민들의 판자촌인 섹킵메이石硤尾에서 화재가 발생하여 아홉 명이 사망하고 5만 3000명이 집을 잃었다. 이 사건을 계기로 홍콩 정부는 대규모 집단주택 건설 계획을 입안했다. 당시로서는 꽤 선진적 아이디어로, 국가가 직접 임대 아파트를 짓기로 한 것이다(섹킵메이에는 이때 지은 아파트 한 동이 남아 있는데, 지금은 호스텔로 운영 중이다). 이후 공공 임대 주택은 홍콩의 복지를 대표하는 정책이 되었다.

2.

홍콩에서의 향유

윙 할아버지의 1966년

윙 할아버지는 짧은 학창 생활을 끝내고 열다섯 살에 야우마테이油麻地 소재의 식당에 취직했다. "첫 월급을 타자마자 홍콩섬으로 놀러 갔어. 센트럴에서 인력거를 붙잡아 타고 퀸스로드를 지나가는데 정말 부자가 된 기분이 들더군."

지하철과 해저 터널이 없던 당시에는 카오룽반도에서 홍콩섬으로 가려면 '스타페리Star Ferry'를 타야 했다. 그런데 1966년 홍콩 정부가 스타페리 요금을 무려 50퍼센트나 인상한다고 기습적으로 발표했다. 5센트 정도에 불과한 운임이지만, 인상폭이 너무 컸다. 피 끓던 윙 할아버지는 정부의 발표를 듣고 분노했다. 그뿐 아니라 많은 사람이 그랬다.

4월 4일, 한 학생이 정부에 대한 항의로 단식을 선언하고 센트럴의 스타페리 터미널 앞에 자리를 잡았다. 젊음의 치기라고 보면 그만인데 경찰이 일을 키웠다. 다음 날 '교통 방해' 혐의로 그를 체포한 것이다. 이를 보고 시민들이 거리로 뛰어나왔고, 4월 6일에는 침사추이尖沙咀의 나단로드Nathan Road에서 시위대와 경찰이 충돌했다. 윙 할아버지도 이날 거리로 나갔다고 했다.

"도로 점거는 신나는 일이었어. 경찰을 향해 돌을 던지면서 해방감을 느꼈지."

"그날 연행자가 많았다던데, 할아버진 괜찮으셨어요?"

"내가 얼마나 발이 빨랐는데! 당연히 안 잡혔지."

그날 밤 12시가 지났을 무렵 시위대가 야우마테이경찰서를 습격했고 결국 경찰이 시위대를 향해 발포했다. 밤 1시 30

분에는 군이 시내로 진입했고 곧장 통행금지 명령이 내려졌다. 윙 할아버지는 집으로 돌아가지 못하고 일하던 식당으로 피신했다고 한다. 4월 10일까지 이어진 시위에서 한 명이 사망하고 1800명이 체포되었다.

"난 방송에서 하는 말을 믿는 편이었어. 그런데 1966년에는 뉴스를 보고 화가 났지. 우리더러 폭도라니? 뱃삯을 제멋대로 올리고 단식하던 사람을 잡아간 게 누군데!"

그 말을 듣는데 익숙한 장면이 떠올랐다. 반공이 국시인 시절을 살던 이들이 1980년 광주의 진실을 처음 마주한 순간, 온 머리와 가슴을 가득 채웠던 뜨거움. 1966년에 윙 할아버지의 가슴에 불을 지핀 것도 그것과 비슷했으리라.

"『레드북』이 있네요?"

"이 책을 알아? 여기에는 멋진 말이 참 많아."

"어디에서 났나요?"

윙 할아버지는 1966년에 한 공부 모임(일종의 야학)에 들어갔는데 『레드북』, 『마오어록』이라고 알려진 이 책이 교재였다고 했다.

"그때부터 쭉 가지고 계신 거예요?"

"아니야. 그때 보던 건 난리 통에 잃어버렸어. 요즘은 이런 게 기념품이 되었잖아. 언젠가 길에서 팔고 있는 걸 보고 옛날 생각이 나서 샀어."

"지금은 중국에서도 마오쩌둥과 문화혁명을 비판하는 목소리가 나오죠?"

"그때도 두 가지 이야기가 있었어. 한쪽은 중국은 아무나 잡아가서 죽이는 지옥이라고 말했고, 다른 쪽은 중국이야말로 세계에서 가장 발전된 체제를 가진 나라라고 했지. 모두가 힘들게 일하지 않아도 풍족해질 수 있다고 말이야. 그때 나는 중국을 낙원이라고 생각하지는 않았던 것 같아. 그렇지만 홍콩이 영국의 지배를 받는 게 싫었고, 중국인이 우리의 지도자여야 한다고 생각하기도 했어. 너무 옛날 일이라 정확히 기억나지는 않지만, 아무튼 영국 놈도, 그 밑에서 일하는 관료 놈들도 다 죽어야 한다고 생각했던 것은 맞아."

마오의 말

열정이 온 중국을 집어삼키고 있었다. 홍콩에서 스타페리 요금 인상을 둘러싼 시위가 끝나고 한 달이 지났을 무렵, 문화대혁명의 소용돌이가 이곳으로 번졌다. 이번 혁명은 그때까지 세상의 모든 권위를 부정하고 마오쩌둥에 반하는, 반한다고 의심되는, 반한다고 의심되는 것으로 추정되는 모든 것을 공격했다. 우리에게도 익숙한 우공이산愚公移山은 기원전 4세기 춘추 시대의 사상가 열어구列禦寇가 지은 『열자列子』에 나오는 이야기이다. 우공의 노력에 하늘이 감동했다는 고사를 가장 먼저 정치에 활용한 이가 마오쩌둥이다. 그는 항일전쟁(중국에서 1937~45년의 '중일전쟁'을 부르는 용어이다)의 막바지인 1945년에 '홍색수도' 옌안延安에서 열린 공산당 제7차 대회 폐막사로 우공이산 고사를 꺼냈고, 그 내용이 『마오어록』에도 인용되어 있다.

"요즘은 이런 게
기념품이 되었잖아."

결심을 굳히고, 희생을 두려워하지 말며, 온갖 어려움을 제거해서 승리하자. 우리는 두 산(제국주의, 봉건주의)을 파내야 한다. 우리는 반드시 그렇게 할 것이다. 우리가 노력할 때 하늘도 감동한다. 우리의 하늘은 다름 아닌 전국의 인민 대중이다. 전국의 인민 대중이 모두 떨쳐 일어나 공산당과 함께 두 산을 파내는데, 어찌 불가능하겠는가?

『마오어록』은 마오가 한 말의 전후 사정은 자르고 그럴듯한 두어 줄만 남겨서 모아놓은 작은 책이다. 크고 두꺼운『마오쩌둥 선집』도 있지만 사람들은 한 손에 들고 다니다가 필요할 때 아무 말이나 꺼내어 쓸 수 있는 요약집을 더 좋아했다. 혁명의 광풍 속에서 책에 적힌 문장이 인민 대중에게 어떤 의미였을지 우리는 알지 못한다. 나는 그것이 궁금했다. 그래서 웡 할아버지에게 기억나는 문장이 있느냐고 물어보았다. 할아버지는 예전 일기를 뒤적거리더니 몇 문장을 찾아주었다. 거기에는 선전 구호 같은 말들이 적혀 있었다.

문화혁명과 홍콩

문화혁명이 시작되었다. 중국 관영지인 『인민일보人民日報』는 사회를 좀먹는 괴물과 악마를 공격하라고 학생들을 부추겼다. 그러자 아직 생각이 다 여물지 않은 학생들이 혁명의 나팔수가 되었다. 그들은 교사와 교수의 과거를 캐내 조리돌리며 잘

못을 고백하라고 요구했다. 마오는 뒷짐을 진 채 그들에게 화두만 던졌고, 그 말을 해석하고 실천하는 것은 열광자들의 몫이었다. 가끔씩 온화한 얼굴을 하고 죽음에 내몰린 사람들 앞에 '구원자'로 나타날 뿐이었다. 이렇게 구원을 받은 이들은 마오의 자애로움을 선전하는 도구가 되었다.

소년병 무리는 위대한 문화혁명과 마오쩌둥의 앞길을 가로막는 모든 것을—심지어 그것이 국가 기관, 혹은 국가라 하더라도—파괴했다. 장애물이 자본주의자인지 공산주의자인지, 혁명가인지 배신자인지는 중요하지 않았다. '반혁명'이라는 딱지만 붙으면 모두가 그를/그것을 비난했다.

세계는 문화혁명의 실상을 제대로 알지 못했다. 죽竹의 장막(중국과 자유 진영 사이의 관계를 가로막은 장벽을 비유한다)이 위력을 발휘했기 때문이다. 문화혁명은 당대의 지식인을 혼란에 빠트렸다. 장막 안을 보지 못한 지식인들은 문화혁명을 '권위주의의 해체' 혹은 '대중을 억압해온 고루한 전통에 대한 저항'으로 해석하기도 했다. 프랑스의 사르트르Jean Paul Sartre는 마오주의자를 자임했고, 한국의 리영희는 문화혁명에 대한 서구의 호평을 한국에 알리는 역할을 했다. 혁명은, 또한 모든 피와 폭력은 전염된다. 문화혁명의 파도가 이윽고 홍콩을 덮쳤다.

1948년 설립된 홍콩노동조합연맹(이하 '노조연맹')은 현재 홍콩의 제1 노총으로 조합원 수가 41만 명에 달한다. '애국심, 연대, 권리, 복지와 참여'를 내건 이 단체는 설립 이래 홍콩 좌파의 노동조합운동을 대표했으며 중국 공산당의 지도를 받았다.

홍콩의 산업은 1950년대 말부터 빠르게 발전했다. 오늘날 홍콩은 금융의 중심지가 되었지만, 이 시기에는 경공업 생산 기지였다. 노동 조건도 열악해서 24시간 3교대가 공공연했고, 심지어 주당 60시간의 근무와 1년간 100시간의 초과 근무가 의무였다. 법이 이랬다는 것은 현실은 그보다 더 가혹했다는 뜻이다. 이 시기에 노조연맹은 노동자가 홍콩 정부와 자본가를 상대로 저항할 수 있는 유일한 조직이었다. 1967년이 되자 여러 노조에서 노동쟁의가 이어졌다. 1년 전 스타페리 요금 인상으로 인한 시위와 지난겨울 마카오에서 발생한 공산주의자들의 쟁의(총파업이 일어났고, 포르투갈 식민 정부는 노동자의 요구에 굴복했다)를 목격한 홍콩 정부는 상황을 예의 주시했다. 당국은 노조연맹의 지도를 받은 택시, 섬유, 해운, 시멘트 회사의 쟁의를 민감하게 받아들였다. 1967년 4월 국제공항이 있던 카이탁啓德 북부의 산포콩新蒲崗 소재의 조화 공장에서 쟁의가 발생했다. 조화를 수출하는 곳이었는데 근로 조건이 나쁘기로 악명 높았다. 쟁의가 발생하자 사 측은 노동자 92명을 해고하고 공장을 폐쇄했다. 5월 6일에 열린 항의 집회에서는 해고 노동자와 경찰이 충돌하여 21명이 체포되었다. 그러자 노조연맹이 사건에 직접 개입했다. 5월 7일 영국 식민 정부의 폭정을 비판하는 노동자 시위대가 『마오어록』을 들고 거리를 점령했다. 이날 경찰이 127명을 연행하자 중국 관영 언론은 입을 모아 "홍콩 경찰은 폭력적 파시스트"라고 비난했다.

1967년은 2019년과 모든 면에서 달랐다. 그때 경찰은 영국 총독부 소속이고, 시위대는 중국의 지도를 받았다. 1967년 5월 15일 중국 외교부는 홍콩 시위대를 지지하며 주중 영국대사 대리를 초치해 항의했다. 또한 모든 시위대를 석방하고 피해를 보상하라고 요구했다. 하지만 영국 정부는 단칼에 거절했다. 그러자 수십만 명의 홍위병이 베이징의 영국 대표부를 포위했다. 중국 정부는 "학생들의 시위를 진압하는 건 중국혁명 시기의 군벌도 안 하던 짓"이라고 말하며 학생들을 지지했다.

5월 16일, 노조연맹을 비롯한 시위 지도부는 '영국의 압제에 맞서 투쟁하는 홍콩·카오룽 위원회'(이하 '투쟁위')를 조직했다. 이제 사건은 단위 사업장의 노동쟁의를 뛰어넘어 제국주의 영국에 대항하는 친중 좌파의 투쟁으로 확대되었다. 노동계는 총파업을, 각급 학교는 집단 휴교를 선언했다. 센트럴의 중국은행 건물에 설치된 스피커에서 "피에는 피로!", "적들의 주구를 튀겨버리자" 같은 살벌한 구호가 울려 퍼졌다. 이에 맞서 홍콩 정부는 HSBC은행의 스피커를 통해 비틀스The Beatles의 노래 〈옐로 서브마린Yellow Submarine〉을 흘려보냈다.

당시 중국 인민해방군 광둥군구는 황용성黃永胜이 지휘하고 있었다. 한국전쟁 당시 형식상 민병대였던 중국군을 지휘했던 그는 이번에도 민병대를 조직했다. 정규군이 아니어야 영국과의 갈등이 전쟁으로 번지는 것을 막을 수 있다고 판단했을 것이다. 게다가 이 기회에 홍콩을 접수하면 큰 공을 인정받을 수 있다는 기대까지 품었던 것으로 보인다. 7월 8일 '홍콩해방군'을 자처한 민병대가 홍콩 북동부 샤타우콕沙頭角 국경을 넘어와 홍콩 경찰을 향해 총격을 가했다. 이 전투로 홍콩 경찰 다섯 명과 중국 민병대 한 명이 사망했다. 얼마 전 기밀 해제된 영국 국립 기록보관소 자료에 의하면 영국 정부는 중국이 군대를 동원해 대대적인 침공을 벌일 경우를 대비해 항전과 철수 등 두 가지 경우를 준비했다고 한다. 홍콩해방군의 등장에 고무된 좌파는 도심 게릴라전을 준비하며 카오룽반도와 신계의 주요 길목에 사제 폭탄을 설치했다. 그로 인해 홍콩섬 노스포인트North Point 지역의 골목에서 놀던 아이 두 명이 사망하는 사고도 발생했다. 좌파가 카오룽반도를 점거하고 경찰과 대치하는 일촉즉발의 상황이 되자 영국은 항공모함을 빅토리아항으로 급파했다.

8월 20일 중국은 영국에 최후통첩을 보냈다. 48시간 안에 체포된 친공산주의계 기자 19명을 석방하고 좌파 언론과 출판을 해금하라고 요구했다. "다시는 영국에 지지 않겠다"라는 중국 정부의 선언에 홍위병들이 주중 영국 대표부를 에워쌌다.

최후 통첩일인 8월 22일, 홍위병의 분위기가 심상치 않았다. 중국 정부는 중앙문혁소조의 조장인 천보다陳伯達를 급파해 시위대의 해산을 종용했지만, "사령부를 포격하라"는 『마오어록』의 구절을 금과옥조로 삼은 홍위병은 해산 요구를 무시했다. 저녁이 되자 홍위병 중 일부가 휘발유가 가득 든 기름통을 굴리며 영국 대표부로 향했다. 이를 본 폴란드 대사관에서 영국 대표부로 연락을 시도했지만 전화선이 모두 끊어진 상태였다. 밤 10시, 홍위병은 영국 대표부로 진입해 불을 지르고 외교관을 납치해 폭행했다. 도널드 홉슨Donald Hopson 영국대사 대리도 홍위병에게 린치를 당했다. 중국 당국으로서는 당황스러운 일이었지만 흥분한 대중에게는 이 또한 승전보였다.

이윽고 피와 폭력이 홍콩으로 전염되었다. 라디오 시사평론가 람분林彬은 '커머셜라디오홍콩Commercial Radio Hong Kong'

방송국에서 정치 풍자 프로그램 〈멈출 수 없어欲罷不能〉를 진행했다. 이 방송은 우파 성향으로, 좌파와 중국 공산당을 노골적으로 비웃었다. 홍콩 좌파는 그를 목표물로 삼았다. 살해 위협이 이어졌지만 람분은 "쫄지 마"를 외쳤다. 베이징의 영국 대표부가 불타고 이틀 뒤인 8월 24일 그는 좌파에 의해 납치, 살해당하고 말았다. 차 안에서 불에 타 죽은 그의 주검을 본 홍콩 사회는 엄청난 충격을 받았다.

홍콩 시민들은 수개월간 지속된 시위와 파업, 그리고 도시 게릴라전으로 인한 불편을 참아왔다. 매년 경제성장률은 증가하고 있다지만 분배는 불평등했고 노동 조건은 열악했기에 현실을 바꾸자는 좌파의 주장에 어느 정도 동의하고 호응했다. 하지만 람분을 살해한 것은 용납할 수 없었다. '중국이 아니라 영국이 우리의 안전을 지켜주고 있는 것인가?'라는 의심이 들며, 타국의 지배를 받을지언정 자유롭게 불만을 토로할 수 있는 현재가 중국 공산당이 지배하는 세상보다 낫다는 쪽으로 민심이 기울었다.

홍콩의 민심이 반좌파로 기울자 황용성은 인민해방군을 투입해 홍콩을 해방시킬 계획을 짰다. 하지만 1967년 8월 말 베이징이 홍위병의 행동을 제한하고 사태 수습에 나섰다. 저우언라이 총리는 1967년 12월 홍콩의 좌파 단체를 향해 "모든 공격을 멈춰라"라는 성명을 발표했다. 갈등은 그것으로 매듭지어졌다. 홍콩 경찰은 시위대가 떠난 곳에서 무려 1167발의 사제 폭탄을 수거했다. 양쪽이 대치한 기간 동안 경찰 10명을 포함하여 총 51명이 사망하고 802명이 부상당한 것으로 집계되었다(실제 사망자와 부상자는 훨씬 더 많았을 것이다).

1967년의 파도가 홍콩에 반목과 폭력, 죽음만 남긴 것은 아니다. 영국은 사회적 불평등이 사태의 근원이라는 점을 파악하고 대대적인 개혁에 착수했다. 1967년 12월 홍콩 당국은 노동시간을 주 57시간으로 제한하는 노동법 개정안을 통과시켰고, 1971년에는 다시 주 48시간으로 줄였다. 의무교육(9년)과 공공의료 제도도 이때 도입됐다. 섹킵메이 화재 사건을 계기로 짓기 시작한 공공주택은 1967년 이후 더욱 확대되었다. 정치적으로는 지방의회를 도입하고 광둥어를 영어와 함께 공식 언어로 인정했다. 오늘날 홍콩의 자랑인 지하·광역철도MTR(Mass Transit Railway)도 이때부터 만들기 시작했다.

1967년 이전에도 개혁을 논의했지만 늘 자본가의 반대로 지지부진했다. 그러나 이제는 자본도 개혁에 순응할 수밖에 없었다. 반면 좌파의 영향력이 축소되고 전투적 노조운동은 쇠퇴했다. 그리고 이것이 다음에 올 비극을 잉태했다. 앞으로 개혁이 정체되고 사회가 보수화될 때 다시 변화를 추동할 세력이 깡그리 사라졌기 때문이다.

중화의 계승자

공자孔子는 산둥성山東省 취푸曲阜 출신의 춘추 시대 사상가이다. 비록 살아서는 스스로를 상갓집 개에 비유할 정도로 출세와 거리가 멀었지만, 그가 남긴 사상은 한나라 이후 봉건 중국의 통치 이념이 되었다.

내가 취푸를 처음 방문한 건 2004년이다. 당시에 중국에서 가장 크다는 공자 사당(공묘)을 보러 취푸에 오는 사람은 외국인, 그중에서도 한국, 일본, 타이완 관광객이 대부분이었다. 사당의 입구인 앙성문仰聖門을 지나 몇 개의 문을 넘으면 대성전大成殿 뜰에 도착하는데, 그곳에서는 '공자 비스킷'을 팔았다. 매표원과 관리 직원, 그리고 비스킷 장수만 중국인이었다. 역대 황제들이 공자의 공덕을 기리며 바친 비석이 있는 '13비정十三碑亭'에는 잘린 비석들이 쓸쓸히 서 있었다. 홍위병들이 톱으로 썰어 파괴한 것을 중국 정부가 쇠심과 시멘트로 조악하게 붙여놓은 상태였다. 마카오에 본사를 둔 회사가 공묘를 관리했는데, 대성전을 청소한다면서 물을 뿌려서 1000년 된 벽화가 들뜨는 소동이 벌어지기도 했다.

중화문명의 전통이 가루가 되는 데는 10년이면 족했다. 수많은 문화유산이 불타고 버려지던 문화혁명기에 뜻있는 몇 사람이 서적과 유물을 홍콩으로 옮겼다. 그리하여 공자와 관우關羽와 바다의 여신 천후天后가, 그리고 풍수지리 등의 사상이 홍콩에 뿌리를 내리게 되었다. 한때 모든 중국인이 사랑하던 경극이 노동극으로 전락하자 홍콩은 그것 또한 품어냈다. 노동절과 국경일 연휴에만 쉴 수 있는 사회주의 중국에 맞서서 춘절, 단오, 청명절, 칠석, 중추절, 중양절 같은 명절을 사수하며 용선龍船 축제를 즐기고 월병을 나눠 먹는 일도 고스란히 홍콩의 몫이 되었다. 중화 5000년의 전통이 홍콩에 모여 명맥을 잇고 성장했다.

홍콩은 전통을 현대화하는 일에 앞장섰다. 경극 속 초패왕의

"중화문명의 전통을 지키는 일은
고스란히 홍콩의 몫이 되었다."

무술 실력은 홍콩 무협 영화에 등장하는 춤사위 같은 무술 연기의 원형이 되었다. 문화혁명이 한창이던 1967년에 홍콩의 영화 제작사 쇼브라더스는 〈외팔이 검객獨臂刀〉을 개봉했다. 원수에게 아버지를 잃고 팔 한쪽이 잘린 청년이 이 영화의 주인공이다. 더 이상 잃을 것 없는 그의 모습은 본토에 가족을 두고 혈혈단신 홍콩으로 건너와 외세와 자본의 억압을 받던 당시의 노동계급과 닮았다.

중국이 정신없이 내부의 혁명을 수행하며 미제와 싸우자고 외치고 있을 때, 중국 민족의 원수는 미국이 아니라 두 차례(청일전쟁과 중일전쟁)나 중국을 침략한 일본이라는 사실을 떠올린 곳도 홍콩이다. 1970년에 개봉한 〈용호의 결투龍虎鬪〉는 쿵후 고수와 가라테 고수가 대결하는 내용이다. 일본 무뢰배들의 중국 무도장 공격, 일본군의 중국인 학살, 쿵후를 연마한 주인공의 복수로 이어지는 홍콩 영화의 한 흐름이 이 영화에서 처음 등장했다. 〈용호의 결투〉는 이소룡李小龍, 성룡成龍, 이연걸李連杰, 견자단甄子丹이 계승한 권법 영화의 시초이기도 하다. 이후 이소룡의 〈정무문精武門〉(1972), 이연걸의 〈황비홍黃飛鴻〉(1991) 같은 반일·반외세 영화가 홍콩에서 꽃폈다.

'전통문화의 계승자'라는 홍콩인의 문화적 우월감을 본토의 중국인은 이해하지 못한다. 그들은 홍콩인을 수전노로 취급하는데, 사회주의 중국이 수십 년간 망가뜨린 전통을 지켜낸 곳이 영국의 식민지인 홍콩이었다는 사실을 기억해야 한다.

3.

중국으로 돌아가다

제공: 홍콩 관광청

홍콩 반환협정

1997년 홍콩 신계 지역의 영국 조차가 종료되었다. 홍콩섬과 카오룽반도는 각각 난징조약과 베이징조약의 결과로 할양받은 땅이지만, 신계는 1898년에 '홍콩영토확장협약'을 맺고 99년간 빌린 땅이다.

중화인민공화국 건국 직후 중국은 그동안 서양의 여러 나라와 맺은 불평등 조약을 모두 폐기한다고 선언했다. 그렇다면 홍콩도 1949년에 점령했어야 한다. 영국도 홍콩에서 철수할 준비를 하고 있었다. 하지만 당시의 중국에게는 내전이 더 중요한 문제였다. 국민당이 1950년까지 하이난다오海南島를 점령하고 있었고, 닝샤寧夏를 비롯해 간쑤甘肅, 칭하이青海, 신장新疆과 윈난雲南에서는 국민당을 지지하는 무슬림이 1958년까지 저항을 이어갔다. 이런 상황에서 홍콩을 점령하겠다고 영국과 전쟁을 벌이는 건 중국으로서도 부담스러웠을 것이다. 중국이 국제연합UN에 가입한 1971년 전까지 많은 나라가 중화인민공화국을 국가가 아닌 일종의 무장 단체로 대했다. 반면 영국은 1950년 서방 최초로 중화인민공화국을 국가로 인정했다(중국을 국가로 인정한 두 번째 서방국은 프랑스인데, 무려 14년 뒤인 1964년의 일이다).

저우언라이는 홍콩을 영국의 식민지로 유지하는 것을 중요하게 생각했다. 그는 소련과 북한을 제외하면 변변한 우방이 없는 상태에서 홍콩까지 점령해 갈등을 키우는 것은 바람직하지 않으며, 홍콩을 통해 서방의 기술과 문물과 자금을 들여올 수 있다고 봤다. 실제로 한국전쟁 시기에 홍콩은 중국이 서구의 의

약품을 공급받는 거의 유일한 창구였다.

　1971년 중화인민공화국이 UN에 가입한 뒤에는 상황이 달라졌다. 중국은 홍콩과 마카오 반환을 위한 행동을 개시했다. 중국 정부는 탈식민지 문제를 다루는 UN 제4위원회를 통해 문제를 제기했고, 1972년 11월 8일 UN 총회는 「식민지 국가와 국민의 독립 부여에 관한 선언의 이행Implementation of the Declaration on the Granting of Independence to Colonial Countries and Peoples」이라는 결의문을 통해 홍콩과 마카오를 비독립 영토 목록에서 제외했다. 홍콩과 마카오는 중국의 영토라는 주장을 받아들인 셈이다. 참고로 이는 홍콩과 마카오에 자결권을 부여했던 1960년의 「식민지 국가와 국민의 독립 부여에 관한 선언Declaration on the Granting of Independence to Colonial Countries and Peoples」과 배치되는 내용이다. 1972년의 결정으로 홍콩과 마카오 사람들은 자신들의 운명이 어디로 향할지 결정할 권리를 영원히 상실했다.

　영국은 신계 지역의 조차 기간을 15년 연장하려 했다. 1979년에 홍콩 총독 머레이 맥리호스Murray McLehose가 협상을 위해 베이징으로 갔지만 중국은 완강하게 반대했다. 그들은 홍콩과 마카오 반환을 1842년에 무너졌던 중국의 위신을 세우는 길이자 21세기 초강대국으로 발돋움하기 위한 첫걸음으로 인식했다. 협상이 난항에 빠지자 마거릿 대처Margaret Thatcher 총리가 출동해 신계의 조차 연장을 직접 요구했다. 하지만 덩샤오핑鄧小平은 이는 중국의 주권에 해당하는 문제로 타협의 여지가 없다고 천명했다. 영국은 주권은 반환하지만 행정은 유지하자는 그럴듯한 제안을 내밀었고, 덩샤오핑은 주권에는 당연히 행정이 포함된다며 영국의 주장을 일언지하에 거절하고 새로운 제안을 했다. 홍콩이 반환되더라도 영국이 만든 기틀을 50년간 보장하며 고도의 자치를 시행하겠다고 밝힌 것이다. '일국양제—國兩制'라는 개념이 이때 처음 등장했다. 중국헌법의 '특별행정구' 조항을 활용하여 하나의 국가에 두 체제가 존재하는 것을 제한적으로 용인한다는 구상이었다.

양쪽의 회담은 결렬됐다. 마지막 회의에서 중국은 이 문제를 2년 안에 합의하지 못한다면 일방적으로 행동할 것이라고 통보했다. 영국은 중국이 시한을 못 박을 것이라고 예상하지 못했다. 이후 2년간 중국이 제안한 일국양제를 어떻게 보장할 것인지에 관해 지루한 논의가 이어졌다. 그리고 1984년 12월 19일, 부지불식간에 일국양제를 핵심으로 1997년에 홍콩을 반환하는 협정이 체결되었다. 협정 발표 당일, 홍콩의 모든 슈퍼마켓에서 생필품이 동났다. 홍콩이 중국에 반환되기까지 13년이 남았지만 사람들은 불안해했다. 웡 할아버지도 그때를 기억하고 있었다. "사람들이 슈퍼마켓으로 달려가서 닥치는 대로 물건을 담더군. 나도 가만히 있다가는 장사할 재료를 못 구하겠다 싶어서 슈퍼로 갔어. 슈퍼에 사람이 그렇게 많은 건 처음 봤어. 새벽이 되니 가격표가 바뀌더라고. 가격을 올려버린 거야. 그마저도 아침엔 남아 있지 않았지만…. 나는 반환되어도 상관없다고 생각했는데, 그 난리를 보니까 불안해지더군."

베이징의 봄

영화 〈패왕별희霸王別姬〉는 경극 배우인 두 주인공이 베이징 공인체육관에 들어가며 시작된다. 체육관의 조명 관리인이 그들에게 질문한다. "두 분이 함께 공연을 못한 지 20년이 넘었죠?" "22년째요." "우린 11년간 만날 수도 없었어요. 그 사인방 놈들 때문에…."

1976년 9월 마오쩌둥이 사망했다. 한 달 후 문화혁명을 주도한 사인방(장칭江青, 왕훙원王洪文, 장춘차오張春橋, 야오원위안姚文元)이 체포됐다. 12월이 되자 지난 10년간 전 중국을 붉게 물들였던 문화혁명이 공식적으로 종료되었다. 중국혁명 1세대의 시대가 마침내 끝난 것이다. 혁명은 인민에게 수많은 것을 약속했지만, 약속은 온데간데없이 사람들의 목숨만 삼켜버렸다.

'대자보'는 문화혁명 시기를 관통한 가장 강력한 무기였다. 중국은 1975년에 헌법을 바꿔서 대자보를 붙일 수 있는 권리를 보장했다. 당시 헌법 27조는 "인민은 국가 기관에서 일하는 사람의 법률 위반이나 직무 태만에 대해 서면 또는 구두로 불평할 권리가 있고, 누구도 이런 불평을 작성하는 일을 방해하거나 보복하면 안 된다"이다. 이 또한 표현의 자유를 보장한 것이라고 해야 할까?

마오쩌둥은 대자보는 혁신적 토론 방법이라고 칭찬했다. 정말로 그가 대자보를 통해 누구나 주장을 펼칠 수 있으리라 여겼는지는 모르지만, 문화혁명 기간 내내 대자보는 마오의 열광적 지지자들이 반대파로 지목된 공자나 류사오치劉少奇, 린뱌오林彪

"혁명은 수많은 것을 약속했지만,
약속은 온데간데없이
사람들의 목숨만 삼켜버렸다."

등과 그들의 추종자를 공격하는 도구로 쓰였다.

당시의 중국을 마오쩌둥이라는 아이돌의 팬덤fandom 커뮤니티라고 한다면, 대자보는 게시판이었다. 마오를 찬양하는 글은 추천과 지지를 받지만, 조금이라도 그의 생각과 어긋나는 이야기에는 악성 댓글과 물리적 린치가 뒤따랐다. 나중에는 마오의 지지자들끼리 누가 더 마오를 지지하는지를 놓고 경쟁했다. 문화혁명 초기에는 국가 주석인 류사오치도 물리적 조리돌림을 당했을 정도이니, 그 누구도 안심할 수 없었다.

마오가 죽고 쫓겨났던 이들이 복권되면서 반혁명 분자로 몰릴지 모른다는 두려움이 사라지자 그제야 대자보가 공론의 장으로 변했다. 문화혁명 이후 베이징 시내의 자금성 외벽과 인민일보 사무실이 있는 왕푸징다제王府井大街, 그리고 시단西単 교차로의 시내버스 터미널 담벼락에 대자보가 걸렸다. 시간이 지나면서 대자보의 내용도 다양해졌다. 문화혁명 시기의 권력자들에 대한 비난이 주였지만, 개인의 억울함을 호소하는 내용도 보이기 시작했다. 사람들은 거리에 서서 대자보를 함께 읽고 토론을 했다. 그러자 누군가가 대자보를 가리켜 "진짜 인민의 신문" 혹은 "민주주의의 벽"이라고 불렀다.

대자보 민주주의는 이내 상하이, 칭다오靑島, 톈진, 우한, 광저우 같은 대도시로 퍼졌다. 그 가운데 일부는 독립 출판물로 간행되기도 했다. 1979년이 되자 여기저기에서 '민주주의운동'이라는 말이 들리기 시작했고, 이 시기에 나온 독립 출판물 중 하나는 『베이징의 봄北京之春』이란 제호를 사용했다. 2021년 현재 71세로 미국에 망명 중인 웨이징성魏京生이 「민주냐 독재냐」

라는 대자보를 붙였다가 체포되어 유명해진 것도 이때이다. 적어도 문화혁명 시기와는 완전히 다른 사회 공간이 열리며, 말그대로 베이징에도 봄이 오는 것 같았다.

명예 회복

혁명은 청산해야 할 대상이 존재해야 유지된다. 또한 모든 혁명은 그 혁명을 수호한다는 명분으로 피를 원한다. 문화혁명도 그랬다. 중화인민공화국이 건국한 이래로 시기마다 자본가, 지주, 국민당 스파이 등 혁명을 파괴하려는 외부의 적이 등장했지만, 특히 문화혁명 시기에는 공산당과 정부 안이 적들로 가득 찬 것처럼 보였다. 아니 그랬어야 했다. 지식인, 교사, 경극 배우, 고서 수집가, 혹은 이웃과 동료, 친구, 가족 등 누군가를 적으로 지목해야만 내가 안전할 수 있었다. 수많은 사람이 연극적 요소가 가득한 인민재판에 끌려 나와 감옥과 노동수용소로 보내졌고 어떤 이들은 살해당했다. 나중에는 홍위병도 농촌의 노동인민에게 배워야 한다는 이유로 지방 오지로 하방下放되었다.

공산당 간부도 예외가 아니었다. 어제까지 떵떵거리던 사람들이 오늘은 등에 '사상 재교육' 딱지를 달고 농촌이나 공장으로 보내졌다. 미래에 지도자가 될 덩샤오핑도 문화혁명의 칼날을 피하지 못하고 실각했고, 장쩌민江澤民은 10년간 도피했으며, 후진타오胡錦濤는 당권을 박탈당했고, 시진핑習近平은 산시성陝西省으로 좌천되었다.

1976년 문화혁명이 종료되었을 때 그동안 반혁명 분자로 낙인찍힌 사람의 수가 수백만을 헤아렸다. 이제 그들이 명예 회복을 요구할 차례였다. 요구는 간단했다. 문화혁명 시기의 부당한 판결을 철회하고 재심받을 기회를 달라거나, 반혁명·반계급·자본주의자 등의 꼬리표를 떼어달라는 것이었다. 또한 쫓겨난 직장과 도시로 복귀시켜줄 것과 빼앗긴 집과 재산을 돌려줄 것을 요구했다. 정부는 그들의 청원과 청구를 처리하기 위한 특별 사무소를 설치했지만 몰려드는 인파를 감당하지 못했다. 그나마 피해가 눈에 보이는 경우는 나은 편이었다. 살기 위해 친구와 가족을 고발한 사람의 수는 헤아릴 수조차 없었다. 그들의 마음속 상처는 지금까지도 치유되지 않았다. 〈패왕별희〉의 두 주인공도 인민재판 과정에서 벌어진 상호 비방 때문에 원수처럼 살지 않았던가.

결과적으로 베이징의 봄은 체제의 벽을 넘지 못했다. 그저 정치권력이 바뀌는 시기에 잠깐 등장한 자유였고, 권력이 재편되자 자유는 사라졌다. 대자보는 1979년 12월을 기해 철거되기 시작했다. 베이징 공안은 대자보를 웨탄공원月壇公園에만, 그것도 사전에 신분증을 제시해야 붙일 수 있게 지침을 바꿨다. 실명 인증을 요구한 것이다. 1980년 9월에는 아예 헌법을 개정하여 대자보 붙일 권리를 삭제했다.

참고로 이 시기의 가장 유명한 대자보가 바로 웨이징성의 「제5현대화第五現代化」(1978)이다. 그는 여기에 중국이 진정한 현대화를 원한다면 덩샤오핑이 주창한 4대 근대화 계획, 즉 산업·농업·과학기술·국방에 '민주주의'를 추가해야 한다고 썼다.

이후 웨이징성은 군사 정보를 외국에 넘기고 프롤레타리아 독재와 중국 사회주의 체제의 전복을 선동한 혐의로 15년 형을 받았다.

한편 문화혁명이 끝났지만 이것이 왜 시작되었으며 누가 책임져야 하는지는 모호했다. 사인방에게 모두 뒤집어씌울 수도, 최고 지도자였던 마오쩌둥에게 책임을 물을 수도 없었다. 1981년 6월 공산당 중앙위원회는 "문화혁명은 당과 국가, 인민에게 심각한 좌절과 손실을 안겨준 마오쩌둥의 극좌적 오류"였다고 공식 발표했지만, 그럼에도 "마오의 행적은 위대한 혁명이었으며 그의 가르침은 기본적으로 유효하다"라고 평가했다.

천안문광장

웨이징성은 수감되었지만 민주주의 없는 근대화는 사기일 뿐이라는 그의 대자보와 그가 발행하던 잡지 『탐색探索』은 지하에서 꾸준히 애독되었다. 이것이 중국 사회에 어떤 영향을 미칠지는 그도 정확히 몰랐을 것이다.

1651년에 건설된 천안문광장은 왕조 시대에는 베이징 내성과 황제의 거처인 자금성 사이에 있던 궁정 광장이었다. 지금은 면적이 44만 제곱미터나 되지만 과거에는 광장 중간에 대청문大淸門이 하나 더 있었고 크기도 지금의 절반이었다. 대청문은 1911년 신해혁명 이후 한동안 중화문中華門으로 불렸다. 중화인민공화국 건국 이후 정부는 천안문광장을 국가 행사 공간으로

"지금까지 이 광장에 사람이 모이면
반드시 역사적 사건으로 이어졌다."

정하고 1954년에 대청문을 철거했다. 지금까지 이 광장에 사람이 모이면 반드시 역사적 사건으로 이어졌다.

첫 번째 사건은 1919년 5월 4일 파리 강화회의의 결과에 항의해 청년 학생들이 떨쳐 일어난 5·4운동과 이를 계기로 불붙은 신문화운동이다. 둘째는 1949년 10월 1일의 중화인민공화국 건국이다. 이날 마오쩌둥이 천안문 성루에 올라 광장에 모인 인민 앞에서 국가의 탄생을 알렸다. 1966년에는 문화혁명의 시작을 알리는 100만 홍위병의 행진이 이곳에서 시작되었다. 1976년 4월 5일 청명절에는 천안문광장에 모인 이들이 몇 달 전 죽은 저우언라이를 추모하고 사인방을 비난했다. 이는 인민대중이 공개적으로 중앙정부를 비난한 최초의 사건이었으며 이를 계기로 마오쩌둥 사망 이후 사인방을 제거할 수 있었다.

웨이징성의 뒤를 이어 민주주의를 설파한 이는 중국을 대표하는 천체 물리학자이자 중국과학기술대학 부총장이던 팡리즈方励之이다. 그는 1986년 학생들 앞에 서서 "민주주의는 아래로부터 쟁취하는 것이지, 위로부터 주어지는 것이 아니다"라고 연설했다. 그 시절 중국은 개혁개방을 시작하고 자본주의가 이식되면서 경제가 눈에 띄게 성장했다. 지식인들은 머지않아 정치적 자유도 허용될 것이라고 낙관했다. 바로 그 순간 팡리즈가 민주주의는 실력으로 쟁취해야 한다고 말하여 기름을 부은 셈이다. 그의 연설을 듣고 환호한 전국의 대학생이 민주주의와 경제의 자유화, 그리고 법치 확립을 요구하며 행진에 나섰다.

이듬해 덩샤오핑은 "팡리즈는 퇴폐적이고 서구적인 생활과 자본주의, 다당제를 맹목적으로 숭배하며 중국의 공산주의 이

념과 전통 가치를 부정했다"라고 비판했다. 결국 팡리즈는 공산당원 당적을 빼앗기고 대학에서 쫓겨났다. 그와 함께 공산당 주석이던 후야오방胡耀邦도 실각했다. 베이징의 봄 시기에 문화혁명의 피해자들을 구제하고 민주 세력에게 온건한 입장을 견지하며, 심지어 인도로 망명한 달라이 라마Dalai Lama에게 독립 노선만 포기하면 티베트 자치정부 수립을 검토하겠다고 제안했던 후야오방은 공산 중국의 균형추였다. '정치 정책과 주요 이슈에 대한 중대한 실수' 때문이라던 그의 실각 사유는 이후 벌어질 비극을 암시한다.

1989년 4월 베이징

1989년 4월 15일 후야오방이 심장마비로 급사했다. 청년과 학생들이 가장 먼저 그의 죽음을 애도했다. 베이징대학에 대자보가 붙었다.

죽지 말아야 할 사람은 죽고, 죽어야 할 사람은 죽질 않네. 야오방은 이미 죽었고 좌파들이 다시 번성하니, 국민이여 깨어나라. 투쟁을 잊지 말자.

학생들이 하나둘 모이기 시작하더니, 4월 17일에는 3000명이 베이징대학 캠퍼스를 출발해 천안문광장까지 행진했다. 4월 18, 19일에는 수천 명의 학생이 중국 공산당 고위 지도부가 모여 사는 중난하이中南海의 신화문新華門 앞에 연좌했다. 그들의 요구 사항은 다음과 같았다.

1. 민주주의와 자유에 대한 후야오방의 주장을 정확하게 밝힐 것.
2. (1986년 민주화 시위가) 정신적 오염이며 부르주아 자유화라는 규정을 철회할 것.
3. 당 지도부와 그 가족의 재산을 공개할 것.
4. 개인 매체를 허용하고 언론 검열을 중지할 것.
5. 교육 예산을 늘리고 지식 노동자의 임금을 인상할 것.
6. 수도 베이징의 시위 제한을 철폐할 것.
7. 관영 미디어는 학생들의 행동을 객관적으로 보도할 것.

천안문광장에 모인 학생들은 후야오방의 복권도 요구하기 시작했다. 리펑李鵬 총리는 이를 두고 "문화혁명 때도 없던 일이 벌어졌다"라고 우려를 표했다. 한때 학생들에게 조리돌림을 당하고 그들로 인해 쫓겨났던 사람들에게는 모든 학생운동이 제2의 문화혁명으로 비쳤다. 결국 이 오해가 비극을 낳았다.

후야오방의 국장이 예정된 4월 22일. 누가 추도사를 읽을지에 관심이 쏠린 가운데 천안문광장에 모인 인원은 20만 명으로 불어나 있었다. 그날 오전 천안문광장 서쪽에 위치한 인민대회당에서 국가가 준비한 성대한 장례식이 열렸다. 후야오방의 뒤를 이은 공산당 총서기(후야오방 실각 이후 주석의 명칭이 총서기로 바뀌었다) 자오쯔양趙紫陽이 추도사를 읽었다. 그 목소리가 확성

여 사는 중난하이中南海의 신화문新華門 앞에 연좌했다. 그들의

73

기를 타고 천안문광장에 모인 학생들에게 전달되었다. 곳곳에서 울음소리가 들렸다. 일부는 인민대회당으로 가서 리펑과 대화하겠다고 외쳤다.

그날 저녁 관영 언론은 시안西安과 창샤長沙에서도 시위대가 폭동을 일으켰다고 보도했다. 공산당 정치국 상무위 회의에서 사태의 대응을 놓고 격론이 벌어졌는데 총서기 자오쯔양은 온정론을, 총리 리펑은 강경론을 주장했다고 한다.

4월 23일 자오쯔양이 베이징을 비운 채 예정대로 북한을 방문했다. 그 틈을 타서 리펑이 덩샤오핑을 찾아갔다. 덩샤오핑이 리펑을 만나기 전까지 시위에 대해서 어떤 입장이었는지는 불확실하지만, 이 면담에서 강경 대응을 명한 것은 분명해 보인다. 그 시각 학생들은 '베이징고교학생자치연합회北京高校學生自治聯合會'(이하 '고자련')를 조직했다. 천안문광장의 시위대를 이끈 청년 지도자 왕단王丹, 우얼카이시吾爾開希, 차이링柴玲 등이 모두 이 단체 출신이다. 4월 26일 관영지 『인민일보』는 사설을 내고 청년들을 비판했다.

우리는 분열에 맞서서 선명한 태도를 견지해야 한다. 이번 시위는 (중략) 중국 공산당의 영도를 근본적으로 부정하고, 사회주의 제도를 부정하려는 계획적인 음모다. 중국 공산당과 전 국민은 이 투쟁의 심각성을 충분히 인식하고 단결해야 하며 (중략) 많은 공산당원, 공산당 청년회 단원, 각 민주당파, 애국민주 인사와 전국의 인민은 시비를 분명히 가리고 적극적으로 행동하며, 단호하고 신속하게 투쟁해야 한다!

이로써 학생들의 추모 시위와 민주화 요구에 '반공산당 반사회주의 동란'이라는 낙인이 찍혔다. 베이징대학 캠퍼스에도 이 사설이 방송되었다. 한 번이라도 시위에 참여한 학생들은 공포에 사로잡혔고, 시위를 반대하던 학생들도 너무 심한 조치라고 불만을 토로했다. 사설의 위력은 그만큼 대단했다.

사설 하나 때문에 그랬겠느냐고 생각할지 모르는데, 지금까지 중국에서 발생한 대부분의 사변은 『인민일보』의 사설로 인해 시작되었다. 1959년 반우파운동도 『인민일보』가 사설을 써서 사건을 정의하자, 국가가 나서서 그 대상을 국가의 적으로 규명한 경우이다. 이 일로 결국 55만 명의 피해자가 발생했다.

하루 뒤인 4월 27일, 사설이 불러일으킨 반향으로 중화인민공화국 건국 이래 최대 규모의 시위가 전국에서 발생했다. 시위가 벌어진 주요 도시는 수도 베이징을 비롯해 상하이, 톈진, 창춘長春, 시안, 우한, 난징, 항저우, 허페이合肥, 창샤, 청두成都, 충칭重慶, 선양瀋陽, 다롄大連, 스자좡石家莊, 난닝南寧, 쿤밍昆明, 인촨銀川, 구이린桂林 등 셀 수 없을 정도였다. 베이징 시위에는 무려 100만 인파가 참여했다. 당시 베이징의 인구는 1000만 명, 도심에 사는 인구는 600만 명이었으니, 4·26 사설로 인해 폭발한 인민의 분노를 짐작해볼 수 있다.

민주주의를 요구하는 시위가 일반 대중의 광범위한 지지를 받은 것도 중국 건국 이래 처음이다. 수천 명의 경찰과 500명의 군인이 천안문에 급파되었지만 시위대는 이들을 압도했다. 시위대의 기세에 놀란 관영 언론은 4월 28일 기사를 통해 시위 상황을 비교적 객관적으로 보도했다.

우리는 훨훨 살고 싶다

　4월 30일 자오쯔양이 평양에서 돌아왔다. 그는 강경 진압은 시위를 부채질할 뿐이며, 가까운 장래에 중국도 민주화되어야 한다고 생각했다. 자오쯔양은 5월 3일에 열린 5·4운동 70주년 기념 연설에서 학생들의 애국적 열정을 인정하며 안정을 강조했다. 한 발 더 나아가 5월 4일 베이징에서 열린 아시아개발은행 22차 총회에 참석해서, 이 사태는 민주와 법치의 관점에서 대화와 협상을 통해 해결해야 한다고 강조하며 동란은 발생하지 않을 것이라고 말했다. 개혁파이자 법률적으로는 중국의 일인자인 자오쯔양이 막후의 일인자 덩샤오핑과 다른 목소리를 낸 것이다. 그의 말을 듣고 일부 학생이 학교로 복귀하면서 시위대의 기세도 수그러들었다.

　5월 15일에는 소련의 공산당 서기장(고르바초프Mikhail Gorbachev)이 무려 30년 만에 베이징에 올 예정이었다. 중국 공산당은 항일전쟁 시기에 소련 공산당의 지원을 받았고, 건국 초기에는 중국에 마오쩌둥보다 스탈린Iosif Stalin 포스터가 더 많이 걸렸을 정도로 소련과 밀월 관계였다. 하지만 스탈린 사후 흐루쇼프Nikita Khrushchyov가 스탈린 격하운동을 벌이자 양국의 관계는 멀어졌다. 마오쩌둥은 흐루쇼프를 향해 공산주의운동의 배신자라고 비난했고, 이제는 자신이 전 세계 공산주의운동의 유일한 지도자라고 여겼다. 중국과 소련은 1969년에 국경에서 충돌했을 정도로 관계가 나빠졌다.

　양국이 갈등을 끝내고 관계 회복을 선언할 1989년 5월 15

일, 천안문광장은 그 무대가 되어야 했다. 학생들은 천안문광장에서 버티면 체면을 중시하는 중국 정부가 대화에 나설 것이라고 기대했다. 그리하여 천안문의 시위대는 고르바초프 방중 이틀 전인 5월 13일에 단식 투쟁에 나서며 정부를 압박했다.

> 우리는 죽음의 기개로 살기 위해 투쟁한다. 당신들은 우리의 충정을 보고도 움직이지 않을 것인가? 우리는 죽고 싶지 않다. 우리는 훨훨 살고 싶다. 우리의 생명을 걸고 쓴 맹세가 반드시 공화국의 하늘을 맑게 할 것이다.

천안문광장의 단식 소식이 전국에 전해지자 다시 30만의 인파가 모였다. 지방의 학생들도 베이징행 기차에 올라탔다. 베이징의 각 학교는 천안문과 연대하기 위해 수업 거부와 학내 집회를 병행했다. 그러나 리펑의 반발로 정부와 시위대가 합의를 이루지 못한 채 5월 15일 아침이 밝았다.

중국을 방문한 고르바초프는 성대한 환영식 없이 바로 숙소로 갔다. 그의 방문을 소련과의 관계를 정상화할 돌파구로 여겼던 중국 공산당 지도부는 분노했다. 덩샤오핑은 고르바초프와의 만찬에서 분노를 참지 못해 손을 떨었다고 전해진다. 그럼에도 시위대는 사태를 낙관했다. 전 세계가 천안문을 주목하고 있는 상황에서 정부가 폭력 진압을 하지는 못할 것이라고 생각했으리라. 단 고르바초프가 소련으로 돌아가기 전에 결론을 지어야 했다. 그러지 못하면 둘 중 하나가 무너져야 끝날 게 뻔했다.

고르바초프의 방중을 취재하려고 베이징에 온 외신 기자들은 귀국을 미루고 앞으로 벌어질 상황에 주목했다. 천안문광장이 내려다보이는 창안다제長安大街와 왕푸징다제 사이에 있는 베이징호텔北京飯店의 창가 방이 기자로 꽉 찼다. 시위는 중국 내 400여 도시로 확산되었고 중국 홍십자회(중국에서는 적십자사를 이렇게 부른다)는 천안문광장으로 의료 봉사단을 파견했다. 그 시각 권부의 핵심인 중난하이에서 무슨 일이 벌어지고 있는지 아무도 몰랐다.

5월 17일 덩샤오핑의 자택에서 공산당 최고 의사결정 기구인 정치국 상무위원회가 열렸다. 자오쯔양은 학생들의 입장에 동조했지만, 덩샤오핑, 리펑, 부총리 야오이린姚依林은 자오쯔양의 유화책이 사태를 키웠다고 비판했다. 이날 회의에서 5월 20일까지 사태가 해결되지 않으면 베이징 주변에 계엄령을 선포하기로 했다. 자오쯔양이 총서기직을 걸고 반발했지만 소용없었다. 국가주석 양상쿤楊尚昆은 중앙군사위원회 부위원장의 권한으로 군대의 이동을 승인했다. 후일 『인민일보』 사장을 지낸 후지웨이胡績偉의 증언에 따르면 인민해방군 출신의 장군들 중 국방장관을 역임한 장아이핑張愛平, 전국인민정치협상회의(이하 '정협') 부주석 샤오커蕭克, 전국인민대표대회(이하 '전인대') 상무위 부위원장 출신의 예페이葉飛, 상장 리쥐쿠이李聚奎와 천짜이다오陣再道, 참모장 양더즈楊得志, 인민해방군 군사과학원 원장 쑹스룬宋時輪 등이 총구를 인민에게 돌릴 수 없다고 반대했다고 한다.

계엄령 선포가 임박한 5월 19일 새벽 자오쯔양은 천안문광장으로 가서 학생들을 만났다. 그가 왜 천안문광장으로 갔는지는 지금도 의견이 분분하다. 아마도 광장의 학생들을 철수시켜

파국을 막으려고 했던 게 아닐까? 자오쯔양은 확성기를 들고 학생들에게 말했다. 당시에 촬영된 영상을 보면 중국어를 몰라도 통절함을 느낄 수 있을 정도이다.

"학생 여러분, 제가 너무 늦게 왔습니다. 여러분께 미안합니다. 제가 이곳에 온 이유는 여러분에게 용서를 구하고자 함이 아닙니다. 여러분이 단식한 지 벌써 일주일째입니다. 더 이상 단식을 지속하면 안 됩니다. 당장 멈춰주세요. 나는 당신들이 정부와 당의 대답을 듣기 위해 단식을 하고 있다는 것을 잘 압니다. (중략) 젊고 앞날이 창창한 당신들은 건강하게 살아남아서 우리 중국이 현대화되는 날을 지켜봐야 합니다. 여러분은 우리 같지 않아야 합니다. 우리는 이미 늙었으니 상관없습니다. (중략) 당과 국가, 그리고 사회 전체가 애를 태우는 엄중한 상황입니다. 이 상황을 더 이상 지속할 수 없습니다. 통제 불능의 상황이 계속되면 여러 가지 심각한 문제가 발생할지도 모릅니다. 여러분이 단식을 멈추면, 정부도 대화에 나설 것입니다. 여러분이 이 체제에 문제가 있다고 느끼는 한 우리는 계속 토론할 수 있습니다. (여러분이 보기엔) 느리다고 생각하겠지만 일부 문제에 대해서 합의를 찾아가고 있습니다."

이 자리는 총서기 자오쯔양의 마지막 공식 무대가 되었다. 연설 중 몇몇 학생이 훌쩍였고, 누군가는 자오쯔양에게 사인을 해달라며 공책을 내밀기도 했다. 다음 날 계엄령이 선포되고 자오쯔양은 해임됐다. 그는 "계엄은 헌법에 따라 전인대의 의결을 거쳐야 한다"라고 주장했지만 소용없었다. 얼마 후 자오쯔양은 정치국 확대회의에서 인신공격을 받고 반당 분자로 몰렸다. 이

3. 중국으로 돌아가다

79

후 그는 2005년 사망할 때까지 가택 연금을 당했다.

중국 정부는 30개 사단에 동원령을 내렸다. 시민들도 가만히 있지 않았다. 무려 10만 명에 달하는 계엄 저지대가 베이징 외곽의 도로를 점거하고 군의 진입을 막았다. 이날 베이징 진입 명령을 받은 군인은 1만 5000명 규모였는데 단 한 명도 베이징으로 들어오지 못했다. 시위대는 군인들에게 인민의 편에 서달라고 울면서 호소하기도 했다. 정부의 계엄 시도는 사실상 실패했고, 5월 22일 도시 외곽에서 사흘간 대치하던 계엄군이 철수했다.

군대가 출동했다는 사실을 안 천안문광장의 시위 지도부는 분열하기 시작했다. 무의미한 희생을 기다리느니 일단 철수하자는 온건파와 무슨 일이 있어도 광장을 사수해야 한다는 강경파가 충돌했다. 또한 장기간의 시위와 내부 갈등에 염증을 느낀 사람들이 광장에서 이탈하기 시작했다. 5월 말이 되었을 때 광장에 남은 인원은 수만 명으로 쪼그라들었다. 6월 2일 자정을 기해 계엄군이 다시 움직이기 시작했다. 각 대학은 계엄군의 이동 소식을 교내 방송을 통해 알렸다. 중국의 대학생은 기숙사 생활이 원칙이었기 때문에 뉴스의 전파도 빨랐을 뿐 아니라, 단시간에 집결하기에도 유리했다. 게다가 베이징 소재의 대학은 이화원頤和園으로 향하는 쉐위안루學院路에 모두 모여 있다. 방송을 통해 계엄군의 동향을 확인한 학생과 시민들이 순식간에 천안문에 운집했다. 그들은 천안문광장으로 통하는 길목 곳곳을 막고 화염병을 던지며 계엄군을 저지했다. 정부는 이 사태를 '동란'에서 '반혁명 폭란'으로 격상했다. 이제 천안문을 강제 진압할 명분이 생긴 것이다. 6월 3일 계엄군이 최후통첩을 보냈다. "시민들은 집 밖으로 나오지 말고, 광장의 시위대는 당장 떠나라."

천안문광장의 진입로는 두 곳이다. 북쪽의 자금성과 마주한 창안다제와 남쪽의 첸먼다제前門大街뿐이다. 그날 계엄군과 시위대는 북쪽에서 맞붙었다. 6월 3일 밤 10시 30분, 무시디木樨地에서 첫 번째 총성이 울렸다. 시위 지도부는 즉각 광장 한가운데 있는 인민영웅기념비로 군중을 모았다. 천안문에서 단식을 하고 있던 류샤오보劉曉波 등의 천안문 사군자는 계엄군과 평화적 해산을 놓고 협상을 시작했다. 학생 지도부는 천안문광장을 봉쇄하려는 계엄군을 향해 비폭력을 절규했다.

다음 날 새벽 5시 40분 계엄군이 천안문광장을 접수했다. 이 시간까지 남아 있던 수천의 시위대는 눈물을 흘리며 계엄군이 열어준 출구로 나갔다. 광장의 본대는 해산되었지만 베이징 시내 곳곳에 산개했던 시위대는 산발적으로 저항했다. 총성은 6월 4일 오후까지 이어졌고, 곳곳에서 계엄군 차량이 불에 탔다. 중국 공산당은 불타는 차량 사진을 유포하며 진압의 정당성을 강조했다. 전 세계가 본 '탱크맨' 사건은 천안문광장을 완전히 장악하고 귀대하는 탱크 앞에서 벌어진 일이다.

6월 5일 중국 공산당과 국무원이 「전체 공산당원과 인민에게 드리는 글」을 발표했다. 수도 베이징에서 반혁명 폭란이 발생했지만 인민해방군의 용감한 조치로 폭란을 평정했다고 선언했다. 6월 5일부터 10일까지 전국 181개 도시에서 군대의 유혈 진압에 항의하는 시위가 열렸지만 거기까지였다. 중국 정부는 천안문 시위를 진압하는 과정에서 241명의 사망자와 7000

여 명의 부상자가 발생했다고 발표했다. 반면 중국 홍십자회는 진압 초기에만 약 2600명이 사망한 것으로 추정했다. 국제 엠네스티는 약 1000여 명이 사망했다고 보고했으며, 당시 주중 영국대사였던 앨런 도널드Alan Donald는 중국 국무원의 고위 관료에게 1만 명이 사망했다는 말을 들었다고 했다.

1989년 6월 4일의 홍콩

6월 5일 홍콩의 항생지수HIS가 무려 22퍼센트 폭락했다. 8년 후면 중국의 일부가 될 홍콩 사람들은 베이징의 일거수일투족을 주시했다. 앞서 5월 1일에 고자련은 「홍콩 동포에게 드리는 글」을 통해 지금의 시위는 중국의 민주화를 가속하고 완전한 법치를 실현하는 길이라며 연대를 요청했다. 홍콩의 시민 사회는 천안문광장의 시위대를 후원하는 것으로 화답했다. 천안문광장에 공급된 생수 등 수많은 물품이 홍콩 동포들의 주머니에서 나왔다. 웡 할아버지는 당시를 이렇게 회상했다.

"난 홍콩이 중국에 반환되는 걸 환영했어. 1984년에 사람들이 온통 사재기를 할 때도 불안하긴 하지만 홍콩이 조국으로 돌아가는 건 당연한 일이라고 생각했지. 5월 중순이었나, 사람들이 돈을 걷어서 베이징으로 보내자고 하더라고. 나도 조금 냈을 거야. 휴…. 베이징에서 사람을 그리 쏘아 죽일지는 몰랐어. 6월 4일 전까지는 중국의 대응을 보면서 저렇게 평화로운데 왜 홍콩을 떠나야 한다고 호들갑을 떠느냐고 친구들에게 말했다니까. 한 녀석이 이민을 갈 준비를 하고 있었는데, 나는 곧 좋아질 거니까 가지 말라고 말렸어."

"학살 이후에 중국에 대한 생각이 달라졌나요?"

"1967년이 생각나더군. 그때도 과격함 때문에 실패했지. 그래도 중국은 중국이고, 홍콩은 홍콩이라고 생각했던 것 같아. 여기에서 50년간 그대로 살아도 된다고 약속했잖아. 그걸 어기면 영국이 가만히 있겠어? 슬프고 화가 났지만 홍콩과 베이징은 다른 줄 알았어. 모르겠네…. 내가 그때 무슨 생각이었는지. 아들은 밤새도록 천안문 뉴스를 보더니 벽을 치며 울더라고. 그런데 딱히 해줄 말이 없었어. 능력이 있으면 홍콩 밖으로 나가는 것도 좋지. 그런데 이 가게를 봐! 할 줄 아는 건 탕쏘이(홍콩식 디저트) 만드는 일뿐인데, 그걸로 외국에 가서 뭘 하겠어. 그렇다고 내가 영어를 잘하는 것도 아니고. 지금이야 이 가게를 팔면 돈이 좀 되겠지만, 그때는 그렇지도 않았어. 난 그냥 열심히 사는 수밖에 없었어."

대화를 듣고 있던 아들 웡 씨가 끼어들었다.

"그때 난 중학교 4학년(한국의 고등학교 1학년)이었는데 처음엔 관심이 없었어. 그런데 5월 내내 텔레비전을 켜면 천안문광장이 나오지 뭐야. 학교에서도 전부 다 베이징 이야기만 했어. 우리에게 중국은 목에 걸린 생선 가시 같은 거야. 아무리 무시하려 해도 결코 외면할 수 없고 뽑을 수도 없어. 영원히 목에 무언가가 걸린 듯한 이물감이라고 해야 하나? 그때도 그랬어. 내가 어른이 되면 홍콩은 중국이 되어 있을 거라는데, 그럼 변하는 거잖아? 지금과는 달라질 미래가 늘 불안했어. 이건 홍콩 사람이라면 누구나 가진 감정이야."

웡 할아버지도 맞장구를 쳤다.

"그건 친중파든 시위하는 사람이든 기본적으로 똑같지. 홍콩 사람이라서 불안한 거야. 답은 없고 불안하기만 하지."

"속이 터질 것 같아서 주먹으로 벽을 쾅쾅 치며 울었어. 한참을 울다가 정신을 차렸는데 나만 우는 게 아니더라고. 건넛집도, 윗집도 전부 훌쩍이고 있었어. 누군가는 밖으로 나가서 고래고래 소리를 지르고…. 다음 날 학교에 갔는데 전부 고개를 푹 숙이고 있었어. 선생님도 수업을 하다가 하늘 한 번 보고 한숨 한 번 내쉬고, 유령처럼 책을 읽었어. 그런 경험은 처음이었어. 가슴이 쿵쾅거리고 숨을 못 쉴 것 같다가 이내 눈물이 흐르고…. 며칠 동안 그랬던 것 같아."

전직 홍콩 의원이자 1990년부터 홍콩에서 6·4 추모식을 조직해온 리척얀李卓人은 2020년 6월 4일에 천안문 기념일을 맞아 CNN과 인터뷰했다. 그는 "당시 홍콩인에게 1997년은 머리 위에 매달린 돌 같은 느낌"이었다고 설명하고 "만약 천안문의 학생들이 성공한다면, 그래서 민주주의를 쟁취한다면 우리도 권위주의적 정권 아래에서 살지 않아도 된다는 의미였다"라고 말했다. 6·4는 홍콩 사람들에게 시대에 순응하면 안 된다는 깨달음을 주었다. 의류 브랜드 '지오다노'의 창업주였던 지미 라이Jimmi Lai는 6·4를 겪은 뒤 사재를 털어 타블로이드 신문『빈과일보蘋果日報, Apple Daily』와 주간지『넥스트매거진Next Magazine』을 창간했다. 피 흘리며 쓰러진 사람들을 놔둔 채 중국 정부를 옹호하는 언론을 더 이상 두고 볼 수 없어서였다. 신문

이름의 사과는 창세기에 나오는 선악과를 뜻한다. 홍콩에게 6·4는 일종의 선악과였다. 이것을 먹으면 선악을 구분할 수 있게 되는 대신 시련을 당할 수밖에 없다. 하지만 진실에 눈을 감고 행복해하기에는 상황이 너무나 엄중했다.

노랑새 작전

노랑새야, 바나나나무 위에 높이 올라

노랑새야, 너도 나처럼 혼자 앉아 있네.

여자 친구가 또 둥지를 떠났구나.

슬프지, 나도 너무 슬프다.

넌 그래도 저 멀리 하늘을 향해 날아갈 수 있잖아.

나보단 운이 좋네.

나도 여자 친구가 있었는데, 지금은 같이 있지 않아.

그 아이들은 다 똑같아.

부드러움에 취해서 어딘가로 날아가버리지.

노랑새야, 노랑새야.

나도 노랑새였다면 좋을 텐데, 너와 함께 날아갔을 텐데.

하지만 난 노랑새가 아니라 여기에 앉아 있을 수밖에 없어.

내가 할 수 있는 건 아무것도 없어.

노랑새야, 노랑새야.

– 아이티 민요 〈노랑새〉

1989년 6월 4일, 전 세계는 중국 인민해방군이 인민을 학살하는 광경을 똑똑히 지켜봤다. 외부에서 보기에 천안문 학살은 중국 체제의 야만성을 드러낸 일이다. 하지만 8년 후 중국의 일부가 될 홍콩인에게는 발등에 불이 떨어진 사건이었다. 홍콩 사람들은 다시 생필품을 사재기했고, 1989년을 기점으로 1997년까지 홍콩 전역에 이민 열풍이 불었다. 물론 이때도 돈을 버는 사람은 따로 있었다. 현재 홍콩 최고의 부자인 리카싱李嘉誠이 대표적인데, 그는 이때 부동산 시장에 나온 급매물을 모두 사들였다. 떠날 수 있는 사람은 캐나다나 호주, 미국으로 이민을 갔지만 나머지는 어떻게든 홍콩에서 살아남기 위해 발버둥쳤다. 코즈웨이베이에 있는 빅토리아공원에서는 연일 중국의 만행을 규탄하는 시위가 열렸다.

한편 베이징은 천안문광장에서 벌어진 사건을 '정산'할 차례였다. 수도에서 무장 폭동이 벌어졌으니 주모자를 잡는 건 당연한 순서였다. 중국 국영 방송은 시위의 지도부였던 고자련 간부를 중심으로 한 수배자 명단을 시도 때도 없이 방송에 내보냈다. 기차역이나 버스 정류장처럼 사람이 모이는 곳에는 그들의 얼굴이 걸렸고 골목마다 수배 전단이 뿌려졌다. 한국의 독재 정권 시절에 지역 말단 조직의 통반장이 마을 사람들의 정치 성향을 파악해서 경찰에 보고했던 것처럼, 중국도 신고가 장려됐다. 골목에 앉아 있던 노인들이 오가는 사람의 일거수일투족을 살폈다.

당시 홍콩과 중국의 접경은 밀수꾼의 천국이었다. 수입을 규제하면 오히려 밀수품의 가치만 오를 뿐이었다. 새로 등장한 중국의 부자들과 공산당 고위 관료들은 수입 전자제품과 사치품을 홍콩에서 밀수했다. 홍콩 경찰과 중국 공안은 법 집행보다는 주머니를 불리는 데 관심이 컸다. 밀무역은 홍콩 삼합회三合會의 주요 수입원이 되었다.

어느 날 이 밀수로를 유심히 지켜보던 홍콩의 한 활동가가 천안문의 학생운동 지휘부를 광둥성까지 데려와 홍콩으로 들어오게 할 방법을 생각해냈다. 홍콩에서 홍콩 경찰에게 체포되면 중국으로 신병을 넘기지 않는 불문율에 착안한 것이다. 이른바 '노랑새 작전Operation Yellow Bird'은 이렇게 시작되었다.

학생운동가 한 명을 구출하는 데 평균 30명이 동원되었던 이 비밀 작전은 이름을 밝힐 수 없는 중국 관료와 중국과 홍콩의 활동가, 양쪽 접경의 밀수꾼과 삼합회는 물론 미국 CIA와 영국 MI6까지 얽힌 대규모 프로젝트였다. 얼마 전 노랑새 작전에 참여한 전직 삼합회 간부가 홍콩 언론과 인터뷰를 했다. 그는 "홍콩의 모든 사람이 한마음"이었다며 수줍게 웃었다.

이 작전으로 21명의 주요 수배자 중 일곱 명을 비롯해 500~800명의 반체제 인사가 홍콩으로 탈출했다. 작전명이 '노랑새'인 까닭은 2014년 『사우스차이나모닝포스트South China Morning Post』(이하 'SCMP')의 탐사 보도로 밝혀졌다. 아이티의 민요 중 〈노랑새〉라는 노래가 있다. 연인을 잃은 사람이 바나나무에 앉은 노랑새에게 넋두리를 하는 내용이다. 이 작전을 계획한 이들 중 한 명은 천안문 학살로 인해 중국에 갇힌 수많은 노랑새들에게 작은 둥지를 만들어주고 싶었다고 밝혔다.

타임 리밋

홍콩은 세기말의 상징이 되었다. 중세의 한 예언가는 1999년에 종말이 온다고 했지만 홍콩 사람들에게 종말은 그보다 앞선 1997년 7월 1일이었다. '시한부'라는 세 글자가 홍콩 사람들 뇌리에 박혔다. 홍콩의 대중 영화는 끊임없이 이 도시의 화려함이 시한부임을 변주했다. 왕가위王家衛의 1994년작 〈중경삼림〉에서 경찰 223(금성무金城武 분)은 만우절에 여자 친구에게 이별 통보를 받았다. 그는 이별이 거짓말일지도 모른다고 생각하며 자신을 희망 고문하기 시작했다. 한 달 뒤인 5월 1일(이날은 그의 생일이다)에 다시 연락이 올 것이라고 믿으며 그녀가 좋아하는 파인애플 통조림을 사서 모았다. 유통기한이 5월 1일인 통조림으로만.

일방적으로 이별을 통보받은 건 홍콩도 마찬가지다. 홍콩은 스스로 영국의 일원이 되겠다고 한 적도, 중국으로 돌아가겠다고 말한 적도 없다. 경찰 223처럼 그저 통보받았을 뿐이다. 홍콩에게 주어진 유통기한은 1997년 7월 1일까지였다. 영화에서 223은 마치 홍콩 사람들의 심정을 대변하는 것처럼 말한다. "세상에 유통기한이 없는 건 없나?"

이 영화는 홍콩이 중국으로 반환되기 3년 전에 개봉했고, 왕가위 감독은 홍콩이 반환되기 한 달 전인 1997년 5월 30일에 〈해피투게더Happy Together〉를 발표했다. 이 영화의 중국어 제목은 '춘광사설春光乍洩', 즉 '구름 사이로 잠시 비치는 봄볕'이라는 뜻이다. 영화는 절망적인 상황에 처한 두 남성의 사랑 이야기이다. 당시에는 홍콩과 한국 모두 동성애를 부정적으로 보았기 때문에, 극 속의 이야기는 이루어질 수 없는 사랑이었다. 〈중경삼림〉에서 유통기한을 강조했던 감독은 이번에는 이루어질 수 없는 사랑일지언정 그들이 봄 햇살처럼 잠깐이라도 함께 행복하기를 바랐다.

1997년 7월 1일, 마침내 홍콩이 중국에 반환됐다. 중국은 2047년 7월 1일까지 홍콩인이 홍콩을 통치하는 항인치항港人治港, 영국이 홍콩에 만들어놓은 체제를 유지하는 일국양제, 중국이 홍콩의 내정에 간섭하지 않는 고도자치高度自治, 이상의 세 원칙을 유지하겠다고 약속했다. 하지만 홍콩을 떠난 이들도, 그리고 남은 이들도 이 약속을 믿지 않았다.

천안문 학살 이듬해인 1990년에만 약 6만 2000명이 이민 가방을 쌌다. 당시 인구의 1퍼센트가 1년 만에 빠져나간 셈이다. 1994년까지 해마다 비슷한 수의 사람이 홍콩을 탈출했고, 그 추세는 중국 반환 이후에야 잠잠해졌다. 이민 열풍은 2014년 우산혁명의 실패와 2020년 국가보안법 통과 이후에 다시 급증하는 추세다. 돈 있는 사람은 미국과 캐나다, 호주로, 없는 사람은 가까운 타이완으로 갔다. 웡 씨 일가처럼 홍콩에 남아 있는 사람들 또한 좋아서 남은 건 아니다. 이러지도 저러지도 못했을 뿐이다.

4.

민주주의를
이식하라

갑자기 시작된 개혁

홍콩의 국회 격인 입법회는 1843년에 처음 조직되었다. 난 징조약 체결 이듬해인데, 이때의 의석은 고작 셋뿐이어서 의회 라고 부르기도 민망한 수준이었다. 심지어 의원 세 사람이 모두 행정부의 고위 관료였다(투표에 의한 선출이 아니라 총독이 임명했 다). 최초의 입법회는 법을 만드는 곳이 아니라 총독을 보좌하는 기구였다. 영국은 이들에게 '입법회'라는 이름을 붙인 게 꺼림칙 했는지 1850년에 제도를 변경했다. 임명제는 유지하되 공무원 이 아니어도 의원이 될 수 있게 자격 요건을 바꾼 것이다. 이 또 한 오십보백보로, 여전히 이름만 입법회였다.

1884년이 되자 홍콩 상공회의소 회원도 의원 임명 대상에 포함되었다. 영국 입장에서는 더 나은 권리를 홍콩인에게 제공 한 것이지만, 홍콩인의 입장에서는 달라진 게 없었다. 1940년대 에는 총독이 입법회 개혁을 시도했지만 곧바로 홍콩이 일본에 점령되면서 흐지부지되었다. 이런 상황이 1985년까지 이어졌다.

이 말인즉 영국이 지배한 기간 내내 홍콩에 민주주의가 부 재했다는 뜻이다. 영국이 홍콩 행정부의 수장인 총독을 임명했 고, 입법회는 부와 권위를 가진 상류층과 특정 직업군의 사교장 에 불과했다. 학자들은 이 상황을 '정치적 권리가 제외된 자유' 라고 부른다. 1985년 이전까지 홍콩인에게 주어졌던 자유는, 언론의 자유를 제외하고는 2021년에 중국 인민이 누리고 있는 자유와 무척 비슷하다. 양쪽 모두 정치적 권리는 갖지 못한 채 돈을 마음껏 벌고 쓸 자유만 허용된다.

잠시 1984년에 체결한 홍콩 반환협정의 3조 3항과 5항을 보자.

③홍콩특별행정구는 행정, 입법, 독립적 사법 권한 및 최종 심판권을 갖는다. 현재 홍콩에서 시행되고 있는 법률은 기본적으로 변하지 않을 것이다.

⑤홍콩의 현재 사회 체제는 변하지 않을 것이며 생활 방식도 변하지 않을 것이다. 홍콩특별행정구에서는 신체, 언론, 집회, 결사, 여행, 이주, 통신, 파업, 직업 선택, 학술 연구, 종교적 신념 등의 각종 권리와 자유가 보장된다. 사유재산과 기업 소유권, 상속권 및 외국인 투자권 또한 법에 의해 보호된다.

홍콩의 '현재'는 1997년 6월 30일까지 영국이 구축해놓은 사회 시스템 위에 있다. 영국이 반환될 홍콩에 분쟁의 씨앗을 심어놓기 위해서 그랬는지 혹은 뒤늦게 홍콩에 대한 책임감을 느꼈던 것인지는 알 수 없지만, 어쨌든 그들은 반환협정 체결 직후 정치 개혁을 추진했다. 그것은 지금까지는 결코 허용하지 않았던 민주주의를 이식하는 작업이었다.

1984년 반환 선언 직전의 홍콩 의회는 임명직 30석과 당연직 17석으로 구성되어 있었다. 참고로 당연직은 홍콩 총독부의 관료들이 채웠다. 주민들에게는 투표로 정치적 의사를 표현할 그 어떤 제도와 권리도 보장되지 않았다. 그러다 1985년이 되자 주민이 직접투표에 참여할 수 있게 되었다. 직능대표 12석, 선거위원회 선출 12석이 그 대상이었는데, 우리가 아는 '보통선거'는 아니었지만 홍콩 시민들은 투표권이 생겼다는 사실에 환호했다.

1991년에는 선거가 조금 더 극적으로 바뀌었다. 드디어 '지역구 제도'가 도입된 것이다. 이제 선거인명부에 등록된 유권자가 직접투표로 자신의 대표를 뽑을 수 있게 되었다. 그것도 18석이나! 중국 반환을 불과 6년 앞두고 일어난 일이다.

민주주의 이식 작업은 빠르게 진행되었다. 1992년 영국의 마지막 홍콩 총독 크리스 패튼Chris Patten이 부임했다. 그때까지는 보통 군인이나 외교관이 총독으로 부임했지만, 패튼은 보수당 의장을 역임한 인물로 존 메이저John Major 총리와도 절친한 거물 정치인이었다. 사람들은 그가 중국과 일전을 벌일 것이라고 예상했다.

패튼은 영국의 마지막 식민지 총독이라는 사실만으로도 역사에 이름을 남길 수 있었다. 하지만 당시 48세였던 그는 그저 퇴임하는 것에 만족하지 않았다. 그는 취임 즉시 선거법 개혁에 착수했다. 이른바 '패튼 개혁안'은 완만히 이어지던 홍콩 민주주의의 양과 질을 획기적으로 끌어올리려는 계획이었다. ①소선거구제 도입, ②선거 연령을 21세에서 18세로 하향, ③임명제 의원직 폐지가 핵심으로, 전체 의석 60석 중 20석을 지역구 소선거구제로 뽑고 30석은 직능단체에서, 남은 10석은 선거위원회에서 선출하게 했다. 이중 직능단체가 선출하는 30석에 특히 주목해야 한다.

어느 사회에나 다양한 '업계'가 존재하고, 여러 직업군이 각자의 조직을 만들어서 업계를 대표한다. 홍콩은 각각의 조직이 자신들의 이익을 대변할 사람을 뽑아 국회로 보낼 길을 열어놓았다. 직능단체 의원 제도를 알기 위해서는 홍콩에서는 '홍콩에 얼마나 기여했는지에 따라 그만큼의 권리를 갖는다'라는 사고가 보편적임을 이해해야 한다. 직능단체 의원은 이 생각을 정치적으로 확장한 제도이다.

직능단체 의원 선출을 위한 투표권은 해당 업계 사람들에게만 주어졌다. 홍콩에 기여한 바를 인정받은 직능단체/직업군이 30개였다는 뜻이다. 1985년까지도 사회 지도층·상류층이 속하지 않은 일반 직업군, 이를테면 운수 노동자나 간호사, 식품업 종사자에게는 직능단체 의석이 배분되지 않았다. 오직 법률가나 자본가, 기업가, 의사 같은 사람들만 자신이 속한 계층의 이익을 대변할 의원을 가질 수 있었다.

패튼도 기득권화된 직능단체 의석 자체를 없애지는 못했다. 함부로 손을 댔다가 그들이 중국 편에 선다면 이번 시도 자체가 엎어질 게 뻔했기 때문이다. 그는 일단 제도는 유지한 채 직능단체 의석의 투표권을 다수의 일반 직종으로 확대했다. 그 결과 이번에는 소수의 부동산 업자나 건설 사업가가 가진 한 표의 무게가 다수의 교육 노동자나 운수 노동자가 가진 한 표의 무게보다 무거워지는 문제가 발생했다. 이런 상황에서는 아무리 제도를 바꾼들 상류층과 특정 직업군의 이익이 더 우선할 수밖에 없다. 참고로 혹자는 이와 같은 홍콩의 정치·사회 구조를 일컬어 '민주주의라기보다는 주식회사에 가깝다'라고 설명한다.

이어서 패튼은 직능단체 의원에 대한 선거권을 그 업계의 특정 조직에 속하지 않은 사람들에게도 부여했다. 이 조치로 11만 5000명에 불과했던 직능단체 의원 선거의 유권자 수가 250만 명(홍콩에서 일하는 모든 노동자)으로 늘어났다. 선거권의 확대는 일부 유력자와 유력 업계가 직능단체 의석을 좌우하는 것을 막고 직능단체 의원의 대표성을 강화했다.

그다음에는 무슨 일이 일어났을까? 예상대로 중국이 등장할 차례이다. 중국은 홍콩의 민주화를 가만히 보고 있지 않았다. 반환을 코앞에 두고 이런 식으로 제도를 뜯어고칠 수는 없다고 항의하며 영국과 힘겨루기를 시작했다. 중국 정부는 1997년 7월 1일에 홍콩이 중국에 반환되면 즉시 패튼의 개혁을 무위로 돌리겠다고 공언했다.

1995년에 패튼 개혁안에 따른 영국령 홍콩의 마지막 선거가 열렸다. 지역구의 득표수에 따라 승자가 모든 것을 독식하는 소선거구제의 위력은 강력했다. 홍콩 민주계는 직접투표로 선출하는 지역구 20석 중 16석을 따내는 기염을 토했다. 최종 결과는 직능단체 의석과 선거위원회에서 선출한 의석을 모두 합쳐서 민주계가 31석, 친중국계가 29석을 차지했다. 1995년의 선거는 민주계가 홍콩 의회에서 다수를 차지한 유일한 선거로 기록되었다.

패튼 개혁안에 대한 평가는 정치적 입장에 따라 갈린다. 패튼은 임기 내내 홍콩 시민들에게 인기가 있었다. 그는 정치인답게 대중이 무엇을 원하는지 잘 알았고, 홍콩 시민들은 그에게 '뚱보 패튼'이라는 친근한 별명을 지어주었다. 패튼은 홍콩 반환 1년 전인 1996년에 홍콩인 가운데 영국해외시민BNO(British National Overseas) 여권을 소지한 이들의 영국 이주를 보장하자고 제안하기도 했다(이 제안은 영국이 거부했다). 2019~20년 홍콩에서 민주화 시위가 불타오르자 패튼은 다시 "영국은 홍콩에 대한 도덕적·법적 책무를 져야 한다"라고 말하며 영국의 개입을 촉구했다.

중국이 보기에 패튼의 개혁안은 받아들일 수 없는 조치였다. 중국은 1984년에 반환협정을 맺으며 1997년 반환 때까지 홍콩에 관한 주요 결정을 양국이 협의하기로 했음에도 영국이 일방적으로 개혁을 시행하고 있다고 비난했다.

중국은 홍콩 반환 직후 패튼이 시행한 모든 정치 개혁을 폐기하고 1995년에 선출된 의회를 해산할 것이라고 천명했다. 이후 의회의 업무를 대신할 '임시 입법회'를 조직했다. 항인치항, 즉 홍콩인이 홍콩을 통치한다는 원칙 때문에 임시 입법회 의원은 전부 홍콩인이었지만, 그 누구도 투표로 선출되지 않았다.

1997년 7월 1일 홍콩 반환

1994년 10월 5일을 기해 중국의 주요 기차역마다 '홍콩 조국 회귀 D-1000일' 광고가 걸리고 카운트다운이 시작되었다. 중국인에게 홍콩 반환은 1842년 아편전쟁 이후 150년간 이어진 굴욕을 극복하고 중국이 세계를 향해 나아가기 시작하는 신호탄이었다.

1989년 천안문 학살 이후 중국은 인민을 사회주의적 인간으로 만드는 교육에서 벗어나 중화민족주의를 강조하는 교육으로 정책 기조를 바꾸었다. 그러자 중화인민공화국 건국 이후 오랫동안 금기시되었던 민족주의 구호가 다시 분출하기 시작했다. 홍콩이 반환되면 이런 분위기가 더욱 강해질 것이다. 하지만 홍콩의 분위기는 달랐다. 기존 의회를 해산시킬 목적으로 만든 임시 입법회는 정치권의 뜨거운 감자였다.

반환을 2주 앞둔 1997년 6월 18일 홍콩대학은 천안문 학살 희생자를 애도하며 8미터 높이의 '수치의 기둥'을 세웠고, 홍콩 민주당은 임시 입법회가 불법이라며 법원에 소송을 제기했다. 홍콩 총독부는 6월 28일부터 7월 2일까지 닷새를 임시공휴일로 지정했다. 당시 『빈과일보』가 홍콩 시민에게 반환에 관한 생각을 물은 여론조사에서 30퍼센트만 중국 반환을 지지한다고 응답했으며, 반환 행사에 참가할 것이라고 대답한 시민은 5.5퍼센트에 불과했다.

마침내 1997년 6월 30일 밤 11시 30분, 완차이 소재의 홍콩컨벤션센터에서 주권 반환식이 시작되었다. 영국 국가 〈하느님, 여왕 폐하를 지켜주소서God Save the Queen〉가 흐르며 유니언잭이 내려갔다. 이어서 중국 국가 〈의용군 진행곡義勇軍進行曲〉이 울려 퍼지는 가운데 오성홍기가 게양되며 행사는 성대하게 마무리되었다. 엘리자베스 여왕을 대신해 반환식에 참석한 찰스 왕세자는 "영국은 홍콩을 결코 버리지 않을 것이며, 여러분을 계속 지켜보겠다"라는 말로 작별 인사를 전했다.

같은 시간, 홍콩의 민주 세력은 컨벤션센터 진입로와 센트럴에 있는 종심법원 앞에서 '민주주의 수호'를 촉구하며 집회를 열었다. 그 곁에는 "일당독재 종식", "임시 입법회 반대", "6·4를 잊지 말자" 등이 적힌 현수막이 나부꼈다. 민주당 당수이자 홍콩의 양심으로 불리는 마틴 리Martin Lee는 종심법원 2층 발코니로 올라가 "누구도 민주주의를 위한 우리의 행진을 멈출 수 없을 것이며, 민주주의를 위한 우리의 투쟁은 영원할 것이다"라고 연설했다.

대부분의 홍콩인은 걱정과 우려, 그리고 기대가 뒤섞인 심정으로 자신들의 의사와 상관없이 삶의 터전이 다른 곳에 귀속되는 과정을 지켜봤다. 그날 오후 8시 15분에 열린 화려한 불꽃놀이를 보기 위해 광장으로 나간 사람은 식민주의의 향수를 느끼러 온 관광객들뿐이다.

반환식이 끝나고 시간이 자정을 넘어가며 홍콩 반환의 첫날이 되었다. 왕세자는 빅토리아항에 정박해 있던 브리타니아호를 타고 떠났다. 원래는 그날에 열릴 홍콩특별행정구 정부 취임식에 참석하기로 했지만 의회 해산과 임시 입법회 강행에 대한 항의 표시로 불참했다(영국은 물론 미국을 비롯한 서방의 사절단은 모두 불참했다).

그날 오후 2시 45분, 임시 입법회는 첫 번째 법안으로 '정당 및 가두시위 통제를 위한 법률'을 심의했다. 그리고 오후 9시에 화려한 불꽃놀이가 홍콩의 하늘을 수놓았다. 이번에도 관광객들만 축제를 즐겼다.

전 세계 언론은 브리티시 홍콩이 홍콩 차이나로 바뀌었다고 일제히 보도했다. 1842년부터 1997년까지 이어진 한 시대는 이것으로 끝났다.

웡 씨 집안의 1997년 6월 30일

홍콩이 중국에 반환되던 해에 웡 할아버지는 47세였다. 그는 "그때는 일 년 내내 정말 어수선했어"라고 회상했다. 아들 웡 씨의 기억도 마찬가지다. 1997년에도 웡 할아버지는 가게를 운영하고 있었고, 웡 씨는 고등학교를 졸업한 뒤 호텔에서 일했다. 처음 일한 호텔은 야우마테이의 오래된 4성 호텔이었는데, 로비 매니저가 침사추이에 있는 대형 호텔로 자리를 옮긴 뒤 곧바로 웡 씨를 불렀다고 했다.

"홍콩 반환은 호텔 업계가 큰 수익을 얻을 기회였어. '영국의 마지막 식민지에서 추억을 만드세요' 같은 광고가 나왔을 정도라니까. 여기에 동하는 사람이 꽤 많았다고. 그때만 해도 1997년 7월 1일이 되면 자유로운 홍콩은 지구에서 사라질 것이라고 생각하는 사람이 많았지. '동방의 진주 홍콩의 마지막 날'이라는 카피가 얼마나 기똥찬지 알겠어? 직장을 옮기고 2년쯤 지났을 무렵인데, 정말 정신이 하나도 없었어."

"불안하지는 않았어? 주변에 홍콩을 떠나는 사람이 꽤 많았을 텐데?"

"먹고사는 문제는 걱정하지 않았어. 호텔은 관광업이잖아. 중국인이 홍콩으로 여행을 오는 데에는 여전히 제약이 많았지만, 결국엔 문호가 개방될 테니까…. 또 중국에는 굉장한 부자들이 많다고 하고. '서양 애들이 덜 와도 그보다 더 많은 중국인이 홍콩으로 오겠지!' 이런 기대를 했어. 불만스럽고 불안하지만 '설마 죽기야 하겠어'라고 생각했지."

머릿속이 복잡해진 웡 할아버지는 잠시 말을 멈추고 생각에 잠겼다.

"할아버지, 그때의 마음을 더 얘기해주시면 좋겠어요."

"계속 헷갈려. 기뻐했던 건 맞아. 좋아서 팔짝 뛸 정도는 아니지만 기쁘긴 했어. 일단 서로 물어뜯고 싸우는 게 지긋지긋했거든. 패튼의 선거 개혁은⋯ 좋았지. 그렇게 해야 하는 게 맞아. 그런데 제도를 바꾸려면 중국과 협의를 해야지! 결국 뒤집힐 게 뻔한 짓을 왜 한 거야. 그리고 중국도 답답한 게 어차피 반환된 마당에 왜 그렇게 야박하게 개혁안을 다 뒤집어엎어! 이곳 사람들은 홍콩과 중국의 관계에 관한 뉴스가 나올 때마다 뒤집어져서 '이제 나는 어떡하지'를 걱정한다고. 그런 일이 한두 번 있었겠어? 어쨌거나 반환되어야 어수선한 상황이 정리될 것 아니야? 장사하는 사람에게는 별거 없어. 정치적으로 혼란스럽지만 않으면 먹고사는 문제는 알아서 할 수 있다고."

"반환 행사에 가셨다고 하셨죠?"

"그때 연휴가 생겼어. 매일 행사가 열렸지. 하루는 영국군이 마지막 퍼레이드도 했어. 장사하는 처지라 그건 구경을 못 했네."

"반환일 하루만 쉰 건가요?"

"그래. 역사의 현장에 빠지면 안 되겠더라고. 그래서 7월 1일에는 가게 문을 닫았어. 아들에게도 같이 가자고 며칠 전부터 이야기했는데, 휴가를 안 내는 거야. 쟤는 그때도 반중이었다니까."

"아니, 수십 년째 얘기하는데요, 호텔은 그날이 대목이라고 요! 휴가를 낼 수 없었다는데도 술만 드시면 저러셔."

"그렇다고 하자. 우리가 이 사람 앞에서 싸울 건 아니지. 어 디까지 말했더라? 아, 그날 나는 침사추이로 갔어. 거기에서는 빅토리아항이 보이니까. 그런데 사람이 정말 많더라. 그래서 홍 함紅磡으로 걸어갔지. 그때는 아직 스타거리가 생기기 전이야. 반환에 찬성하든 반대하든, 일단 불꽃놀이도 하고 볼거리도 많 으니 주변을 돌아다니면서 구경했거든. 그날은 도로 여기저기 를 통제하는 통에 한참을 돌아가야 했어."

"이제야 말하는 거지만, 사실 나는 그날 호텔 로비에서 불꽃 놀이를 봤어. 호텔이 딱 그 자리에 있었거든."

이렇게 개개인의 기억 속에 새겨진 홍콩 반환의 밤은 지나 가고, 해일 같은 변화가 서서히 삶 속으로 파고들기 시작했다.

청년 세대의 등장

2차 이민 붐

1984년 홍콩 반환협정의 부속 합의문은 가족 상봉을 위한 중국인의 홍콩 입경을 하루에 최대 150명, 1년에 최대 5500명으로 제한했다. 다만 그 전에도 홍콩에 친척이 사는 경우 '친지 방문'을 이유로 중국인이 홍콩으로 건너올 수 있었다. 1996년에 개봉한 영화 〈첨밀밀甜蜜蜜〉의 두 주인공도 친척을 방문한다는 이유를 대고 광저우에서 홍콩으로 오지 않았던가. 1980년 홍콩과 맞닿은 선전에 경제특구가 건설되면서 홍콩의 제조업이 빠른 속도로 중국으로 이전되었다. 무엇보다 중국은 홍콩에 비해 인건비가 저렴했다. 이후 홍콩은 금융 서비스업 중심으로 산업을 재편했다. 1980년대 초 홍콩의 전체 산업에서 제조업이 차지하는 비중은 24퍼센트였지만 꾸준히 감소하여서 반환 직후에는 비중이 4.8퍼센트로 줄어들었다.

홍콩은 중국으로 공장과 설비를 옮기고 수많은 중국인 노동자로 공장 구석구석을 채웠지만 현장 관리는 여전히 홍콩 사람들, 특히 남성이 맡고 있었다. 경제 개발 시기에 일본인이 한국에 현지처를 두고 살았던 것처럼 홍콩인도 중국에서 현지처를 만났다. 그중 일부는 결혼했지만 다수는 관계만 유지했고, 결국 홍콩인 아버지를 둔 혼외자 수가 급증했다. 이 상황이 홍콩 반환 이후 새로운 사회 갈등을 촉발한다. 반환된 홍콩의 헌법 격인 기본법에는 "홍콩 영구거주민이 홍콩 이외의 장소에서 낳은 자녀 중 중국 국적을 취득한 자는 홍콩 영구거주민 자격을 갖는다"라는 조항이 있다(24조 3항). 반환 첫날부터 중국인 200여 명

5. 청년 세대의 등장

이 홍콩 영주권을 획득하기 위해 이민국 사무소로 몰려왔다. 이민국으로 와서 영주권을 신청했다는 것은 이미 홍콩에 있었다는 뜻인데, 이들 대부분은 불법 체류 상태로 신청 자격을 가질 수 없었다. 더 큰 문제는 앞으로 영주권을 신청할 어린이의 수가 홍콩 밖 광둥성에만 6만 명에 달한다는 것이다. 당시 중국인의 홍콩 입경 쿼터는 어린이의 경우 매일 45명으로 제한되었다. 더 이상 중국에서 홍콩인의 혼외자가 증가하지 않는다고 가정했을 때, 이 규정에 따라 6만 명이 모두 홍콩으로 들어오는 데 36년쯤 걸린다는 계산이 나왔다.

당시의 홍콩은 중국 국내총생산의 30퍼센트를 차지할 정도로 압도적인 경제 대도시였으며, 중국인에게는 기회의 땅이었다. 그래서 많은 어린이가 홍콩으로 밀입국했다. 아이들의 어머니(홍콩인의 중국 현지처)들은 홍콩에 자리를 잡고 버티면서 규정이 바뀌어 구제되기를 기다리는 편이 아무것도 하지 않고 시간을 낭비하는 것보다 낫다고 판단했다. 1984년부터 1997년까지 불법 체류로 적발된 어린이의 수는 3400여 명이며, 실제로는 훨씬 많은 수가 홍콩에 있었을 것이다. 일부는 그 수를 3~4만 명으로 추산했다. 이들은 친부에게 외면당한 채 홍콩 사회의 최하층에 자리 잡았다.

혼외자도 문제였지만, 홍콩인을 더욱 자극한 건 중국에서 오는 합법적 이민 행렬이다. 1948년의 대규모 난민을 방불케 할 정도로 많은 노동자가 쏟아져 들어왔다. 그리고 합법적이든 밀입국이든 홍콩에 발을 들인 이들은 두 번 다시 홍콩 밖으로 나가지 않았다.

일찌감치, 그러니까 1980년대에 밀입국한 아이들이 어느새 성인이 되어서 시민 단체와 함께 홍콩 법원에 홍콩 영주권을 달라는 소송을 제기했다. 1999년 1월 29일 우리의 대법원 격인 홍콩 종심법원이 이 사건을 최종 판결했다. "중국인 부모 중 한 사람이 홍콩 거주권을 가졌다면 그 자녀는 출생지에 상관없이 홍콩 거주권을 가진다." 법원은 이 판결로 불법 체류 신세의 어린이 3~4만 명이 거주권을 회복할 것이라고 예상했다. 하지만 실제 상황은 법원의 예상을 뛰어넘었다. 탐사 보도에 따르면 이 판결로 홍콩 거주권을 갖게 된 중국인이 홍콩 전체 인구의 10퍼센트에 해당하는 70만 명에 달했고, 중국에 남아 있는 그들의 자녀는 무려 100만 명에 육박했다. 이들이 전부 홍콩으로 넘어오면 당시 6.2퍼센트 수준이던 홍콩의 실업률이 두 배 이상 증가할 것이라는 전망이 민심에 불을 질렀다. 곧바로 중국 이주민에 대한 반감이 홍콩 사회를 강타했다.

중국 정부도 더 이상 손을 놓고 있을 수 없었다. 홍콩인의 분노는 결국 중국으로 향할 것이기 때문이었다. 홍콩기본법에 의거해 중국의 전국인민대표대회는 홍콩의 입법, 사법에 대한 최종 심판권을 갖고 있었다. 아무도 요청하지 않았지만 전인대는 즉시 홍콩 거주권 문제를 심의했고 얼마 후 홍콩 종심법원의 판결을 무효화했다. 1999년 12월, 결국 홍콩 법원도 앞선 판결을 뒤집고 전인대의 유권 해석을 인정했다.

중국인 이민자를 우려하던 홍콩 시민들로서는 상황이 난처해졌다. 결과 자체는 환영할 일이지만, 중국이 홍콩의 사법권에 개입한 선례를 남겼기 때문이다. 다수의 홍콩 시민이 전인대의 결정을 환영하는 상황에서 홍콩 민주계는 중국의 '고도자치' 위반에 대해 항의하지 못했다. 종심법원의 판결에 환호했던 중국 출신 불법 체류자들은 조국의 결정에 분노했다. 자칫 경찰에 체포되기라도 한다면 영락없이 추방당할 처지였지만 일부는 용기를 내서 항의 시위를 조직했다. 그들은 이민국을 점거했고, 곧바로 체포되어 중국으로 추방당했다.

2000년 8월 2일에도 일단의 불법 체류자들이 홍콩 이민국을 점거하고 거주증 발급을 요구했다. 네 시간 뒤 경찰이 진압을 시작할 것이라는 소식이 들리자 그들은 이민국 사무실에 인화 물질을 뿌리고 불을 질렀다. 반환 이후 최악의 사건이 발생한 것이다. 이 사건으로 출입국관리소 직원 23명과 시위대 27명이 병원으로 이송됐고, 결국 공무원 한 명과 시위자 한 명이 사망했다. 일련의 사건을 겪으며 먼저 중국에서 건너온 이들과 최근에 몰래 건너온 불법 체류자 사이에 깊은 골이 패었다.

홍콩인은 특유의 사고방식—홍콩 사회에 기여하지 않은 사람의 존재를 인정하지 않는 나쁜 버릇—을 공유하고 있다. 영주권 인정과 관련된 일련의 사건을 통해 그로 인한 문제가 고스란히 드러났다. 1948년 1차 이민 붐 때 넘어온 이들은 주로 유산 계급이라 금붙이라도 싸매고 왔다면, 이번에 온 이들은 몸뚱이 하나뿐인 노동 계층이었다. 홍콩 시민들은 신계 일대에 거대한 슬럼이 생긴 것도, 저소득 계층의 삶이 더욱 궁핍해진 것도, 교통질서가 어지러워지고 거리가 지저분해진 것도 모두 중국 이민자 탓이라고 생각했다. 그들은 중국인을 질서를 해치는 이물질로 여겼다.

홍콩 거주권 문제는 이듬해인 2001년, 모든 홍콩 출생자에게 거주권을 준다는 또 다른 판결이 나오면서 다시 한 번 불이 붙었다. 이제 홍콩은 중국에서 밀려드는 원정 출산자들과 싸웠다.

2003년 국가보안법 제정 시도

2001년 9월 11일, 세 대의 비행기가 미국 뉴욕의 세계무역센터와 워싱턴의 국방부 펜타곤에 충돌했다. 이 사건을 계기로 미국과 전 세계는 테러와의 전쟁을 시작했다. 미국을 선두로 여러 나라가 반인권 조항이 포함된 대테러법 혹은 테러방지법을 제정했고, 일부는 대테러 부서를 신설하기도 했다.

테러의 주체로 지목된 알카에다는 팔레스타인, 인도의 카슈미르와 함께 중국의 신장 지역을 해방시키겠다고 선언했다. 알카에다의 선언은 중국에게 기회였다. 천안문 학살 이후 그때까지 국제 사회가 유지하고 있던 대중국 제재가 중국이 대테러 전쟁에 적극 참여하기로 하면서 일시에 해제됐다. 게다가 알카에다가 신장 지역의 안전을 위협하고 신장의 위구르인 가운데 일부가 이에 동조하는 기색을 보이자, 중국 정부는 신장에 대한 조치를 테러 진압 작전으로 포장할 명분을 얻었다. 당시는 중국뿐 아니라 어디에서든 테러에 대한 위협으로부터 국가를 수호한다는 명분 하나면 모든 게 일사천리였다. 어쩌면 앞으로 홍콩에서 벌어질 사건도 이 흐름의 연장선으로 볼 수 있다.

홍콩기본법 23조는 국가 안보에 대한 규정을 명시한 항목으로, 내용은 다음과 같다.

> 홍콩특별행정구는 자체적으로 법률을 제정하여 정부에 대한
> 반역, 분리, 선동, 전복 또는 국가 기밀 유출 행위를 금지해
> 야 한다. 또한 외국의 정치 조직 혹은 단체가 홍콩특별행정
> 구에서 정치 활동을 하는 것을 금지하고, 홍콩특별행정구
> 의 정치 조직 또는 단체가 외국의 정치 조직 또는 단체와
> 관계를 구축하는 것을 금지해야 한다.(굵은 글씨는 지은이가
> 강조한 것이다.)

조항 속 애매한 문장의 해석을 놓고 논쟁이 벌어졌다. 패튼
개혁안으로 선출된 이전의 홍콩 의회는 "해당 조항은 정부에 대
한 반역, 분리, 선동, 전복 행위를 금지하는 법률을 제정하라는
헌법적 의무를 부과할 뿐이다. 대부분의 범죄 사실은 기존 형법
에 처벌 조항이 존재하며, 전복과 분리의 경우 그 개념을 실제
적인 폭력 행위가 수반되었을 때로 한정하여 형법을 개정하면
될 일이다"라고 유권 해석했다. 하지만 반환 이후 해석이 뒤집
혔다.

중국 국무원은 기본법 23조에 따른 '국가보안법' 제정을 요
구했고, 이를 받아들인 홍콩 행정부는 9월 24일에 개정안을 입
법예고했다. 입법예고란 법령을 만들거나 고치거나 없앨 때 그
내용을 국민에게 미리 예고해서 의견을 수렴하는 절차이다. 입
법예고를 했다는 것은 국가보안법을 제정하겠다는 뜻이다. 법
안이 예고되자 홍콩 사회가 발칵 뒤집혔다. 영국 식민지 시절

에 만들어진 범죄 조례에 반역과 소요, 폭동에 대한 광범위한 법률이 제정되어 있었고, 1991년에 그것을 국제 인권 기준에 부합하도록 개정한 상태였다. 그동안 홍콩 행정부는 보안법이 이슈가 될 때마다 "서둘러 제정하지는 않겠지만, 기본법 23조에 따라 제정해야 할 의무는 존재한다"는 식으로 사안을 피해 갔다. 그런데 이제 중국이 직접 나선 것이다. 게다가 2002년에 Cap.575 테러방지법(테러 행위와 테러 단체에 대한 자금 조달을 방지하기 위한 조치인 UN 안전보장이사회의 '결의안 1373'에 따른 법령이다)을 통과시킨 뒤 곧바로 국가보안법까지 들고 나온 셈이니 반발이 더 심할 수밖에 없었다.

홍콩 사람들은 권위주의적 중국 정부하에서 홍콩 사회가 누리고 있던 자유의 범위가 축소되지 않을지 우려했다. 무엇보다 분리주의와 국가 반역이라는 개념의 불명확성, 다시 말해 모호한 법 조항으로 인해 권력의 의지에 따라 법 적용이 확대될지도 모르는 상황을 두려워했다. 비교적 정치적 중립을 유지하던 홍콩의 가톨릭 주교 조지프 쩐Joseph Zen 추기경이 직접 나서서 "교회는 악법에 반대할 것"이라고 천명했고, 역시나 보수적 입장에 가까운 홍콩변호사회도 반대 전선에 합류했다. 뒤이어 홍콩언론인협회, 홍콩노동조합연맹, 그리고 각 대학의 총학생회가 반대 성명을 발표했다. 결정적으로 홍콩 경제를 움켜쥐고 있는 금융계도 "자유가 통제되면 아시아 금융 중심지로서 홍콩의 지위가 약해질 것"이라고 우려했다. 홍콩처럼 이익을 만드는 이에게 그에 따른 권리를 부여하는 데 익숙한 사회에서 금융계의 반발은 이 싸움의 승패에 결정적인 영향을 미쳤다.

홍콩 정부는 입법을 위해 다섯 차례나 독소 조항을 완화한 수정안을 냈지만 여론은 '국가보안법은 필요 없다'는 쪽으로 흘러갔다. 2002년 12월 15일 6만 5000명이 모인 국가보안법 제정 반대 집회가 열렸고, 24일에는 홍콩 시민 19만 명이 서명한 탄원서가 제출되었다. 급기야 2003년 7월 1일에는 홍콩 반환 기념일에 맞춰 무려 50~70만 명이 코즈웨이베이의 빅토리아 공원에 모여 대정부 투쟁을 선언하기에 이르렀다. 1989년 천안문 학살 당시 100만 명이 모였던 집회 이후 가장 큰 집회였다.

대세는 기울었다. 친베이징 성향의 정당조차 국가보안법 제정이 정말로 필요한 일인지 의심하기 시작했다. 7월 5일, 홍콩 행정장관 둥젠화董建華가 경찰의 영장 없는 수색과 무분별한 불법 단체 활동 금지 조항을 완화하고 공익을 목적으로 국가 기밀을 공표하는 행위는 인정하는 것으로 강도를 낮춘 마지막 수정안을 제시했지만 소용이 없었다. 보안법을 지지하던 세력 가운데 자유당이 가장 먼저 발을 뺐고, 베이징과 가장 밀접한 DAB 조차 표결에 참여하지 않을 것이라는 이야기가 흘러나왔다. 이로써 홍콩기본법 23조에 의거한 국가보안법 제정 시도는 실패했고, 입법을 주도한 보안장관 레지나 입Regina Ip이 모든 책임을 지고 사퇴했다. 그는 국가보안법 반대 집회에 고작해야 3만 명쯤 나올 것이라고 호언장담하여 시민을 자극했고, 심지어 2002년에는 "히틀러도 국민에 의해 선출되었지만, 그는 700만 명을 죽였다. 민주주의는 만병통치약이 아니다"라는 발언과 필리핀 가사 노동자에 대한 인종 차별 발언을 쏟아내는 등 구설수가 잦았기 때문에 그를 동정하는 사람은 거의 없었다.

베이징은 홍콩 시민들의 거센 저항에 당황했다. 중국에서 이 정도 법안은 아무런 논란 없이 통과될 사안이었다. 7월 14일 관영 매체인 『중국일보中國日報』가 논평을 발표했다. "최근 홍콩에서 체제를 전복해서 통제권을 손에 넣으려는 일부 세력이 시위를 벌이고 있다. 홍콩인들은 이들의 음모를 꿰뚫어보고 그들의 꼭두각시가 되는 걸 거부해야 한다." 모든 사회적 요구를 체제 전복의 음모로 모는 것은 중국 공산당의 오랜 전통이다.

참고로 같은 시기에 마카오에서도 마카오기본법 23조를 바탕으로 한 국가보안법을 추진했는데, 그곳에서는 별다른 저항이 없었다. 후진타오 주석은 마카오의 사례를 칭찬하며 홍콩에 대한 불편한 속내를 드러냈다.

일련의 사건을 거치며 국가보안법은 제정되지 않았다. 그리고 이때의 공백은 2020년에 이르러 더 커다란 비극으로 채워지게 된다.

중국이 준 당근

일국양제는 답보 상태였던 홍콩 반환 회담을 합의에 이르게 한 기폭제이자 덩샤오핑의 유지였고, 어떤 면에서는 중국의 자존심이었다. 중국과 홍콩 사이에서 갈등이 발생하면 바다 건너의 타이완은 '그것 봐라. 일국양제 따위는 실패할 수밖에 없다'라고 꽹과리를 울리며 신나할 게 뻔하기 때문이다.

2003년 보안법 반대 시위는 베이징을 불쾌하게 만들었지만, 그보다 더 중요한 건 본국으로서의 체면이었다. 둘 사이의 갈등이 외신을 타고 알려지는 상황을 피하기 위해서 중국은 사태를 서둘러 봉합했다.

사실 홍콩은 반환 이후 급격한 경기 침체를 겪고 있었다. 중국에 반환된 1997년까지 연평균 11퍼센트 이상의 고도성장을 유지하던 경제가 반환 이듬해에 마이너스 0.53퍼센트로 추락했고 2001~03년에도 3년 연속 후퇴하는 상황이 이어졌다. 반환 당일 1만 5700포인트에 육박했던 항셍지수는 1년여 만인 1998년 8월에 7200포인트로 추락했으며, 같은 기간 동안 부동산 가격은 평균 70퍼센트나 폭락했다. 2003년에는 사스Sars(중증급성호흡기증후군)까지 겹치며 경제성장률이 마이너스 3.4퍼센트로 급락했고 실업률은 10퍼센트에 육박했다. 홍콩의 한 언론이 자신들의 상황을 '병든 고양이'로 비유할 지경이었다.

웡 씨는 2003년 보안법 사태를 가리켜 "가뜩이나 경기가 안 좋아서 모두 우울했는데, 정부가 쓸데없는 일을 벌여서 화가 났지"라고 설명했다. 많은 홍콩인이 그렇게 생각했을 것이다. 중국 정부도 이를 모를 리 없었다. 홍콩이 중국에 반환되더니 경제가 망가지고 살기 어려워졌다는 평가는 곧 중국의 실패를 뜻하기 때문이다.

2003년 6월 30일 '홍콩과 중국 간 긴밀한 경제무역 협력 방안Closer Economic Partnership Arrangement(이하 CEPA)'이 체결되었다. 이는 자유무역협정FTA에 버금가는 조치로, 중국 대륙에서 홍콩인 기업가가 중국인과 동등한 대우를 받을 수 있게 되었다. 또한 무관세가 시행되고 선전의 국경은 24시간 개방되었다.

7월 28일에는 광저우, 선전, 주하이珠海, 중산中山 등 네 개 도시의 주민은 신분증만 있으면 홍콩을 자유롭게 왕래할 수 있게 됐다. 그러자 한 달도 지나지 않아서 홍콩 여행업계의 큰손이 중국인으로 바뀌었다. 홍콩을 방문하는 중국인의 수는 1997년 연간 230만 명 수준에서 2003년 1차 여행 개방 이후 연간 800만 명으로 솟구쳤고 2005년에는 1300만 명으로 폭증했다. 2010년에 중국인에 대한 두 번째 개방이 시행되자 중국인 방문자 수는 계속 증가하여 2015년 4860만 명으로 절정에 이른다.

중국 정부는 홍콩의 경제를 살리면서 중국에 대한 의존도를 높이는 당근 정책을 성공시켰다. 하지만 홍콩 입장에서 그것은 독이 든 당근이었다. 사스에 대한 두려움 때문에 홍콩 여행을 망설인 다른 외국인과 달리 중국인은 거침없이 밀려와 홍콩의 상권을 장악했다.

몽콕旺角의 레이디스마켓Ladies Market과 야우마테이의 템플스트리트Temple Street 야시장이 가장 먼저 중국인에게 점령당했고 곧 코즈웨이베이에도 중국인이 출현했다. 경제가 활기를 띠며 정치적 불만이 완화됐다. 홍콩인으로서는 중국 중앙정부가 자신들의 요구를 들어준 게 만족스러웠고, 중국도 정치적 갈등을 무마하는 동시에 위안화로 홍콩을 길들였으니 손해를 본 건 아니었다. 2008년 경제 호황으로 엄청난 재정 흑자를 기록한 홍콩 정부는 모든 홍콩 주민에게 가구당 평균 1만 8000홍콩달러(당시 환율로 한화 약 220만 원)의 세금을 환급해줬다. 경제 호황기에는 혁명이 발생하지 않는다는 진리는 홍콩에서도 유효했다.

2004년 홍콩기본법 해석 사태

2019년 홍콩 시위를 취재할 때, 길에서 만난 사람들에게 어디까지 법적인 권리가 주어져야 민주주의가 완성됐다고 말할 수 있는지 물어보았다. 23명에게 물었는데 20명이 '누구나 출마할 수 있는 행정장관 직선제'를 가장 중요한 조건으로 꼽았다. 나머지 셋은 '홍콩의 정치적 독립'이라고 대답했다. 이때도 시위대 안에서 홍콩 독립파는 소수였다.

2003년 국가보안법 반대 투쟁에서 승리한 민주 세력은 자신감을 얻었다. 기세를 몰아 2004년 새해가 밝자마자 10만 명이 모여서 홍콩 행정장관의 직선제 선출을 요구하는 시위를 벌였다. 잠시 홍콩특별행정구의 행정장관 선출에 관한 법령(기본법 45조)을 살펴보자.

> 홍콩특별행정구의 행정장관은 현지에서 선거 또는 협의에 의해 선출되며, 중앙인민정부가 임명한다.

행정장관의 선출 방법은 홍콩특별행정구의 실제 상황과 중국 정부의 순서점진循序漸進(차례에 따라 점진적으로 추진한다) 원칙에 근거하여 규정되며, 광범위한 대표성이 있는 지명위원회가 민주적 절차에 따라 후보를 천거한 후 보통선거로 선출하는 것이 목표이다. 행정장관 선출에 대한 구체적인 방법은 '부칙 1. 홍콩특별행정구 행정장관의 선출 방법'이 규정한다. 이것은 행정장관 선출 방법에 대한 내용으로 이루어져 있는데, 가장 큰 쟁점은 부칙 1의 7조였다.

2007년 이후 각 임기의 행정장관 선출 방법은 필요에 따라 개정하며, 반드시 입법회 전체 의원 3분의 2 이상의 찬성으로 의결하고, 행정장관이 동의하면 전국인민대표대회 상무위원회에 보고한다.

눈썰미 좋은 사람이라면 이 조항을 보고 '홍콩은 1997년에 반환됐는데 왜 2007년 이후의 선출 방법을 이야기하지'라는 의문을 가질 것이다. 홍콩기본법에는 반환 이후 10년, 그러니까 2007년까지의 행정장관 선출 방법만 규정되어 있다. 마찬가지로 의원 선출에 관한 규정도 2007년 이후의 내용이 없다. 즉 가만히 두면 이전의 선거 방식(행정장관은 2002년의 제도, 의원 선거는 2003년의 제도)을 따른다는 뜻이다.

그동안 홍콩인과 중국 정부는 홍콩기본법 개정은 위의 조항처럼 '홍콩에서 절차를 진행한 뒤 중국 전인대 상무위에 보고'만 하면 된다는 쪽이었다. 여기서 '보고'는 말 그대로 사후 승인 절차일 뿐, 중국의 허가를 받아야 하는 문제가 아니라는 뜻이다. 그런데 2004년 4월 6일 중국이 갑자기 이 조항을 유권 해석했다. 그 대상은 부칙의 "필요에 따라"라는 문구로, 누가 개정이 필요하다고 결정하는지를 재해석했다. 중국 정부는 홍콩 행정장관이 기본법의 개정이 필요하다는 보고서를 제출하면, 이를 전인대 상무위에서 논의한 뒤 추진 여부를 정하겠다고 했다. 즉 중국이 판단한다는 주장이다. 홍콩 스스로 기본법 개정을 시도할 수 있는 기회를 박탈해버린 셈이 되었다.

안 그래도 행정장관 직선제를 가로막는 법률적 장애물이 많았다. 행정장관을 직선제로 뽑기 위해서는 일단 의회에서 의원 3분의 2 이상의 동의를 얻어야 하고, 둘째로 행정장관이 동의해야 하며, 마지막으로 중국 전인대 상무회에 보고해야 한다. 이 가운데 두 번째와 세 번째 조건은 중국의 의사가 절대적이었고, 의회 의석의 절반을 친중파가 장악하고 있었기 때문에 첫째 조건도 중국의 손바닥 위에 있다고 할 수 있다. 그런데 이 유권 해석은 법 개정의 여지를 원천 봉쇄했다. 이후 전인대 상무위는 기본법 해석에 대한 초안을 상무위원 156명 중 찬성 155표로 가결했다.

중국은 기본법을 홍콩을 통제하는 데 가장 중요한 도구로 인식했다. 홍콩 시민 3000여 명이 중국의 유권 해석을 반대하며 촛불 시위를 벌이고, 일부 학생은 정부청사를 기습 점거하기도 했지만 소용이 없었다. 사실 이 문제는 홍콩 행정부도 어쩔 수 없는 일이었다. 홍콩기본법에 이 법의 각 조항을 해석할 권한이 중국에게 있다고 명시되어 있기 때문이다.

그때까지 홍콩에 대한 중국 정부의 관여를 요식 행위로 여겼던 홍콩인들은 기본법이 중국의 의도대로 해석되는 것을 보며 그들이 마음만 먹으면 홍콩의 구석구석을 통제할 수 있다는 사실을 깨달았다. 기본법의 3대 원칙인 일국양제, 고도자치, 항인치항이 한꺼번에 무너지는 소리가 들렸지만, 불행히도 이 사건의 중요성을 이해한 건 일부 법률가와 정치가뿐이었다. 홍콩인에게는 '양제'가 더 중요한 문제였지만 중국은 '일국'에 방점을 찍고 있었다.

그로부터 1년 후 CEPA가 시행되고 중국인의 홍콩 여행이
자유화되면서 홍콩의 경기가 되살아나고 홍콩을 떠났던 사람들
이 돌아오고 있다는 소식이 연일 보도되었다. 돌이켜 보면 이때
의 안심은 커다란 실수였다.

민주 진영의 약화

반환 이후 첫 선거인 1998년 입법회 선거는 패튼의 개혁안
에서 대폭 후퇴한 방식으로 치러졌고, 결국 민주계 22석 대 친
중국계 38석이라는 결과가 나왔다. 2004년에는 선거법이 다
시 바뀌었다. 1998년의 선거는 시민이 직접 선출하는 의석이
20석에 불과했지만 2004년 선거에서는 30석으로 늘어났다.
2003년 국가보안법 개정을 막아낸 민주 세력은 이번엔 승리할
수 있다고 기대했다. 8월 3일의 여론조사에서 민주당은 31퍼센
트의 지지를 받은 반면 가장 큰 친중 정당인 DAB의 지지율은
20퍼센트에 불과했다.

그런데 8월 14일 민주당 의원인 알렉스 호Alex Ho가 중국
둥관東莞의 한 호텔에서 성매매 혐의로 중국 공안에 긴급 체
포되는 사건이 발생했다. 공안 당국은 "알렉스 호를 상습 성매
매 혐의로 체포했다. 홍콩 시민을 기만하는 이중생활을 청산하
길 바란다"라는 내용의 보도자료를 배포했다. 알렉스 호는 "나
는 그런 일을 하지 않았으며, 자백을 강요받고 가혹 행위를 당

했다"라고 주장했다. 홍콩 현지에서는 중국의 정치 공작이라는 이야기가 많았지만, 알렉스 호가 현장에서 함께 체포된 여성과의 관계에 대해 묵비권을 행사하자 일부는 그를 의심하기도 했다. 이 사건 이후 양쪽의 지지율이 뒤집혔고 선거는 민주계 25석, 중국계 35석으로 끝났다. 세상의 많은 일이 그렇듯, 선거도 승자가 모든 걸 차지하는 게임이다. 의혹은 의혹이고 조작은 조작일 뿐, 상대방의 치사한 공격에 당했다고 한들 패배는 패배이다. 민주계는 이 선거를 끝으로 지리멸렬해졌다.

2005년 1, 2대 홍콩 행정장관을 역임한 둥젠화가 건강상의 이유로 사임하고 영국령 시절에 작위를 받은 도널드 창Donald Tsang이 장관직을 승계했다. 그는 역대 행정장관 가운데 민주계에 가장 유화적이었던 인물로, 재임 기간 내내 민주계의 요구(행정장관 직선제와 총선거 직선제)와 중국의 완고함(홍콩의 요구는 아무것도 들어줄 수 없음) 사이에서 절충안을 찾으려 노력했다. 도널드 창은 행정장관 선거인단을 기존의 800명에서 1600명으로 늘리고, 의원을 60명에서 70명으로 늘리자고 제안했다. 이 개혁은 선거인단의 수를 두 배로 늘려 대표성을 조금 더 확보하려고 한 일종의 고육책이다. 훗날 도널드 창은 "점진적인 진보의 작은 결실이라도 만들고 싶었다"라고 회고했다. 그러나 민주계는 개혁의 주도권이 도널드 창에게 넘어갈 것을 우려해 반발했고, 중국도 겉으로는 마지못해 수용하는 태도를 취했으나 속으로는 개혁을 달가워하지 않았다.

기본법의 선거 방식 조항을 개정하려면 재적 의원 3분의 2 이상의 동의가 필요한데, 이는 도널드 창이 최소한 다섯 명의 민주계 의원의 표를 구해야 한다는 뜻이다. 민주계로서는 도널드 창에게 패튼의 뒤를 잇는 '개혁 장관'이라는 칭호를 달아주는 게 달갑지 않았다. 게다가 강경파는 이유가 무엇이든 중국이 임명한 행정장관과 타협하는 것을 수치로 생각하며 개혁에 반대했다. 결국 개혁안은 의회에서 부결되었다. 민주계 의원 중 오직 한 명만 도널드 창이 계획한 반란에 동참했다. 이를 두고 민주계 내부에서도 탄식이 터졌다. 가만히 앉아서 뜻을 이룬 중국은 콧노래를 부르며 "홍콩은 민주주의를 한 단계 발전시킬 기회를 상실했다"는 논평을 발표했다.

성매매 스캔들과 고집스러운 선거 전략으로 인한 패배 이후 민주계는 오랫동안 정치적으로 고립되었다. 2008년 베이징올림픽 개최를 앞두고 애국주의 열풍이 불고 중국 자본이 홍콩으로 쏟아져 들어오면서 경기가 회복되자 홍콩 행정부에 대한 시민의 지지율이 63퍼센트까지 올라갔다.

민족주의 교육

국가보안법 사태를 보면서 중국은 홍콩 시민 사회가 호락호락하지 않다는 교훈을 얻었다. 생각해보면 오늘의 홍콩은 공산 치하의 중국에서 탈출한 사람들이 만든 사회이다. 전체적으로 정치에 무관심한 경향을 띠지만 그렇다고 중국을 지지한다고 보기는 어렵다. 홍콩의 지식인 계층은 더 까다로웠다. 중국 정부의 입장에서 홍콩인은 서구의 민주주의를 이상으로 신봉하며 입만 열면 삼권분립 같은 소리만 하는 까탈스러운 존재였다.

중국의 교육 체제는 1989년 천안문 학살 이전과 이후로 구분된다. 천안문 학살 당시 시위대의 주력은 베이징대학 학생을 비롯한 20대였고, 그들이 민주주의의 확대를 요구하며 탱크를 막아서는 모습을 본 공산당 지도부는 큰 충격을 받았다. 천안문 사건 이후 중국은 마르크스Karl Marx, 레닌Vladimir Lenin, 마오쩌둥 중심의 소위 공산주의 사상 교육을 폐기하고 민족주의 교육을 강화했다. 중국은 스스로를 한족을 중심으로 54개의 소수민족이 결합한 단일한 '중화민족'의 국가로 내세웠다. 한국인이 분노하는 동북공정 등 고대사를 재해석하려는 계획도 모두 이 시기에 수립되었다. 중화인민공화국 건국 이후 '옛날 동네 아저씨' 취급을 받던 공자도 이 시기를 거치며 사실상 복권되었다.

애국 교육의 효과는 대단했다. 2012년이 되자 중국 청년들은 국가가 프랑스 물건을 불매하라고 시키면 까르푸 매장에 발길을 끊고 일본 물건을 불매하라고 시키면 일제 가전제품을 꺼내와 부수었다. 홍콩 기성세대의 강력한 저항을 눈으로 본 중국이 홍콩 학생들의 교육 문제에 관심을 기울인 건 당연한 결과다. 어릴 때부터 중국을 칭송하는 내용을 학습하고 그것으로 시험을 치르며 자란 아이들은 커서 친중파가 될 것이기 때문이다.

중국 정부는 반환 직후부터 홍콩에서 중국 표준어인 푸퉁화普通話 교육을 확대하고 싶어 했지만, 광둥어 계승자를 자처하는 홍콩 사람들은 이를 달가워하지 않았다. 하지만 본토와 교류하면서 푸퉁화 사용이 늘어났기 때문에 푸퉁화 과목을 채택하는 학교가 증가했다. 특히 관광과 숙박, 판매 업종 종사자들에게는

"오늘의 홍콩은
중국에서 탈출한 사람들이 만든 사회다."

이것이 필수 조건이 됐다.

베이징은 홍콩 학생들을 중국인으로 만들 교육을 원했다. 문제는 홍콩의 교육 제도 개편을 본토에서 하듯이 톱다운 방식으로 처리했다는 것이다. 그 대표적인 예가 국민교육 과목이다. 중국과 홍콩은 국민교육 과목의 도입을 놓고 다시 충돌하고 말았다.

2012년 홍콩의 세 번째 행정장관이 된 렁춘잉梁振英은 교육부를 통해 오는 9월부터 '국민윤리 및 국가관 교육' 과목을 신설한다고 발표했다. 물론 하늘에서 뚝 떨어진 이야기는 아니다. 2010년에 "2년 뒤 시범 교육을 실시한다"는 계획을 세웠고 2011년에는 공청회도 열었다.

렁춘잉의 임기는 2012년 7월 1일부터인데 국민교육은 렁춘잉이 취임하고 두 달이 지난 9월 새 학기에 시작될 예정이었으니, 이걸 그가 계획했을 리 만무하다. 하지만 홍콩 시민들은 신임 행정장관이 강공을 펼치는 것이라고 생각했다. 게다가 2003년 홍콩 국가보안법 사태 때 입법회 의원이었던 그는 친중파 중에서도 유일하게 강경 진압을 주장했던 전력이 있다. 그 덕에 중국의 눈에 띄어 행정장관에 오른 그를 홍콩인들이 곱게 봤을 리 없지 않은가. 싸울 이유는 충분했다.

홍콩 교육부는 새 교과의 목표는 "학생들에게 인내, 타인에 대한 존중, 책임, 국가 정체성, 헌신, 성실 및 배려 등 일곱 가지 우선순위를 바탕으로 한 태도를 가르치"는 것이라고 설명했다.

여러분 중 누군가는 한국의 '국민윤리' 과목을 떠올렸을 것이다. 국민윤리를 고등학교 의무 교과에 포함시킬 때 박정희 정부는 "그동안의 학교 교육이 서구적인 것만 받아들이는 데 집중했고, 이로 인해 개인주의만 강조되었기 때문"이라고 했다. 현재 한국 학교에서 국민윤리 과목은 민주 시민 개념을 가르치고 인권 교육을 강조하지만, 군사 정권 시절에 이것은 '반공 교육'의 다른 이름이었다.

홍콩 정부와 중국 정부의 의도도 한국 군사 정권의 의도와 거의 똑같았다. 서구적 가치에 익숙한 홍콩인을 중국 인민으로 길러내기 위해서였고, 적어도 중국을 자랑스러워하는 인민으로 만들고자 했다. 그래야 미래의 홍콩이 중국에 순종하게 될 테니 말이다. 렁춘잉은 국민교육 과목을 초등학교 교과 과정에 넣으려고 했다. 이에 해당 교과를 2012~14년에 시범 과목으로 운영하고 2015년에는 의무화할 것이라고 밝혔다. 교과 개정안이 발표되고 홍콩 전역이 들끓기 시작했을 무렵, CNN이 홍콩 교육국이 제작한 『중국 모델Chinese Model』이라는 교사용 소책자를 입수해 보도했다. 거기에 다음과 같은 내용이 적혀 있었다.

공산당 일 당만 인정하는 중국의 단일 정당 제도가 인류의 가장 진보적 정치 제도이다. 이 제도에서 정치인은 아무런 사심 없이, 오직 인민의 단합을 위하는 통치를 행한다.

미국과 같은 복수 정당제 국가에서는 정치인이 집권을 위해 정쟁을 일삼는다. 그들은 이기적으로 행동하며 사회 혼란을 야기할 뿐이다.

대한민국 국회에서 헌정사상 최초로 대통령 탄핵안이 가결된 2004년, 나는 중국 광시좡족자치구廣西壯族自治區의 구이린에 머물고 있었다. 나는 탄핵이 처리되는 상황을 한 인터넷 카페에서 지켜봤다. 서너 시간이 지났을까? 어디로든 가서 취재를 하려고 짐을 챙기는데 카페 주인장이 말을 걸었다. "한국인이라고 했지? 너희 총통이 오늘 잘렸더라?"

'벌써 다 알고 있다고?' 방금 전에 바다 건너 외국에서 일어난 상황을 중국 대륙의 남쪽 지역에서 속속들이 알고 있다는 사실에 조금 놀랐다. 나는 "응. 그런 일이 벌어졌어. 나쁜 사람들이 그렇게 만들었어"라고 대답을 얼버무렸다.

이어진 카페 주인의 말은 놀라웠다. "그러게 한국 정치는 맨날 싸움만 일삼더라. 중국을 좀 봐. 전혀 그런 일이 없다고." 뒤통수를 맞은 것 같았지만 논쟁하기는 싫었다. 그날 나는 많이 슬펐고, '태어나서 단 한 번도 투표를 못 해본 네가 뭘 안다고 떠들어'라고 대거리할 기운이 없었다. 다만 이 일을 계기로 중국이 해외의 정치 뉴스만큼은 인민에게 제공한다는 사실을 확인했다. 동시에 해외 정치 뉴스에 노출된 인민 가운데는 필히 서구식 민주주의를 동경하는 사람들이 생길 텐데, 그 문제를 어떻게 해결하는지 궁금해졌다.

2004년 3월 12일, CCTV는 노무현의 탄핵 과정을 심도 있게 보도했다. 그런데 뉴스 후반의 논평이 흥미로웠다. 뉴스 화면은 2000년 미국 대통령 선거 당시 큰 논쟁이 되었던 플로리다주 팜비치의 투표 용지를 보여주면서 민주주의가 야기하는 혼란을 강조했다. 그때 민주당의 앨 고어Al Gore와 공화당의 조지 부시George Bush가 각축을 벌이고 있었다. 미국은 한국처럼 직접선거 방식으로 대통령을 뽑지 않는다. 인구 비례에 따라 각 주(50개 주와 1개의 워싱턴특별구)에 할당된 선거인단(모두 합해 538명)이 있고, 주별 선거인단 투표에서 1위를 차지한 후보가 그 주에 배정된 선거인 전원의 표를 가져가는 방식이다. 그리고 전체 선거인단의 과반(270명)을 확보한 후보가 대통령이 된다. 물론 선거인단이 자신이 속한 정당이 아니라 소신에 따라 투표할 가능성이 아예 없지는 않지만 미국 민주주의 역사에서 그런 일은 없었다. 양당제인 동시에 대통령제 국가의 특징이라고는 하지만, 우리가 흔히 배운 보통·평등·직접·비밀 투표 원칙과는 거리가 멀다.

2000년 대선 당시 앨 고어가 255명의 선거인단을 확보하고 조지 부시는 245명을 확보한 상황에서 플로리다주에서 마지막 선거인단 투표함이 열렸다. 플로리다에 주어진 선거인단의 수는 25명. 즉 이곳의 승자가 대통령이 되는 상황이었다. 1차 개표 결과 부시가 고작 1784표, 0.5퍼센트를 앞섰다. 플로리다주 주법은 개표 결과 차이가 0.5퍼센트 이내일 경우 재검표를 명령하는데, 재검표 결과 둘의 차이는 327표로 더욱 줄어들었다. 나중에 밝혀진 바에 따르면 플로리다주 팜비치 지역에서 엘 고어의 득표가 유독 적었고, 그 이유는 잘못 기표하기 쉬운 나비 모양의 투표 용지 때문이었다. 그 탓에 엘 고어 지지자 중 상당수가 제3 후보인 뷰캐넌Patrick Buchanan에게 투표했고, 이를 둘러싼 논쟁이 한동안 계속되었다.

다시 2004년 3월 12일, 중국 CCTV가 노무현 탄핵과 팜비치 투표를 보도하며 머리말로 쓴 문장은 이것이다. "혼란의 민주주의." 나는 그 방송을 보면서 무릎을 쳤다. 방송은 한국과 미국을 연달아 비추며 민주주의는 원래 이렇게 시끄럽고 불안한 제도라는 편견을 시청자에게 전달했다. 그 방송을 본 뒤에야 중국인과 민주주의에 대한 이야기를 할 때마다 그들의 얼굴 위로 희미하게 떠오르던 비웃음의 정체를 이해할 수 있었다.

요즘 중국의 텔레비전 여행 프로그램은 뉴욕이나 파리의 지저분한 지하철역과 그곳 노숙자들을 콕 집어 보여준다. 그걸 본 이들은 중국의 깨끗한 지하철역을 떠올리고 은연중에 '유럽이든 미국이든 별거 아니네'라고 생각하게 된다.

국민교육 과목은 홍콩으로 온 중국의 선전 도구였다. CNN의 보도를 본 홍콩 시민들은 "세뇌 교육을 중단하라"라고 외치며 집회를 시작했다. 그런데 홍콩 정부와 친중파로 이루어진 범여권은 시민들의 요구에 엉뚱하게 대응했다. "더러워진 옷을 세탁하는 것처럼, 자본주의에 물든 생활을 중국식으로 고치려는 게 무슨 문제인지 모르겠다"라고 하거나, "모든 교육은 어느 정도 세뇌를 목표로 설계된다. 중국은 홍콩을 스탠리 큐브릭 Stanley Kubrick의 영화 〈시계태엽 오렌지A Clockwork Orange〉처럼 만들려는 게 아니다. 홍콩은 이제 중국과는 뗄 수 없는 관계이므로 우리는 중국처럼 생각하는 법을 배워야 한다"라고 말하며 시민들을 나무랐다.

학민사조 라이징

2011년 5월 29일, "높고 단단한 벽과 그 벽에 부딪쳐 깨지는 달걀이 있다면, 나는 언제나 달걀 편에 설 것입니다"(무라카미 하루키의 2009년 '예루살렘상' 수상 소감을 인용한 것이다)라고 말하는 한 무리의 학생이 등장했다. 우리로 치면 고등학교 2학년생인 그들은 '학민사조學民思潮'라는 이름을 높이 걸고 국민교육 도입 철폐에 앞장섰는데, 그 리더가 바로 조슈아 웡Joshua Wong이다. 그는 2011년 국민교육 과목 시행을 위한 공청회를 보면서 지금까지 홍콩이 누려온 사상의 자유가 심각하게 훼손될지도 모른다는 사실을 깨닫고 학생운동에 투신했다.

'학민'은 학생도 시민이라는 뜻이며, '사조'는 시대의 생각이나 흐름이라고 할 수 있다. 조슈아 웡은 학민사조의 정신은 중국 최초의 학생운동인 5·4운동 때 학생들이 요구했던 민주주의와 과학, 언론, 사상의 자유로부터 이어진다고 설명했다. 강력한 반중 단체의 이름이 중국의 학생운동에서 기원했다는 사실이 꽤 흥미로운데, 이는 홍콩인들이 스스로 중화의 계승자를 자처하고 있음을 잘 보여준다.

학민사조를 처음 조직했을 때 조슈아 웡은 만 15세에 불과했다. 기독교 집안에서 자란 그는 어린 시절부터 부모를 따라 빈곤 가정에 봉사 활동을 다녔다고 한다. 그는 수기에 가난한 이들을 위해 기도하는 일이 자신이 할 수 있는 전부라고 생각했다고 적었다. 하지만 그들의 삶이 나아지지 않는 모습을 보면서 기도로는 세상을 바꿀 수 없다는 것을 깨달았다고 한다. 그의 영어 이름인 조슈아는 모세의 뒤를 이어 히브리인을 팔레스타인으로 이끈 여호수아의 영어식 표기이다. 또 한 가지 흥미로운 사실은 그의 아버지 로저 웡Roger Wong이 유명한 동성애 반대 활동가라는 점이다.

초기에 조슈아와 그의 친구 이반 람Ivan Lam은 확성기를 들고 시내로 나가 "사상의 자유를 지키고 세뇌 교육에 반대하자"는 연설을 하고 전단을 배포했다. 한국과 중국, 일본과 홍콩 등 동아시아에서는 유독 학생의 본분은 공부라고 강조하고 이것을 당연하게 여긴다. 그런 만큼 15세 소년이 정치 구호를 외치는 것은 낯선 광경이었다. 2017년 넷플릭스에서 공개한 다큐멘터리 〈우산 혁명: 소년 vs 제국〉에서 이반 람은 학민사조를 "다스 베이더를 물리치기 위해 모인 제다이들"이라고 표현했는데, 홍콩과 중국 당국은 정치운동에 뛰어든 10대 청소년들을 SF 영화 속 주인공처럼 낯설게 느꼈을지도 모른다.

열정적인 홍콩 청소년들이 학민사조로 모였다. 홍콩이 반환된 1997년 이후에 태어난 그들은 '중국인 되기' 교육에 대한 거부감이 컸다. 당의 지도자를 신격화하는 교육은 말도 안 되는 일이었다. 오성홍기를 향해 오른팔을 높이 치켜들고 국가에 대한 충성을 외치라는 가르침도, 애국심에 한껏 고양된 중국의 또래들과 똑같아지라는 요구도 받아들일 수 없었다. 그들에게 홍콩은 중국이 아닌 홍콩이어야 했다.

2012년 5월 13일, 그동안 학교와 거리에서 선전전에 집중하던 학민사조가 대규모 시위대로 발전했다. 수만 명의 중고생이 대오를 이뤄 가두 행진을 벌이는 장면은 홍콩에서는 결코 볼 수 없었던 일이다. 이날 조슈아 웡은 기성 언론을 상대로 능숙하게 인터뷰하며 시민들의 눈에 자신을 각인시켰다. 그는 사춘기 학생 특유의 흥분을 드러내지 않고, 무표정한 얼굴로 차분하게 현안을 짚어냈다. 방송 이후 사방에서 "얘들이 길에서 전단을 나눠주던 걔들이었어?"라는 탄성이 들렸다. 학민사조는 홍콩 청소년의 우상이 되었고, 가입이 줄을 이었다. 활동가 아그네스 초우Agnes Chow도 그때 조직에 합류했다.

"우리를 위해서, 그리고 다음 세대를 위해서 중국이 바라는 인간이 되어서는 안 된다!" 조슈아 웡의 연설은 홍콩을 충격에 빠트렸다. 청소년이 나선 이상 부모도 가만히 있을 수 없었다. 2012년 7월 국민교육을 반대하는 학부모 모임國民教育家長關注組이 발족했고, 이어 홍콩노총과 홍콩전상학생연회香港專上學生聯會, 민간인권전선民間人權陣線 등을 총망라한 민간반대국민교육과대연맹民間反對國民教育科大聯盟이 출범했다. 10여 년 만에 홍콩의 모든 민주화 단체가 연합한 셈이다.

7월 30일, 학생과 학부모를 포함한 9만 명의 시위대가 거리로 진출했지만 렁춘잉은 묵묵부답으로 일관했다. 누군가가 나서서 중재해야 했지만, 홍콩 정부는 그럴 권한이 없었다. 오히려 취임하자마자 시민 사회의 저항에 부딪힌 렁춘잉은 자존심에 금이 갔다. 한 달간 소강상태가 이어지자 학민사조가 다시 전면에 나섰다. 8월 30일, 이들은 타마르添馬를 점령하기로 결의했다. 타마르는 홍콩 정부종합청사 소재지이며 입법회, 즉 의회도 그곳에 있다.

약 200명의 학민사조 점거조가 타마르 입구에 있던 국기 게

양대(여기에 중국기와 홍콩기가 나란히 걸려 있다)를 장악하자 기자들이 몰려들었다. 조슈아 웡은 이번에도 언론 앞에 나서서 의회를 점거한 이유를 설명했다.

점거 이틀째인 8월 31일 새벽에는 행정장관 렁춘잉이 기자를 대동하고 농성장으로 왔다. 그는 자못 여유로운 표정을 지으며 "학생들의 의견을 듣겠지만, 그것이 국민교육 철폐를 전제하지는 않는다"라고 선을 그었다. 학민사조의 학생들이 노회한 정치인을 당해낼 수는 없었다. 이날 뉴스의 헤드라인은 '아침부터 철없는 아이들을 찾아간 자애로운 행정장관'으로 뒤덮였다.

점거와 시위는 시민들의 눈길을 끌 이슈를 꾸준히 만들지 못하면 동력을 잃는다. 한국만 봐도 그렇지 않은가. 이제 사람들은 웬만한 고공 농성에는 관심을 주지 않는다. 파인텍 노동자들이 75미터 높이의 굴뚝에 올라갔다가 땅으로 내려오기까지 426일이나 걸릴 수밖에 없었던 까닭이다. 학민사조의 시위도 그랬다. 점거 사흘째부터 홍콩 전역에 비가 내렸다. 학생들이 집에서 가져온 텐트는 굵은 빗줄기를 견디지 못했다. 조슈아 웡은 이날 인터뷰에서 "텐트에 물이 새는 등 환경이 나빠지고 있지만 우리는 결코 포기하지 않을 것이다"라고 말했다. 점거 나흘째인 9월 2일은 일요일이었다. 그리고 다음 날인 9월 3일부터 새 학기가 시작될 예정이었다. 점거를 이어간다면 학교로 돌아가지 못할 것이다. 학생들은 그날 열린 대연맹의 거리 행진에 희망을 걸었다. 다행히 기적이 일어났다. 4만여 명의 시민이 모였고, 시위대는 타마르로 와서 학생들에게 힘을 보탰다. 그러자 렁춘잉이 기자회견을 열었다. 국민교육의 철회는 없다는 기존 입장을 되풀이했지만 그의 표정에는 더 이상 여유가 없었다. 이날부터 매일 시위가 이어졌다. 학생 지도부는 단식을 시작했고 몇몇 학부모가 동조 단식에 참가했다. 시위대는 홍콩 행정부를 향해 엄포를 놓았다. "타마르에 모여 있는 학생들이 전부 단식하는 걸 보고 싶은가!" 사람들은 그 모습을 보고 1989년의 천안문을 떠올렸다. 중국과 홍콩 정부는 더 이상 사태의 해결을 지체할 수 없다고 판단했다.

9월 8일 행정장관 렁춘잉이 기자회견을 열고 "국민교육을 의무 시행하지 않으며, 각 학교가 과목의 채택을 결정할 수 있다"고 말하며 백기를 들었다. 바로 일주일 전의 조사에서 홍콩 내 652개의 학교 중 여섯 곳만 국민교육에 찬성했던 걸 본다면, 선택 시행은 곧 중국의 계획이 실패했음을 뜻한다. 9월 9일에는 12만 명의 홍콩 시민이 거리로 나와서 승리를 자축했다. 2003년의 국가보안법 유예가 반쪽짜리 승리였다면, 2012년의 국민교육 반대 집회는 시위대의 요구가 모두 관철된 완벽한 승리였다.

홍콩인들은 이 싸움에서 희망을 발견했다. '우리가 힘을 합친다면 원하는 걸 얻을 수 있다. 그렇다면 다음 목표는 무엇이어야 할까?' 모두 앞으로 해야 할 일을 알고 있었다. 홍콩이 중국에 반환된 뒤 누구나 품고 있던 염원은 항인치항, 즉 홍콩인의 손으로 홍콩의 대표를 직접 뽑는 것이었다.

센트럴 점령 계획

현재의 홍콩 행정장관은 영국 식민지 시절의 총독과 비슷한 권한을 가지고 있다. 둘 사이의 거의 유일한 차이는 선출 방식이다. 총독은 임명제였지만 행정장관은 간접선거로 선출한다. 1984년 영국과 중국은 홍콩의 반환을 약속하며 가까운 시일에 행정장관 직선제를 실시하기로 합의했다. 그 내용이 앞에서 본 홍콩기본법 45조—홍콩특별행정구의 행정장관은 현지에서 선거 또는 협의에 의해 선출되며, 중앙인민정부가 임명한다—에 반영되어 있는데, 이것은 홍콩에서 벌어지는 모든 사태를 이해하는 데 가장 중요한 조항이다. 현재는 간선제이지만 언젠가 직선제로 바꿔야 한다는 뜻이다. 문제는 그 언제가 언제일지였다. 홍콩의 시민 세력은 제5대 행정장관이 취임하는 2017년, 즉 홍콩 반환 20년이 되는 해를 그 시점으로 봤다. 반환 초기만 해도 중국도 행정장관 직선제에 긍정적인 반응을 보였고, 급기야 2007년 1월 29일에는 전국인민대표대회 상무위가 "2017년에는 행정장관 선거를 보통선거로 실시한다"라고 발표하기도 했다.

시계를 거꾸로 돌려서 2007년으로 돌아가 보자. 베이징올림픽을 1년 앞두고 중국의 민족주의가 홍콩에도 영향을 미쳤다. 경기가 회복되면서 홍콩 행정부에 대한 지지와 중국 정부에 대한 호감이 날로 커졌다. 정체성을 묻는 질문에 "나는 홍콩인이며, 동시에 중국인이다"라고 답하는 홍콩인이 가장 많던 시점이다. 이런 분위기는 중국에게 홍콩 통치에 대한 자신감을 심어주었다. 10년 뒤에는 보통선거를 실시해도 반중 인사가 행정장관에 뽑히지 않을 것이라는 확신이 생겼다. 국민교육 과목 도입은 그 과정에 쐐기를 박으려는 시도였을 것이다. 하지만 결과적으로 반중 감정만 자극했다.

2012년 11월 중국의 최고 지도자가 후진타오에서 시진핑으로 교체되었다. 시진핑 집권 초기에 홍콩은 그가 개혁을 실시할 것이라고 기대했다. 시진핑의 아버지인 시중쉰習仲勳은 덩샤오핑과 함께 개혁개방을 추진한 인물로, 광둥성장을 역임하며 선전에 경제특구 건설을 추진했다. 시진핑 본인도 문화혁명 때 8년간 하방당하는 등 보수의 반동으로 고초를 겪지 않았던가. 천안문 학살 이후 보수파를 대표한 장쩌민이나 공산당 청년회 출신의 초엘리트 후진타오와 달리, 시진핑은 태자당 출신이긴 하지만 서민적 이미지를 가졌다는 점도 기대감을 키웠다. 때문에 홍콩은 다가올 2017년 행정장관 선거에서 직선제를 추진해볼 만하다고 기대했다.

누가 고양이 목에 방울을 달지를 놓고 눈치 게임이 시작되었다. 2013년 1월 16일 런던정경대학 출신이자 홍콩대학 법학과 교수인 베니타이Benny Tai가 경제지 『신보信報』에 「시민불복종은 가장 치명적인 무기Civil Disobedience's Deadliest Weapon」라는 글을 기고했다. 그의 주장의 핵심은 '센트럴 점령Occupy Central', 즉 홍콩 정치·경제의 중심지를 마비시켜서 중국을 무릎 꿇리자는 것이다. 우선 그는 1만 명 이상의 시민으로부터 시위에 동참하겠다는 서명을 받고, 오피니언 리더로 이루어진 지도부를 구성한 뒤, 비폭력을 지속하기 위해 시위를 축제처럼 만들자는 실행 방안을 제시했다. 이를 통해서 베이징을 압박한 후, 그럼에도 행정장관 직선제를 거부하면 즉시 센트럴을 점령하자고 제안했다. 이 주장은 큰 반향을 일으켰다. 행정장관 직선제를 쟁취해야 한다는 데는 모두 동의했지만 그것을 어떻게 달성할지는 의견이 분분했는데, 2011년 9월 미국 뉴욕에서 벌어진 '월가를 점령하라Occupy Wall Street' 시위가 홍콩에 대안을 제시해준 것이다.

2월 5일, 민주계 의원들이 센트럴의 황후상광장에 모여서 자신들도 센트럴 점령에 참여할 것이며 경찰의 체포와 투옥에도 맞서겠다고 천명했다. 3월 27일에는 베니타이 교수를 중심으로 추이우밍朱耀明 목사와 찬킨만陳健民 홍콩중문대학 교수 등이 '사랑과 평화의 센트럴 점령Occupy Central with Love and Peace'이라는 조직을 결성했다.

상황을 주시하던 중국은 3월 24일 선전에서 전국인민대표대회 법사위(위원장 차오샤오양曹滿阳)를 열고 친중국계 의원들을 불러 모아 "홍콩 행정장관은 중국을 사랑하고 홍콩을 사랑하는 사람이어야 한다"라고 발표했다. 이는 중국 정부에 저항하는 사람은 행정장관이 될 수 없다는 뜻이다. 차오샤오양은 과거에 행정장관 선거에 입후보했던 민주당 주석 호쩐얀何俊仁을 부적격 인사의 예로 콕 집었다. 민주당계는 꿈도 꾸지 말라는 엄포였다. 그의 발언은 홍콩의 모든 언론에 대서특필됐다.

미인대회식 행정장관 선출

6월 10일 중국은 『일국양제: 홍콩특별행정구의 실천』이라는 백서를 발간했다. 백서가 발간된 것은 반환 후 처음이다. 여기에는 "중국헌법과 홍콩기본법이 규정하는 특별행정구 제도는 중앙정부가 전면적인 관할권을 행사"하며 "홍콩특별행정구는 법에 의해 고도의 자치를 시행하지만, 이에 대해서는 중국이 감독권을 갖는다"라고 적혀 있다. 또한 "외부 세력이 홍콩을 이용해 중국의 내정에 간섭하려는 시도를 시종일관 경계해야 한다. 극소수의 사람이 외부 세력과 결탁해 일국양제를 방해하고 파괴하려 한다"라고도 주장했다.

민주화 세력은 '진정한 보통선거'를 강력히 요구하며, 어떤 방식으로 행정장관을 선출하는 것을 선호하는지에 대한 대규모 모의 투표를 실시했다. 모의 투표는 정해진 투표소에 직접 방문할 수도 있고 온라인으로 참여할 수도 있었다. 그런데 모의 투표 사이트에 유례없는 디도스 공격이 가해졌다. 홍콩 시민들은 모의 투표에까지 이렇게 대응하는 중국에 반발하며 더 열심히 투표소를 찾았다. 결국 10만 명의 참여를 계획한 모의 투표에 79만 명이 몰렸고, 여기에서 행정장관을 선출하는 선거인단을 중국 정부가 아니라 시민이 정하자는 안이 채택됐다.

홍콩 사회는 둘로 갈라졌다. 7월 1일 반환 기념일에는 51만 명의 시민이 모여 "행정장관 직선제" 구호를 외쳤고, 그러자 7월 19일에는 19만 명의 친중파가 모여 "센트럴 점령 반대"를 외쳤다.

이때 웡 씨 일가는 웡 할아버지가 64살, 아들 웡 씨가 41살,

그리고 손자 웡이 14살이었다. 홍콩의 민주파와 친중국파처럼
이들 삼대도 갈라졌다. 할아버지는 7월 19일 집회에 나갔다. 할
아버지는 아들과 손자에게 미안한 마음이 컸다. 자신이 조금만
잘났어도 다른 사람들처럼 캐나다에 둥지를 틀었을 텐데, 못 배
우고 무식해서 그러지 못했다고 생각했다. 할아버지는 4~5년만
더 일해서 손주만큼은 해외 유학을 보내고 그곳에 정착시킬 계
획이었다. 그에게 "우산혁명 무렵엔 젊은 시절처럼 중국을 좋아
하지 않았나 봐요?"라고 물어보니 "그건 모르겠어. 하지만 센트
럴을 점령해 홍콩의 경제를 망가트리면 우리 같은 사람은 망하
는 거지"라며 혀를 찼다. 손주를 홍콩에서 내보내기 위해서는 홍
콩 경제를 어지럽히는 민주파를 지지할 수 없고, 그래서 친중파
집회에 나갔다는 이야기였다. 한편 아들 웡 씨는 상황을 관망했
다. 마음으로는 민주 세력을 지지하지만, 가게를 팽개치고 집회
에 뛰어들 수는 없었다. 2019년 시위에 적극적으로 참여한 손
자 웡은 이때만 해도 너무 어렸다. 시위가 벌어지면 거리를 누비
긴 했지만, 시위에 참여했다고 말하긴 어려웠다.

홍콩 시민 사회와 친중파의 입장이 평행선을 달리던 2014년
8월 31일, 중국 전국인민대표대회 상무위가 다음과 같은 선거
안을 발표했다.

> 중국 국무원이 1200명의 행정장관 후보 추천 위원을 정한
> 다. 후보 추천 위원회는 홍콩을 사랑하는 애국 인사 중 두
> 세 명의 후보를 추천한다. 이 후보를 놓고 홍콩 시민이 보
> 통선거를 실시한다.

"우리를 위해서, 그리고 다음 세대를 위해서
중국이 바라는 인간이 되어서는 안 된다."

보통선거를 하긴 하는데 후보는 중국이 고르겠다는 뜻이다. 보통선거를 실시하기로 한 약속을 지키기 위해 내놓은 고육책이었다. 시민 사회는 이런 가짜 선거가 아니라 실질적 보통선거를 요구했다. 민주파와 중도적 입장의 홍콩인들은 중국의 방침에 모욕을 느꼈다. 친중파에 가까웠던 웡 할아버지도 "차라리 말을 하지 말든지, 사람을 갖고 노는 것도 아니고"라며 불쾌감을 표현했다.

홍콩 언론은 중국의 방침을 미인 선발대회에 비유했다. 자기들 입맛에 맞는, 정치적 성향이 비슷한 후보 두셋을 주고 그 중에서 뽑으라고 한다면 '얼굴만 보고 뽑으라는 것이냐'라고 비판했다. 시민 사회는 들끓었다. 9월 22일 대학생 조직인 홍콩전상학생연회 산하 24개 대학이 수업 거부에 돌입했고, 26일에는 중고등학생 조직인 학민사조도 하루 동안 수업을 거부했다. 학생 조직은 2012년 학민사조가 점령했던 타마르의 청사 앞 광장—2012년 승리 이후 학생들은 이곳을 '공민광장'이라고 불렀다—을 다시 점거하기 위해 담을 넘었다. 그러나 기다리던 경찰에 의해 조슈아 웡이 연행되었다. 경찰 여러 명에게 사지를 붙들린 채 절규하는 그의 모습이 홍콩 전역에 방송됐다. 상황이 급박해지자 센트럴 점령을 처음 주장한 베니타이 교수가 9월 28일 오전 1시 38분을 기해 센트럴 점령 개시를 선언했다. 1000여 명의 시위대가 시위 거점을 확보하기 위해 도로를 점거하고 철야 농성을 했다. 이렇게 또 한 번의 거대한 격돌이 시작되었다.

6.

우산혁명

제공: 셔터스톡

우산과 메이

2014년 9월 28일 오후가 되자 시위대의 수는 3만에 육박했다. 최초의 목표는 센트럴 점령이었지만, 시민들은 학생 시위대가 경찰과 대치하고 있는 타마르의 애드머럴티Admiralty 역으로 모였다. 타마르 앞길인 코노트로드Connaught Road가 인파로 가득 찼다. 그리고 5시 58분, 이 시위를 '우산혁명'이라고 부르게 된 사건이 시작되었다. 경찰이 시위대를 향해 최루탄을 발사한 것이다. 중국에 반환된 이래 최루탄이 발사된 건 이때가 두 번째이다. 그런데 앞선 2005년의 최루탄은 홍콩으로 와서 WTO 반대 시위를 연 한국인들을 향해 발사된 것이었기 때문에, 홍콩 경찰이 홍콩인에게 최루탄을 쏜 것은 이날이 처음이다.

최루탄 연기를 맡은 시위대는 순식간에 흩어졌다. 하지만 시민들은 집으로 돌아가지 않고 다시 광장에 모였다. '경찰에 맞서지 않는 비폭력 시위대와 강경 진압하는 경찰'의 모습이 뉴스와 SNS를 통해 전 세계로 퍼져 나갔다. 이때 시위대 몇몇이 날아오는 최루탄을 우산으로 막았다. 본능적인 반응이었는데, 그 장면이 커다란 반향을 불러왔다. 전 세계는 이 시위를 '우산혁명'이라고 부르기 시작했다.

무엇보다 경찰이 최루탄을 난사하는 모습을 본 시민들이 분노했다. 집과 직장에서 머물던 사람들이 애드머럴티로 쏟아져 나왔다. 9월 30일부터 10월 1일까지 이틀간 이어진 집회에 무려 30만 명이 참여했다.

홍콩의 불꽃놀이는 전 세계적으로 유명한데, 공식 행사는

1년에 네 번 열린다. 음력 설, 반환 기념일(7월 1일), 중국 건국 기념일(국경절, 10월 1일), 그리고 12월 31일이다. 그런데 시위로 인해 홍콩 반환 이후 처음으로 10월 1일 국경절 불꽃놀이가 취소됐다. 이 상황에 베이징은 경악했다.

당시 18세의 메이도 거리로 뛰어나간 시민 중 한 명이었다. 나는 홍콩 시위를 취재하던 중 그를 알게 되었고, 이후 홍콩에 큰 시위가 있을 때마다 텔레그램으로 안부를 물으며 가까워졌다. 메이는 늘 시위대의 맨 앞에 서 있었다. 나는 홍콩 시위에 관한 기사를 쓸 때마다 그에게 보내주었고, 그는 구글 번역기를 사용해서 읽은 뒤 새로운 정보들을 알려주었다. 그 결과 2014년부터 지금까지 홍콩의 또 다른 단면을 이 책에 담을 수 있게 되었다.

우산혁명이 시작되기 전까지 메이는 착실한 학생이었다. 2014년 9월 28일, 그날도 엄마와 장을 본 뒤 집에서 저녁을 준비하고 있었다. 오후 6시 10분경 친구 레이로부터 빨리 모바일 메신저를 켜보라는 메시지와 함께 영상이 도착했다. 그는 레이가 보내준 경찰의 진압 영상을 보고 믿을 수 없었다. 그의 아버지는 경찰이고, 메이는 그 사실에 자부심을 갖고 있었다. 그때까지 홍콩 경찰은 아시아에서 가장 신뢰받는 경찰이었다.

레이는 애드머럴티로 함께 가자고 했다. 메이는 한참을 망설이다 답했다. "부모님과 저녁을 차리던 중이야. 먼저 가 있으면 연락할게." 저녁을 다 먹고 메이는 부모님께 친구를 만나고 오겠다고 말한 뒤 정관오將軍澳에 있는 집에서 나왔다. MTR은 사람들로 북적였다. 맑은 날이었지만 사람들은 모두 우산을 들고 있었다. 메이는 친구에게 연락했다.

"지금 출발했어. 금방 갈게."

"우산 꼭 챙겨와! 없으면 편의점에서 사와."

"우산을 왜?"

"경찰이 쏜 최루탄을 우산으로 막고 있거든!"

그제야 사람들이 우산을 들고 있던 이유를 깨달았다. 메이는 환승역인 노스포인트에서 내려 편의점에 갔지만 우산은 이미 다 팔린 뒤였다. 아일랜드 선으로 갈아탔을 때 다시 문자를 받았다.

"애드머럴티에 안 선대! 센트럴 역에 내려서 걸어와야 해."

"그럼 그냥 완차이에서 내릴게."

"바보야, 완차이에는 네 아버지(경찰)가 있다고. 센트럴 쪽으로 와."

"아빠는 오늘 집에 계셔. 알았어, 센트럴에 내려서 갈게."

메이는 레이의 말투가 거슬렸지만, 아까 경찰이 시민들에게 최루탄을 쏘는 장면을 봤기 때문에 혼란스러웠다. 애드머럴티로 가는 열차는 인파로 꽉 차 있었다. 이들이 모두 다 센트럴에서 내렸다.

메이는 그날의 기억을 이렇게 설명했다.

"그동안 내가 살아온 세계가 붕괴하는 경험이었어. 거리엔 사람이 가득했고, 맞은편에는 '아저씨'라고 부르던 경찰들이 서 있었지."

우산혁명, 그리고 학민사조의 주역인 2014년의 홍콩 청소년들은 일본 에니메이션 〈진격의 거인〉 시리즈(이 애니메이션

의 주인공인 엘런 예거는 15세에 군에 입대했다)에 감정이입했다. 조
슈아 웡은 2017년 일본 매체와 한 인터뷰에서 〈진격의 거인〉
과 홍콩 시위를 이렇게 정의했다. "거인은 인류가 사는 벽을 파
괴하려 하고, 인류는 벽을 필사적으로 지키려고 합니다. 하지만
그 벽은 거인이 만든 것에 불과했죠." 벽 안에 사는 인류는 일
국양제 속에서 편안함을 누리는 홍콩 시민을, 거인은 중국 혹은
중국 공산당을 상징한다. 홍콩이 일국양제를 파괴하려는 중국
공산당과 싸우고 있는데, 알고 보니 일국양제를 만든 게 중국인
상황도 애니메이션의 설정과 닮았다. 이처럼 우산혁명은 일국
양제라는 벽이 중국에 의해 언제든 무너질 수 있다는 현실을 홍
콩인에게 각인시켰다.

센트럴과 몽콕

　가끔씩 홍콩 관광청의 초대를 받아서 고급 호텔에 묵을 때
가 있다. 다만 어느 호텔에 머물지는 정해져 있는데, 한 번 홍콩
섬에 묵으면 그다음엔 카오룽반도의 숙소를 제공받는 식이다.
혼자 취재할 때면 청킹맨션의 허름한 숙소에 짐을 풀 때가 많
고, 가끔은 몽콕이나 삼수이포深水埗 소재의 저렴한 숙박촌을 찾
기도 한다. 특별한 경우가 아니라면 거의 카오룽반도에 머문다
는 말이다.
　관광청의 지원을 받아 홍콩섬에 며칠간 머물고 카오룽반도
로 가던 어느 날을 기억한다. 센트럴 점령의 중심지였던 애드머

럴티에서 카오룽반도의 침사추이까지는 MTR로 한 정거장 거리
인데 특이하게 중간에 환승을 한다. 다만 서울의 신도림 역처럼
먼 길을 돌아가야 하는 환승이 아니라 맞은편 플랫폼으로 몇 걸
음을 옮기는 게 전부이다. 익숙한 일이었지만, 그날엔 그때까지
알지 못했던 사실을 깨달았다. 홍콩섬과 카오룽반도 사이에는
물리적 거리뿐 아니라 계급적 벽이 서 있었다.

두 지역은 번화가의 풍경부터 사뭇 다르다. 홍콩섬에서는 코
즈웨이베이가 젊음의 거리인데, 홍콩섬에서 직장 생활을 하는
화이트칼라가 이곳에 모인다. 그들을 겨냥한 고급 상점과 백화
점이 줄지어 있다. 타임스퀘어나 하이산플레이스, 소고백화점
등이 대표적이다. 반면 카오룽반도에서는 몽콕이 중심이다. 랭
함플레이스라는 백화점이 하나 있기는 하지만, 대부분은 노천
시장이다. 여행자들이 한 번씩 가봤을 레이디스마켓과 템플스
트리트의 야시장 같은 곳이 이 일대에 모여 있다. 몽콕과 코즈
웨이베이는 오가는 사람들의 복장도, 헤어스타일도 다르다.

2014년 홍콩 시위의 시작을 알린 센트럴 점령은 홍콩에서
도 명문대로 꼽히는 홍콩대학의 베니타이 교수가 언론 기고를
통해 운동의 정당성을 알렸고, 운동의 방향도 지식인 위주의 저
항이었다. 그들이 정부와 대화 창구를 여는 방식 중의 하나로
센트럴 점령을 택했을 뿐이다.

그런데 9월 28일 최루탄이 발사된 이후 지식인이 구상한 우
아한 저항은 뒤로 밀려났다. 분노해 달려온 수백, 수천의 시민
은 이제 무엇을 해야 할지 갈피를 잡지 못했다. 경찰이 막아서
면 말싸움이 벌어졌지만, 대부분은 구호만 외치다 카오룽반도

나 신계의 집으로 돌아갔다. 일부는 친구들과 침사추이나 야우마테이, 몽콕의 야식집으로 갔다. 그 가운데 한 무리가 최루탄 가루를 털며 씩씩거리다 몽콕에 저항 거점을 만들기로 결의하면서 갑자기 텐트 몇 동이 뚝딱 만들어졌다. 그들은 자신들이 우산혁명이 끝날 때까지 텐트를 지키게 되리라고는 생각하지 못했을 것이다.

센트럴로 간 지식인과 교수들이 눈을 감고 연좌한 채 명상하듯 시위했다면, 몽콕의 청년들은 뜨거웠고 때로는 과격했다. 센트럴에 모여 있던 언론은 아직 몽콕의 청년들을 주목하지 않고 있었다.

공동체를 경험하다

우산혁명의 힘은 텐트촌에서 나왔다. 이 시위의 핵심은 센트럴에서 애드머럴티로 이어지는 구간을 점령하는 것이었고, 목표를 이루기 위해 몇몇 시위대가 텐트로 생필품을 챙겨왔다. 사람들은 이들을 가리켜 '텐트촌 사람들'이라고 부르기 시작했는데, 우산혁명 절정기에는 그 수가 약 2000동에 달했다. 지연과 학연에 따라 소그룹 단위의 공동체가 구성되었다.

메이는 네 명의 친구와 '무지개 텐트촌'에서 생활했다. 그는 그곳에서 처음으로 존재만으로 상대방을 인정하는 공동체를 경험했다. 홍콩 사회는 극단적 자유주의 속에서 능력이 없으면 사회적 발언권도 축소되는 것을 당연시했는데, 텐트촌에서는 모두가 똑같은 권리를 나눠 가졌다고 설명했다. 메이의 꿈은 2014년 시위를 경험하며 바뀌었다.

"홍콩은 좁잖아. 지하철을 타고 이쪽 끝에서 저쪽 끝까지 가는 데 한 시간도 안 걸려. 도시에 갇혀 있다는 걸 상상해봤어?"

그의 질문에 말문이 막혔다.

"홍콩에 기대가 없었어. 대학에 진학한 뒤 외국계 기업에 취직하고, 기회를 봐서 외국으로 뜨는 게 꿈이었지."

"그런데 지금은?"

"2014년 이전에는 홍콩의 미래를 구체적으로 생각해본 적이 없어. 중국이 약속한 홍콩 자치가 끝나는 2047년이 되기 전에 이곳을 떠날 계획이었으니까. 그런데 텐트촌에 있는데 이런 생각이 들더라고. '내가 여기서 왜 이러고 있지. 사람들이 최루탄을 맞는 장면을 보면서 왜 분노한 걸까?' 첫날 애드머럴티 역에 내렸을 때, 그렇게 많은 사람이 모인 건 태어나서 처음 봤어. 막무가내로 시위대를 밀어붙이는 경찰을 붙잡고 울면서 설득하는 사람이 있었지. 경찰에게 '당신도 홍콩 사람이다'라고 하더라고. 홍콩 사람? 홍콩인? 난 한 번도 내가 홍콩인이라고 생각해본 적 없는데 그 말이 계속 머릿속을 맴돌더라. 텐트에 있는 내내 '홍콩 사람이란 뭘까? 나는 홍콩 사람인가?'를 고민했어. 어느 날 그곳에서 만난 테레사 언니가 '우리가 우리의 홍콩을 지켜야 한다'라고 말해줬어. 지금 생각하면 별 얘기가 아닌데, 그때는 갑자기 사명감이 생겼던 거야."

"가슴이 쿵쿵 뛴 거지?"

"맞아, 그 느낌!"

제공: 서터스톡

"우산혁명의 힘은 텐트촌에서 나왔다.
그곳에서는 모두가
똑같은 권리를 나눠 가졌다."

"아빠는 거기 있는 걸 반대하지 않았어? 경찰이잖아."

"의외로? 그건 지금도 그래. 다음 해에 대학에 안 가겠다고 선언했을 때도 담담하시더라고. 그냥 네 생각이 맞길 바란다는 얘기만 해주셨어. 부모님이 용돈을 끊어버린 친구들이 부지기수인데, 거기에 비하면 난 아무런 제지도 받지 않았어."

종말

2014년의 우산혁명은 78일간 이어졌다. 10월 중순까지는 기세가 좋았지만 중국은 협상에 나서지 않았고 경제 위기론까지 더해지며 이내 위축되었다. 주요 언론은 10월 중순부터 시위로 인한 경제적 피해와 대량 실업 사태를 보도했다. 특히 중국인 관광객에 의존하던 관광업이 직격탄을 맞았다. 상점가는 개점 휴업했고 그 많던 환전상도 문을 닫는 곳이 속출했다.

시위는 지지하지만 더 이상의 피해는 막아야 한다는 목소리가 점점 커졌다. 이 틈을 타서 친중국계 홍콩 시민과 외국인에 의한 크고 작은 테러가 연달아 발생했다. '시위로 사분오열된 홍콩 사회'라는 정치적으로 악용하기 좋은 그림이 그려진 것이다.

10월 12~13일, 홍콩 경찰은 교통사고 위험을 줄인다는 명분으로 애드머럴티의 하코트로드Harcourt Road와 코즈웨이베이에 설치된 바리케이드를 철거했다. 다음 날에는 수백 명의 친중국 시위대가 우산혁명을 지지하는 『빈과일보』 사옥을 포위하고 항의 시위를 시작했다. 홍콩 정부와 친중국 세력이 반격에 나선

게 분명했다.

　홍콩섬의 상황이 어느 정도 정리되자 경찰은 10월 17일부터 카오룽반도의 바리케이드와 텐트를 철거하기 시작했다. 하지만 센트럴에서와는 달리 몽콕의 시위대는 강하게 저항했다. 경찰의 공세를 견디지 못하고 텐트는 해체되었지만 밤이 되면 사람들이 다시 모였다. 시위대의 끈질긴 저항에 경찰은 당황했다. 밤마다 크고 작은 소란이 벌어졌다.

　센트럴 점령의 주창자인 베니타이를 비롯한 지식인 그룹은 몽콕의 시위대가 '사랑과 평화'에 반하는 점을 우려하며 소란은 홍콩 정부에게만 좋은 일이라고 비판했다. 이들은 통제되지 않는 대중의 분노는 이 운동에 도움이 되지 않는다고 여겼다. 몽콕도 가만히 있지 않았다. 지성을 운운하며 나약하게 저항하니 정부가 눈도 깜짝하지 않는다고 날을 세웠다. 이렇게 우산혁명은 온건파와 강경파로 갈라졌다. 그 모습을 지켜본 보통의 시민은 먹고사는 문제에 켜진 빨간불로 눈을 돌렸다.

　12월 3일 베니타이 교수를 비롯한 지식인 그룹이 경찰에 자수했다. 학민사조를 비롯한 학생 그룹은 무책임한 행동이라고 격렬히 반발하며 우산혁명을 이어가겠다고 했지만, 베니타이 교수가 이번 사건의 기획자라는 점은 분명했다. 내외신은 우산혁명의 종료를 고하고 운동의 성과와 홍콩의 미래를 분석하는 기사를 내보내기 시작했다. 온건파와 강경파 모두 커다란 패배감에 사로잡혔다. 운동은 사람을 모으는 게 어렵지, 모였던 사람이 흩어지는 건 순식간이다. 12월 5일, 마지막 텐트가 철거되며 우산혁명은 78일간의 장정을 성과 없이 마무리했다.

7.

자꾸만 사라지는
사람들

타이완, 홍콩에 동조하다

　일국양제는 홍콩과 마카오를 대상으로 설계됐지만, 중국은 내심 타이완까지 바라보고 있었다. 홍콩에 일국양제를 안착시킨 뒤 타이완에도 같은 방식의 통일을 제안하려는 목표였다. 우산혁명이 격화되며 중국과 홍콩 사이에서 타오른 불은 즉시 타이완으로도 옮겨붙었다. 중국이 홍콩 시민들의 요구를 무시하고 강경 대응할 때마다 타이완 시민들은 홍콩 시민의 입장에서 이 사건을 바라보게 되었다. 지금 당장 중국의 지배를 걱정해야 하는 처지는 아니지만, 지정학적 조건이 비슷했기 때문이다.

　당시 타이완 총통은 국민당 소속의 마잉주馬英九였는데, 특이하게도 출생지가 홍콩이다. 타이완의 독립을 바라는 민진당과 달리 집권당인 국민당은 미수복지(중국 대륙을 뜻한다) 회복을 주장하기는커녕 중국과 밀착해서 경제적 이익을 얻는 것을 목표로 삼고 있었다. 실제로 마잉주는 자신의 출신이나 이름(그의 이름의 英은 영국을, 九는 카오룽반도를 뜻한다는 공격을 받았다)으로 인한 오해를 극복하고자 중국에 더욱 다가가는 행보를 취했다. 타이베이 시장에 재임했을 때 중국과 공동 행사를 개최하며 시민들에게 타이완 국기를 못 들게 해서 빈축을 사기도 했다.

　하지만 그조차도 중국이 홍콩에서 펼치는 정책을 못 본 척할 수는 없었는지 우산혁명이 한창이던 2014년 10월 10일 중화민국 건국 기념일 연설에서 "중국은 홍콩에 민주주의의 길을 열어주어야 한다"라고 말하며 완곡하게 중국의 양보를 촉구했다. 이 발언에 중국과 타이완 양쪽이 모두 놀랐는데, 당시 타이완 정부는 중국인이 타이완에서 부동산을 구입하면 거주권을 보장하는 정책을 추진하고 있었기 때문이다.

닷새 뒤인 10월 15일, 중국은 "타이완 독립 세력이 홍콩에서 벌어진 불법 행위에 편승해 중국을 헐뜯고 있다"라고 비난을 돌려보냈다. 2008년 국민당의 재집권 이후 좋아졌던 양국의 관계에 다시 금이 가기 시작하는 소리가 들렸다. 급기야 마잉주는 우산혁명이 막바지를 향해가던 11월 어느 날, 프랑스 공영 라디오와의 인터뷰에서 홍콩 시위에 대한 타이완의 지지 의사를 확고히 하며, 중국이 타이완에 요구하는 일국양제식 통일을 분명하게 거부했다. 대륙과의 밀월은 경제 관계에만 한정할 뿐 정치적 통합까지는 이어가지 않겠다고 선을 그은 것이다. 홍콩에서 우산들이 날갯짓하며 불어온 바람이 타이완과 중국 사이의 긴장을 고조시켰다. 그리고 이는 곧 열릴 타이완 총통 선거에도 커다란 영향을 끼치게 된다.

행정장관 직선제 표결

실패한 혁명은 내부의 다른 파벌을 비난하면서 퇴조하고, 끝내는 상대 파벌을 공동의 적보다 더 증오하는 것으로 끝난다. 지리멸렬은 외부에서 오지 않고, 어제까지 어깨를 함께 걸었던 동지와의 반목으로부터 시작된다.

혁명이 퇴장한 자리, 친중국파가 다수를 차지한 홍콩 의회는 우산혁명을 촉발한 '슈퍼스타 K'식 행정장관 직선제를 가결시키기 위해 팔을 걷어붙였다. 비록 반쪽뿐인 직선제이지만 중국 정부와 친중국계는 영국도 못한 직선제를 도입해서 '홍콩의 민주주의를 실제로 구현한 건 중국'이라는 찬사를 받고 싶어 했다.

홍콩기본법에 따르면 행정장관 선출에 대한 규정을 고치기 위해선 부칙을 개정해야 한다. 여기에는 전체 의원 3분의 2 이상의 찬성, 즉 47석이 필요하다. 하지만 2015년 당시 홍콩 의회의 구성은 민주계 의원 27명과 친중국계 의원 43명으로, 친중국계가 홍콩 행정장관 선거 개정안을 통과시키기 위해서는 네 석이 부족했다.

홍콩은 양당제에 가까운 한국과 달리 다당제를 유지하고 있다. 그 결과 압도적인 다수 정당 없이 군소 정당이 의석을 나눠 갖는다. 2015년 당시 홍콩 의회에 의석을 가진 정당은 무려 13개였다. 민주계 최대 정당은 공민당公民黨으로 다섯 석을, 친중국계 최대 정당인 DAB는 아홉 석을 차지하고 있었다. 크게 민주계, 친중국계로 나누지만 각 정당의 정치적 입장은 사안마다 다르다. 홍콩 정부는 무려 일곱 개의 정당으로 쪼개진 민주파에서 네 명을 빼 오는 건 누워서 떡 먹기라고 생각했다.

'한술 밥에 배부르랴.' 당시 친중국계가 민주계를 설득한 논리이다. '지금까지 간접선거만 했지만 이제는 직선제의 토대를 쌓을 차례야. 그러니 이번 정치 개혁을 통과시킨 다음에 베이징에 더 많은 민주주의를 요청하자. 그때는 우리도 도울게. 우리는 같은 홍콩인이잖아.' 이런 이야기였다. 어떤 이들은 정치는 토론과 타협의 과정이라고 하지만, 대부분의 나라에서 정치는 결국 싸움이다. 모든 싸움에서 강경파가 가장 큰 소리를 내고,

협상하자는 사람은 배신자 취급을 당한다. 제발 파국만은 막자는 의견이 민주파와 친중국파 양쪽에 있었지만, 한마디도 꺼내기 힘든 상황이 이어졌다. 홍콩 행정부는 결국 단 한 명의 민주계 의원도 설득하지 못했고 개정안은 부결되었다.

이때의 부결 과정에서도 중국식 '체면 의식'을 엿볼 수 있다. 어차피 표결을 해봐야 부결이 뻔한 상황이라면 차라리 표결 자체를 막는 게 낫다는 의견이 친중국계 의원들 사이에서 제기됐다. 결국 그들은 표결에 참여하지 않고 정족수 미달로 개정안 상정을 무효화하기로 했다. 1967년 폭동 때 학생운동의 기수로 명성을 날렸으나 지금은 친중국계의 핵심이 된 DAB의 입퀵힘葉國謙 의원과 직능 투표구의 제프리 램Jeffrey Lam 의원이 총대를 메고 친중국계의 불참을 독려했다. 두 사람은 친중국계 의원들의 입장을 최종 정리하기 위해 15분간 휴회를 요청했는데, 어쩐 일인지 DAB 소속의 국회의장 재스퍼 창Jasper Tsang이 휴회를 거부하고 표결을 속행했다. 소란이 벌어지는 사이에 투표 불참 결의를 듣지 못한 몇몇 친중국계 의원이 투표에 임해 정족수가 채워졌다. 직선제 개정 투표에 전체 의원 70명 중 36명이 참여했고, 찬성 8 대 반대 28로 부결되었다(심지어 친중국계 의원 한 명은 반대표를 던지기도 했다). 표결에 참여한 친중국계 의원들을 향해 친중국 지지자들의 분노가 쏟아진 것은 당연한 결과다. 베이징 당국도 홍콩 행정장관 직선제안 부결을 놓고 "당황스러운 일"이라는 논평을 냈다. 그럼에도 체면을 중시하는 중국은 이 일을 '실수'라고 인정할 수밖에 없었다. 입퀵힘과 재스퍼 창은 공개 사과를 했고, 신민당의 레지나 입은 친중국계 라디오 방송에 나가서 눈물을 흘리며 사죄했다.

우산혁명의 주역들은 행정장관 직선제 부결에 대해 일제히 환영의 뜻을 표했지만, 중도적인 입장의 시민들은 도대체 무슨 일이 벌어진 것인지 갈피를 잡지 못했다. 엄연히 민주파의 승리처럼 보였지만, 홍콩 내부에서는 정말 이긴 게 맞느냐는 의문도 제기됐다.

2015년 당시 홍콩 의회 정당별 의석수와 성향

	정당	의석수	정치적 성향
친중국계 정당	민건련DAB	9	1992년 만들어진 실질적 친중국계 여당. '중국을 사랑하고 홍콩을 사랑한다'가 모토이다.
	홍콩노동조합연맹 FTU	3	홍콩 제1 노총. 1967년 좌파 폭동의 주역. 강경 친중국계.
	자유당Liberal Party	1	친기업계. 최저임금, 노동조합의 단체교섭권 독점 금지 등을 주장한다. 기본법 23조 사태 때는 민주계 입장을 지지하기도 했다.
	신민당New People's Party	2	2003년 기본법 23조 사태 때 실각한 레지나 입의 개인 정당이다. 정강 정책상으로는 보편적 참정권을 지지한다.
	서구룡뉴다이내믹	1	삼수이포, 야우침몽 지역의 정당이다.
	친중국 무소속	1	
민주계 정당	공민당Civic Party	5	중도 좌파 정당. 최저임금제 강화와 보편적 참정권을 주장한다.
	민주당Democratic Party	4	홍콩에서 가장 오래된 민주계 정당이다. 초기에는 홍콩에 대한 중국의 주권 회복을 지지했다. 일국양제를 지키려는 자유주의적 온건파의 리더이다.
	노동당Labour Party	3	사민주의 정당이다. 홍콩 정당 중 최초로 LGBT 차별 금지 정책을 주장했다.
	인민역량People Power	3	직접민주주의를 주장하는 급진 좌파 정당으로, 사회민주전선의 강경파가 분당해 만들었다.
	사회민주전선LSD	1	홍콩에서 가장 오래된 사민주의 정당이다. 전통적으로 민주계의 급진파에 속한다.
	환경과노동자서비스센터NWSC	1	사민주의 정당이다. 청소년과 노동자 교육 센터의 활동가들이 만든 정당이다.
	신민주당Neo Democrats	1	민주당 분당파이다. 민주당과 비슷한 정강 정책을 가지고 있지만 중국 문제에 대해서 비타협적인 입장을 취한다.

시진핑과 여섯 여인

홍콩은 중화권에서는 흔치 않은 사상의 용광로이다. 예로부터 정치적 권리는 약했지만 시민에게 허용된 자유는 아시아 최고를 자랑했다. 알다시피 중국에는 언론, 출판, 집회, 결사의 자유가 없다. 오늘날 홍콩은 중국과 지하철로 연결되어 있다. 카오룽반도에 있는 홍함 역에서 열차를 타고 로후羅湖 역에서 내린 뒤 걸어서 접경을 넘어가면 바로 중국 선전이다. MTR을 타고 가는 데 고작 45분이 걸리고, 얼마 전에 문을 연 웨스트카오룽 역에서 고속철을 타면 20분 만에 도착한다.

기본적으로 중국인이 홍콩을 방문하기 위해서는 자신의 호적지를 방문해 통행증을 발급받아야 하지만 홍콩 주변 도시에 사는 중국인에게는 이런 절차가 필요 없다. 부동산이 비싼 홍콩에서 벗어나 선전에 거주하며 홍콩으로 출퇴근 혹은 등하교하는 홍콩 시민이 많고, 그 반대인 경우도 흔하다. 중국인의 홍콩 방문 혹은 홍콩인의 선전 방문은 지하철역 개찰구를 통과하는 일보다 조금 더 번거로운 수준이다. 홍콩과 중국의 거리는 물리적으로도, 또 심리적으로도 멀지 않다. 중국 출입국사무소의 관리는 통행증을 가진 중국 인민이 홍콩을 들락거리는 걸 그저 옆 동네에 쇼핑을 다녀온 정도로 간주하며, 실제로 양쪽을 오가는 보따리상도 많다.

사정이 이렇다 보니 중국에서 각종 불량 식품 사건이 터지면 그 여파가 가장 먼저 홍콩에 불어닥친다. 2008년 중국산 분유에서 멜라닌이 검출되어 네 명의 유아가 사망하고 5만 3000

명이 신부전과 신장결석으로 쓰러졌을 때 중국 보따리상들이 선전·홍콩 접경을 넘어와 분유를 사재기하는 통에 홍콩 아이들이 먹을 분유까지 모조리 동나버렸다. 이처럼 접경에서의 소지품 검사라는 게 사실상 무의미하다. 누군가는 느슨함을 틈타 밀수를 꿈꿀 테지만, 또 누군가는 중국에서는 찾아볼 수 없는 지식의 유통을 꿈꾸기도 한다.

홍콩은 중국에서는 구할 수 없는 온갖 책들의 보고이다. 중국은 사소한 이유로 여러 책에 '불온서적' 딱지를 붙여서 유통을 금지한다. 그 탓에 의식이 깬 이들은 늘 지적으로 굶주려 있다. 이들의 갈증을 풀어주는 가장 가까운 해우소가 바로 홍콩이다. 홍콩에서는 중국 권력의 내부에 관한 온갖 시시콜콜한 책이 유통된다. 아이러니하게도 이 정보의 소비자는 중국인이다. 게다가 자신이 가진 비밀 정보를 비싼 값에 팔거나 가명으로 중국 내부의 문제를 고발하는 책을 내려는 사람도 넘쳐난다.

만약 본토에서 기밀 해제된 공산당 문건이 있다 해도 중국에서는 책으로 엮지 못한다. 하지만 홍콩으로 간다면 이야기가 달라진다. '폭로! 비밀 해제 문건을 통해 본 중국 공산당의 추악한 실태' 같은 르포는 바로 이렇게 만들어진다. 마오쩌둥이 '민족혼'이라고 극찬했지만 정작 사생활이 꽤나 자유분방해서 자신의 제자와 사랑에 빠졌던 루쉰의 연애편지가 가장 먼저 출간된 곳도 홍콩이다. 이름을 밝힐 수 없는 전직 공산당 고위 관료의 회고록은 너무나 흔해서 누구의 말이 사실인지 구분할 수 없을 지경이다.

뒤에서 다시 다루겠지만, 2020년에 홍콩 국가보안법이 제정되기 전까지는 적어도 홍콩에서만큼은 중국 공산당을 비난할 수 있었다. 이 또한 정치적 권리는 적지만 시민으로서의 권리만큼은 충분히 누릴 수 있었던 홍콩식 민주주의의 한 단면이다.

당신이 중국 윈난성의 공산당 고위 간부라고 가정해보자. 10년마다 돌아오는 공산당 중앙의 권력 교체기가 도래했다. 후진타오의 후임으로 시진핑이 취임할 예정인데, 전과 달리 내부의 권력 투쟁이 치열한 느낌이다. 관영 CCTV는 이런 사실을 일절 보도하지 않지만 간부들의 분위기가 심상치 않다. 유학을 간 아들에게 미국에서는 뭐라고 하느냐고 물어보니 충칭의 서기를 지낸 보시라이薄熙來와 시진핑이 암투를 벌이고 있는 것 같다고 알려준다.

참으로 난감한 상황이다. 줄을 잘못 섰다가 몰락한 집안이 주변에 수두룩하다. 이럴 때일수록 정신을 바짝 차려야 한다. 인맥을 동원해 베이징을 수소문해봤지만 모두 다 "나도 잘 모르겠다"라고만 한다. 도대체 누구에게 걸어야 당신이 살 수 있을까? 쓸 만한 대답을 듣고 싶다면 홍콩으로 가야 한다. 왜? 홍콩의 인쇄소에서는 이런 이야기가 1년 365일 쉬지 않고 돌아가고 있다.

센트럴에서 MTR을 타고 세 정거장을 가면 코즈웨이베이 역에 도착한다. 센트럴이 금융가이자 최고급 레스토랑과 호텔이 몰려 있는 홍콩 제일의 번화가라면, 코즈웨이베이는 훨씬 밝고 경쾌한 쇼핑가와 현대적인 호텔이 밀집해 있는 부유한 젊음의 거리이다. 홍콩은 임대료가 비싸기로 유명한데, 그중에서도 가장 비싼 곳은 센트럴이 아니라 코즈웨이베이이다. 단지 비싼 정도

"홍콩에서는 중국 권력의 내부에 관한
온갖 시시콜콜한 책이 유통된다.
이 또한 홍콩식 민주주의의 한 단면이다."

가 아니라, 뉴욕 맨해튼의 5번가를 넘어 임대료가 세계에서 가장 비싼 지역으로 등극했다. 그만큼 소비력을 갖춘 유동인구가 많다는 말이다.

이 비싼 동네에 서점이 하나 있다. 이름도 '코즈웨이베이서점銅鑼灣書店'이다. 코즈웨이베이 역 D2번 출구로 나와 일본계 백화점 체인인 소고백화점을 등지고 서면 거대한 푸른색 입간판이 보인다. 그 위에 걸린 작은 간판이 여기에 서점이 있음을 알려준다. 1994년 개업한 이 서점은 출판사도 겸했는데, 한마디로 말해서 중국이 싫어할 책만 만들고 판매하는 회사이다. 이 서점에는 유독 마스크나 선글라스, 모자로 얼굴을 가린 손님이 많다. 점주에 따르면 여기에 온 사실이 알려지면 안 되는 중국 사람이라고 한다.

서점은 공개된 장소에 있었지만, 부설 출판사에서 책을 낸 사람들은 신원이 밝혀지면 곤란한 경우가 많았기 때문에 그들의 행방은 담당자만 알고 있다고 했다. 이 서점에 오는 외국인 손님도 중국 정치에 대한 기사를 써야 하는 기자나 르포 작가 등이 대부분이었다. 반대로 말하면 홍콩 사람들에게는 그다지 특별하지 않던 서점이다.

어느 날 이 서점을 둘러싸고 연쇄 실종 사건이 발생했다. 2015년 10월부터 서점 관계자가 한 명씩 사라졌다. 바로 이 시기에 서점의 출판사는 『시진핑과 여섯 여인』이라는 책을 만들고 있었다. 누군가가 중국에서 들고 온 비밀 자료를 바탕으로 쓴 책인데, 시진핑의 여성 편력을 폭로하는 내용이었다.

권위주의적 정부일수록 최고지도자를 신성불가침의 존재로

올려놓는다. 심한 경우에는 지도자의 가족까지 신격화하기도 한다. 신성 모독을 우려한 중국의 누군가가 이 책의 출간을 막고 싶어 했을 것이다.

10월 14일 코즈웨이베이서점의 사장이자 32퍼센트의 지분을 가진 대주주 루이보呂波가 실종됐다. 그가 마지막으로 목격된 곳은 서점이다. 이때만 해도 이 사건이 연쇄 실종으로 이어질 줄은 아무도 몰랐다. 사흘 후인 10월 17일, 역시 대주주이자 스웨덴 국적자인 꽈이만호이桂民海가 태국 파타야에서 실종됐다. 10월 24일에는 서점의 창립자인 람윙케이林榮基가 사라졌고, 10월 26일에는 서점 직원인 쩡지핑張志平이 중국 둥관에 있는 집에서 괴한에게 끌려갔다. 마지막으로 12월 30일에는 또 다른 주주인 레이보李波가 실종됐다.

도대체 무슨 일이 일어난 것일까? 범인들이 중국을 비판하는 책을 출간하는 출판인과 그들에게 정보를 제공하는 공산당 내부의 밀고자를 향해 경고를 보낸 건 분명해 보였다. 꽈이만호이의 국적은 스웨덴이고 거주지는 독일이다. 그는 코즈웨이베이서점이 경영난에 허덕일 때 자금을 지원한 이른바 '엔젤 투자가'였으며 중국으로부터 입수한 수많은 정보를 바탕으로 책을 쓴 작가이기도 했다. 책에는 민감한 내용이 많이 담겨 있었기 때문에 그는 가명을 사용했고, 해외를 전전하며 작업을 이어갔다. 참고로 꽈이만호이는 베이징대학 역사학부 출신으로 스웨덴 유학 당시 6·4 천안문 학살을 보고 귀화를 결심했다. 그는 파타야에 있는 자신의 별장에서 사라졌다. BBC의 탐사 보도에 의하면 꽈이만호이의 실종 후 네 명의 중국인이 별장 관리인에게 친구를 사칭하고 안으로 들어가 컴퓨터를 가져갔다고 한다. 관리인은 그들이 꽈이만호이가 도박 빚 때문에 캄보디아에 억류되어 있다고 말했다고 증언했다.

한편 홍콩인인 람웡케이는 10월 23일 자신의 컴퓨터에 접속한 기록을 마지막으로 남겨놓고 사라져버렸다. 람웡케이의 부인이 경찰에 신고를 한 건 실종 12일째인 11월 5일이다. 그런데 황당하게도 경찰에 실종 신고를 접수하자마자 람웡케이에게 전화가 와서 신고를 철회하라고 했다고 한다. 상황이 이상하게 돌아가는 걸 눈치챈 홍콩 경찰은 출입국관리소에 람웡케이의 출입국 기록 조회를 요청했는데, 출입국관리소가 이를 거절했다. 11월 6일, 연쇄 실종을 이상하게 여긴 『빈과일보』와 『명보明報』가 사건을 보도하자 람웡케이는 해당 언론사에 자신이 무사하다는 사실을 알렸다.

언론 보도가 잇따르던 시기, 꽈이만호이도 독일에 있는 부인에게 전화해서 자신은 무사하며 곧 돌아갈 테니 걱정하지 말라고 한 뒤 바로 끊었다.

이 무렵 코즈웨이베이서점의 관계자 중 홀로 남은 레이보는 극도의 불안에 시달리며 사람들에게 자신의 거처를 알렸다. 그러던 12월 30일 서점으로 책 배달 요청이 들어왔다. 레이보는 오후 6시쯤 책을 싸들고 서점에서 나왔고, 엘리베이터에서 내린 직후에 납치되었다. 다음 날 레이보의 아내가 실종 신고를 냈다. 신고가 접수되고 나흘째인 2016년 1월 4일 레이보가 자필로 쓴 팩스를 집으로 보냈는데, 거기에는 "관계 당국의 수사를 돕기 위해 나만의 방법으로 중국에 입국했다. 현재 상황은 좋다. 모든 것이 정상이다. 실종 신고를 철회해라"라는 내용이 적혀 있었다. 하지만 홍콩법상 실종 신고는 당사자만 철회할 수 있다. 즉 실종 신고가 접수된 모든 사건에 경찰이 사건 번호를 부여한다는 뜻이다.

2016년 1월 중국 CCTV

중국이 이들을 납치한 것이라면 홍콩기본법을 위반한 심각한 사건이다. 중국 정부는 어떤 이유로도 홍콩 시민을 체포하거나 본토로 데려갈 수 없다. 심지어 코즈웨이베이서점 연쇄 실종 사건의 피해자들은 출입국 기록도 남아 있지 않았다. 하지만 대부분의 홍콩 언론은 이 사건을 제대로 보도하지 않았다. 『빈과일보』와 『명보』만이 사건을 추적했을 뿐이다. 사건에 대한 조사가 지지부진하자 학민사조 출신의 여성 운동가 아그네스 초우가 유튜브를 통해 이들의 실종을 알렸다. 그러자 외신이 따라붙었다.

2016년 초 홍콩 행정부 신년 기자회견 때 기자들이 실종 사건의 진위를 물었다. 당시 홍콩 행정부의 캐리 람Carrie Lam 정무국장은 답변을 피한 채 "새해 복 많이 받으세요"라고 대답했다. 존 리 경무처부장은 본토에서 개입했을 가능성을 일축하며 함부로 추측하지 말라고 경고하기도 했다. 1월 4일에는 행정장관 렁춘잉이 신년 기자회견을 열었다. 그는 경찰이 최선을 다해 납치 사건을 수사 중이니 기다려달라고 당부했다.

그러던 1월 17일, 별안간 두 번째 납치 피해자인 꽈이만호이가 중국 CCTV에 등장했다. 그는 2003년 중국 저장성浙江省 닝보에서 음주운전을 하다가 사고로 여학생 한 명을 죽여 징역 2년에 집행유예 2년을 선고받았으며, 지금까지 집행유예를 피하기 위해 외국을 전전했지만 더 이상 죄책감을 견디지 못하고 자수했다고 말했다. 1월 18일에는 레이보가 뉴스에 나왔고, 때맞춰 중국 공안국도 홍콩 정부에 레이보가 중국에 있다고 통보했다. 레이보는 2월 29일 중국 관영 국제 뉴스 전문지인 『환구시보環球時報』와도 인터뷰를 했다. 그는 친구의 도움으로 밀입국했기 때문에 출입국관리소에 자신의 출국 기록이 남아 있지 않다고 설명하고, 자신은 납치당하지 않았다고 강변했다. 같은 날 위성 TV 채널인 '봉황망'에도 납치 피해자들이 등장했다. 레이보와 람윙케이, 쩡지펑이 함께 출연해서 자신들은 꽈이만호이의 수사를 돕기 위해 자발적으로 중국에 왔다고 주장했다. 특히 레이보는 영국 국적을 포기할 테니 영국 정부는 더 이상 자신의 신변을 문제 삼지 말라고 말했다. 영국 외교부는 자국민을 안전하게 인도하라고 중국에 요구했고, 중국은 "레이보가 영국 국적자인 것은 맞지만 혈연적으로 중국인이니 우리에게 우선권이 있다"는 주장을 펼치며 설전을 벌였다. 대부분의 홍콩 시민은 실종자들이 중국 방송에 나와서 "자발적으로 중국으로 건너왔다"라고 하는 말을 믿을 수 없었다.

돌아온 사람들

2016년 3월 4일이 되자 실종자들이 실종될 때만큼이나 의심스럽게 홍콩으로 돌아왔다. 루이보와 쩡지핑은 덩그러니 선전과 홍콩의 접경에 나타났고, 출입국관리소에 파견되어 있던 경찰이 이들의 입경을 상부에 보고하면서 그 소식이 알려졌다. 두 사람은 홍콩 경찰의 실종 수사를 거부하고 종결 처리만을 요구했고, 그동안 무슨 일을 겪었는지에 대해서 지금까지 입을 다물고 있다.

레이보는 3월 24일 홍콩으로 돌아와서 SNS에 사진을 올렸다. 그는 단 하루만 홍콩에 머문 뒤 중국에 구금된 꽈이만호이를 돕겠다며 정체를 알 수 없는 남성과 함께 승합차를 타고 중국으로 돌아갔다. 차에 타기 직전에 언론과 한 짧은 인터뷰가 그의 마지막 모습으로, 이후의 행방은 알려지지 않고 있다. 점장 람윙케이는 2016년 6월 14일에 홍콩으로 돌아왔다. 그도 앞의 두 사람과 마찬가지로 출입국관리소에 실종 사건을 종료해달라고 요청했다.

그런데 사흘 뒤인 6월 17일 람윙케이가 민주당 의원인 앨버트 호Albert Ho와 함께 방송사 카메라 앞에 나타나 자신의 납치 사실을 폭로했다. 그의 증언에 의하면 실종일인 10월 24일 선전에서 공안에 연행된 뒤 별다른 조사 없이 의자에 앉아 밤을 지새웠고, 다음 날 눈가리개와 수갑을 찬 채 기차를 타고 닝보로 끌려갔다. 그는 좁은 방에 갇힌 채 24시간 내내 감시당하며 서점의 운영과 주요 고객에 대해 조사를 받았다. 람윙케이는 입고 있던 재킷에서 실을 뽑아 하루가 지날 때마다 매듭을 묶어서 시간의 흐름을 기록했다. 그가 구금에서 풀렸을 때의 매듭은 124개, 사흘째부터 매듭을 묶었으니 총 126일간 구금되었던 셈이다. 그는 육체적 고문은 없었지만 가족과 연락할 수도 없었고, 공안의 언어폭력에 시달렸다고 했다. 2월 29일의 봉황망 인터뷰도 그들이 준 대본을 읽은 것이라고 밝혔다. 이후 람윙케이는 광둥성 사오관韶關의 한 도서관에 배속되었다고 했다. 람윙케이는 중국에 머무는 동안 사상 교육을 받았으며, 그 교육에 동화된 사람처럼 행세했다. 이후 중국이 어느 정도 자신을 신뢰하는 듯하자, 코즈웨이베이서점의 컴퓨터에서 고객 명단을 가져오겠다는 명목으로 홍콩 방문을 요청했다. 2016년 6월 14일 그는 감시원 한 명을 대동한 채 홍콩으로 돌아왔다.

람윙케이는 홍콩에 도착했을 때만 해도 자포자기한 상태였다고 한다. 출입국관리소에 실종 사건의 취하를 요청한 것도 중국의 지시였다. 그러다 인터넷을 보고 자신들의 납치 사건이 이슈가 되었고, 무엇보다 6000명이나 되는 사람들이 거리로 나와 납치자의 석방을 촉구하는 시위를 벌였다는 사실을 알게 되었다. 그는 용기를 내서 기자회견을 열고 자신이 중국에게 납치당했다는 사실을 알렸다. 그날 카메라 앞에 서서 그가 한 말은 홍콩 사람들의 가슴을 무겁게 짓눌렀다.

"지하철을 탔는데 한 무리의 학생이 웃으며 이야기하고 있었습니다. 저쪽에는 고개를 숙인 채 스마트폰 화면을 보는 사람이 있었죠. 임신한 여성이 탑승하자 누군가가 좌석을 양보했습니다. 같은 칸에 있던 사람들 가운데 나를 제외한 모두가 자신의 의지로 행동하고 있더군요. 홍콩에 왔지만 제게는 자유가 없다는 사실을 깨달았습니다. 저를 감시하던 시 씨가 제게 말하더군요. '다시 홍콩에서 사는 게 허락되더라도 너는 이곳에서 일어나는 일을 우리에게 보고해야 해.' 중국의 눈과 귀가 되라는 말이었지요. 나의 자유만 잃는 게 아니라 주변 사람들까지 배신해야 한다는 겁니다. 내가 오늘 이들에게 굴복한다면 내일은 공범이 되고, 급기야 더 많은 사람이 저들에게 복종하게 될 것입니다. 오늘 내가 영혼을 팔면, 내일은 다른 사람들이 영혼을 팔게 되겠죠."

돌아오지 못한 사람

『시진핑과 여섯 여인』의 저자로 추정되는 꽈이만호이는 결국 홍콩으로 돌아오지 못했다(2019년 호주로 망명한 전 중국 스파이 왕리창王立強은 꽈이만호이가 아니라 레이보가 이 책의 저자라고 주장했다). 2015년 10월 닝보의 중급 인민법원은 꽈이만호이의 집행유예를 철회하고 징역 2년을 선고했다. 꽈이만호이는 2년간 감옥에서 복역한 뒤 2017년 10월 석방되었지만, 코즈웨이베이서점과 관련한 사건에 대해 여전히 조사를 받고 있다. 꽈이만호이가 석방된 시점부터 스웨덴은 꽈이만호이의 송환을 위해 외교적 노력을 기울였다.

당시 꽈이만호이는 근위축성측삭경화증을 앓고 있었는데, 이 질환은 신경의 장애가 뇌와 척수로 퍼지면서 점차 마비에 시달리다 죽게 된다. 발병 이후 사망까지 2~4년이 걸리는 것으로 알려져 있기 때문에 스웨덴 당국은 그를 스웨덴으로 데려가 치료하게 해달라고 중국을 설득했다.

2018년 1월 20일 상하이 주재 스웨덴 영사관 직원 두 명이 닝보에 머물던 꽈이만호이를 베이징으로 이송하고 있었다. 그들이 탄 기차는 오후 2시에 지난시齊南西 역에 도착했는데, 갑자기 공안이 들이닥쳐 꽈이만호이를 끌고 갔다. 현장에는 스웨덴 영사도 있었지만 아무 소용이 없었다.

당시 상황에 대해서 양국의 주장이 엇갈린다. 스웨덴 영사 리셋 린더Lisette Lindahl는 중국 외교부가 꽈이만호이의 송환에 동의했다고 주장했지만, 중국은 이 부분에 대한 확인을 거부했다. 2월 8일 스웨덴 국제펜클럽은 꽈이만호이가 언론의 자유를 위해 투쟁한 점을 인정해 투콜스키상을 수여했다. 이 상은 20세기 초 나치에 맞서다 스웨덴으로 망명한 독일 작가 투콜스키Kurt Tucholsky를 기리는 상이다. 중국에 수감된 꽈이만호이를 대신해 스웨덴 문화부장관인 아만다 린드Amanda Lind가 대리 수상했는데, 수상 연설에서 "국가는 예술적 표현의 자유, 혹은 언론의 자유를 공격할 자유를 가져서는 안 된다"라고 말했다. 스웨덴 주재 중국대사는 즉각 반박 성명을 발표하고 스웨덴이 "범죄자이자 거짓말쟁이에게 표창을 했다"고 비난했다.

꽈이만호이는 수상 다음 날인 2월 9일에 외신 기자회견을 자청했다. 공개 기자회견은 아니었고 중국 당국이 부른 기자만 참석할 수 있었다. 이 자리에서 그는 "스웨덴은 나를 속이고 데려가려고 했다"라고 주장하며 "이 모든 책임은 스웨덴 당국이

져야 하며, 투콜스키상의 수상을 거부한다"라고 말했다. 이후
중국은 꽈이만호이가 스웨덴 외교관에게 국가 기밀을 넘겼다며
간첩죄를 적용했다. 꽈이만호이의 변호사가 피의자는 스웨덴
국적이고 자국의 외교관을 만났을 뿐이라고 항변했지만 소용없
었다. 꽈이만호이는 다시 10년 형을 선고받았고, 지금도 중국에
서 복역 중이다.

8.

피시몰 해물무침

혁명 전야

한국에서는 어묵을 '오뎅'이라고도 부르며 이 음식이 일본에서 왔다고 생각하지만, 어묵은 본래 중국에서 기원했다. 참고로 홍콩에서는 어묵을 피시볼fishball, 또는 광둥어로 위단魚蛋이라고 부른다(이 장에서는 명칭을 피시볼로 통일하겠다). 무려 4000년 전, 중국 전설 속에 등장하는 삼황오제 중 한 명인 순임금 시절에 '보'라는 어부가 식욕을 잃은 순임금을 위해 생선살을 으깨서 경단처럼 굴린 뒤 끓여서 바쳤다고 하는데 이것이 최초의 피시볼이다. 요즘처럼 탱글탱글한 피시볼은 나중에 일본을 통해 한국에 전파된 것으로 추정된다.

피시볼을 만들 때는 기름진 생선살은 쓰지 않는다. 기름기가 많으면 부패 속도가 빨라지기 때문이다(한국의 어묵도 대부분 기름기 없는 명태살로 만든다). 그러나 연근해 어업에 의존한 과거에는 생선 수급이 불안정했고, 특히 명태 같은 생선은 수온이 따듯한 홍콩에서는 잡히지 않는다. 그래서 홍콩에서는 여러 생선을 섞어서 피시볼을 만들었다. 때로는 민물 생선으로 만들기도 했다. 민물 생선은 향이 강하고 더 빨리 부패하기 때문에 냉장고가 없던 시절에는 보관이 매우 힘들었다.

홍콩인들은 피시볼의 냄새를 가리기 위해 영국에서 온 매운 커리를 함께 먹기 시작했다. 세포이sepoy(동인도 회사가 영국인 장교 아래에 둔 인도인 용병을 뜻한다)가 가져온 매콤한 향신료는 피시볼의 비린내를 가릴 수 있었다. 이후 커리와 피시볼은 홍콩 거리의 노포와 가정집 곳곳으로 스며들었다. 카오룽반도의 북쪽에 자리 잡은 레이디스마켓 야시장은 주말마다 불야성을 이룬다. 그곳에서 가장 인기 있는 메뉴가 바로 꼬치에 끼운 피시볼을 매운 카레에 찍어 먹는 '커리 피시볼'이다.

그런데 왜 난데없이 피시볼이냐고?

더운 지역이 대개 그렇듯 홍콩도 한때는 '노점 천국'이었다. 많은 홍콩인이 거리에서 음식을 팔아 생계를 유지하고, 또 그 음식을 먹으며 살았다. 노점은 오랫동안 '홍콩다움'의 상징이었다. 그러다 2000년대가 되자 당국이 노점을 단속하고 노점에 발급한 허가증의 수를 줄이기 시작했다. 지역 활동가들은 이 조치로 인해 홍콩다움이 사라졌다고 탄식한다.

그러던 중 2005년에 80년 역사를 자랑하던 포장마차 국수집 '만웬민가民園麵家'의 영업권을 가진 이가 사망했다. 당시에 홍콩은 포장마차인 다이파이동大牌檔(홍콩의 노천 간이음식점을 총칭하는 이름이다)의 숫자를 줄이기 위해 면허 취득자가 사망하면 면허를 말소했다. 그런데 만웬민가는 면허 취득자와 실제 운영자가 달랐다. 무학이던 사장이 친척에게 노점 허가를 받아달라고 부탁했었기 때문이다.

이 가게를 사랑하던 3000여 명의 시민이 폐점을 막기 위해 서명을 벌였지만 정부의 결정을 되돌릴 수 없었다. 잇달아 100년 노포 '육입팀반玉葉甜品'도 비슷한 이유로 문을 닫을 뻔했으며 에그타르트로 유명한 타이청베이커리Tai Cheong Bakery는 치솟은 임대료를 감당하지 못하고 폐업을 선언했다. 홍콩 시민들은 삶을 같이해온 노점이 정부에 의해 폐점되고 가파르게 오른 임대료를 감당하지 못해 사라지는 상황을 중국 반환 이후 홍콩

의 가치가 말살되는 과정이라고 여겼다. 이 시기를 거치며 홍콩
다움을 보존하기 위해 투쟁한 사람들은 훗날 로컬리스트, 즉 홍
콩 독립론자로 성장하게 된다.

2016년의 음력설은 2월 8일 월요일이었다. 통상 홍콩의 설
연휴는 사흘인데, 한국처럼 설 앞뒤로 하루씩 쉬는 게 아니라
설 당일 뒤 이틀이 휴일이다. 2016년에는 설이 월요일인 까닭
에 주말이 더해져 닷새의 연휴가 생겼고, 당연히 금요일 밤부터
연휴 분위기가 물씬 풍겼다.

홍콩 안에서는 친지를 방문하는 데 아무리 멀어도 한 시간이
걸리지 않는다. 따라서 사람들은 일찌감치 친지를 방문한 뒤에
쇼핑가를 구경하며 노점에서 음식을 사 먹는다. 관행적으로 설
연휴에는 무허가 노점도 허용되기 때문에, 야우마테이에서 삼
수이포로 이어지는 구도심의 쇼핑가가 포장마차로 가득 찬다.

그런데 2016년에는 정부가 설 기간에 노점 단속을 예고하
며 상황이 급변했다. 코즈웨이베이서점 실종 사건으로 사람들
이 극도로 예민할 때였다. 곳곳에서 '정부가 명절까지 통제하려
한다', '홍콩다움을 말살하려는 음모'라는 소문이 퍼졌다. 결국
설 전날인 2월 7일에 삼수이포의 꿰린스트리트桂林街에서 소동
이 벌어졌다. 삼수이포 지구는 원래 노점이 많은 지역인데, 설
연휴가 되면 발 디딜 틈이 없을 정도로 빼곡히 찬다. 그런데 바
로 이때 식품환경위생부FEHD가 단속을 시작했다.

이날 지역 활동가이자 2014년 우산혁명 당시 텐트촌에서
민주주의 교실을 운영했던 홍콩이공대학의 강사 라우씨우라이
劉小麗가 현장에서 체포됐다. 그는 꿰린스트리트 야시장의 노점

과 연대한다는 의미로 오징어 버터 구이 노점을 열고 있었다. 단속이 시작되자 다른 가게는 부리나케 철수했는데 그는 자리를 지켰고, 결국 공무집행 방해와 무허가 노점 운영 등의 혐의로 체포되었다. 라우가 연행되자 지역운동 단체인 본토민주전선本土民主前線과 열혈공민熱血公民이 노점을 보호하자는 격문을 페이스북에 띄웠다(참고로 본토민주전선의 '본토'는 중국이 아니라 홍콩을 가리킨다. 홍콩인에게 본토란 홍콩이며, 중국은 내지內地이다).

설 당일에는 FEHD와 노점, 활동가 연합이 몽콕의 랭함플레이스에서 충돌했다. 약 300여 명의 본토민주전선 회원이 노점을 에워싸고 단속을 막았다. 얼마 후 FEHD는 경찰에 지원을 요청했다. 양쪽은 새벽 2시까지 대치했으며, 이윽고 경찰 한 명이 하늘을 향해 공포탄 두 발을 발사했다.

사람들은 총소리가 들리면 본능적으로 바닥에 엎드린다. 아마도 이것이 공포에 대한 기본 반응일 것이다. 그런데 이날 본토민주전선 활동가들의 분노는 공포를 뛰어넘었다. 총소리가 들리자 그들은 더욱 흥분했다. 집에서 유튜브로 이 장면을 지켜보던 청년들의 가슴에도 불이 붙었다. 이들은 즉시 문을 박차고 나와 랭함플레이스로 달려왔고, 그러지 못한 이들은 해시태그 #fishballrevolution을 전 세계의 SNS로 전파했다. 경찰 특수부대까지 출동하고 나서야 시위대는 흩어졌다. 상황이 정리되었을 때 시계는 오전 7시 15분을 가리키고 있었다. 이날 1967년 반영폭동 이후 가장 많은 수인 61명이 경찰에 연행되었다. 홍콩 정부는 이 사건을 '폭동'으로, 시위대를 '폭도'로 규정했다.

친중국계 의원들은 입을 모아 폭도를 색출해야 한다고 외쳤고, 민주계 의원들은 폭력을 용납할 수는 없지만 경찰이 먼저 폭력을 휘둘렀고 시위대는 그것에 저항한 것이라고 주장했다. 이제는 거물이 되어버린 조슈아 웡도 정부가 먼저 평화 시위를 보장해야 한다는 입장을 폈다.

2014년과 달라진 점이 있다면, 2014년의 시위대는 사소한 폭력도 꺼렸다. 시위 현장은 늘 깨끗해야 했고, 몽콕에서 폭력배들과 맞붙었을 때도 말싸움을 하는 데 그쳤다. 그런데 2016년 설날에 발생한 폭력 사태에 대해서는 시위대를 비난하는 목소리가 크지 않았다. 1967년 이후 폭력에 알레르기 반응을 보이던 홍콩으로서는 큰 변화였다.

그리고 이날 소수의 시위대가 "광복홍콩 시대혁명光復香港 時代革命"이라는 구호를 처음으로 외쳤다. 이 구호가 3년 후 온 홍콩을 뒤덮을 것이라고는 아무도 예상하지 못했다.

민주파의 대약진: 2016년 홍콩 6대 입법회 선거

홍콩 의회는 직능대표 몫 35석이 고정되어 있기 때문에 기본적으로 야당(민주계)이 여당(친중국계)을 견제하기 어려운 구조이다. 그렇다 보니 민주계는 의회 선거에서 1차로 지역구 의석 35석에서 친중국계를 이기고, 2차로 홍콩기본법 개정을 저지할 수 있는 24석을 확보하는 것을 목표로 삼는다.

우산혁명과 홍콩 행정장관 선출에 관한 기본법 변경 거부, 그리고 2016년 2월의 피시볼혁명을 겪으며 많은 사람이 새 시

光復香港
FREE HONG KONG · REVOLUTION NOW
時代革命

"광복홍콩 시대혁명.
이 구호가 3년 후 온 홍콩을 뒤덮을 것이라고는
아무도 예상하지 못했다."

대가 오고 있다고 느꼈다. 이제 사람들은 다음에 올 과정을 바라보기 시작했다. 변화의 바람을 어떻게 선거로 이끌어갈 것인가? 우산혁명의 패배를 받아들이고 그 자리에 멈출 것인가, 아니면 패배를 극복하고 앞으로 나아갈 것인가? 2016년의 총선은 홍콩의 변화를 확인할 장이었다.

선거를 앞두고 창당이 잇따랐다. 2012년부터 홍콩 민주화 운동에서 중요한 역할을 한 조슈아 웡은 학민사조를 해체하고 '데모시스토당'을 만들었다. 그는 피선거권 나이 제한에 걸려서 출마할 수 없었지만, 그의 정치적 동반자인 네이선 로Nathan Law가 출마를 선언했다. 당을 만들기 어려운 조직들은 연합체를 꾸렸다. 피시볼혁명의 주역 중 하나인 열혈공민은 사실상 홍콩 독립파라 할 수 있는 '홍콩부흥회'를 세운 뒤 사민주의 조직인 '프롤레타리아정치연구소'와 연대했고, 여섯 개 지역의 조직은 선거를 위해 '올인홍콩All in HK'이라는 단체로 뭉쳤다. 새로운 집단이 선거에 뛰어들자 홍콩 정치에 활력이 되살아났다.

9월 4일, 드디어 투표함이 열렸다. 2012년 5대 의회의 의석 분포는 민주계 27석 대 친중국계 43석의 구도였는데, 2016년에는 민주계의 의석이 30석으로 늘어났다. 지역구 결과만 보면 19 대 16(2012년에는 18 대 17)으로 이겼다. 작은 차이지만 홍콩 반환 이후 민주 세력이 거둔 최고의 성과였다.

투표율도 홍콩 반환 이후 가장 높은 58퍼센트를 기록했다. 직전의 선거에 비해 5퍼센트 증가한 수치인데, 늘어난 표는 대부분 민주계로 향했다. 특히 정치 무관심층의 대명사였던 20~30대 유권자가 급증했다. 우산혁명은 비록 실패했지만, '청년들의 정치 참여'라는 확실한 성과를 남긴 것이다.

지역구 선거 기록을 조금 더 살펴보면 민주계는 고소득, 고학력자가 몰려 있는 홍콩섬 여섯 석 중 네 석을 획득했다. 특히 데모시스토당 소속의 네이선 로는 홍콩섬(지역구)에서 득표율 2위를 기록하는 기염을 토했다.

"우산혁명이 실패한 이유는 나약한 대중이 비폭력을 고집했기 때문"이라고 주장하는 열혈공민 소속의 쩽총타이鄭松泰, 2047년 이후 홍콩의 독립 여부를 주민투표로 결정하자고 주장하는 청년신정당 소속(올인홍콩으로 출마했다)의 야우와이칭遊惠禎과 바기오 렁Baggio Leung, 그리고 피시볼혁명 전야에 오징어를 팔다가 연행되었던 라우씨우라이도 의회에 진출했다. 범민주계 의원의 수도 늘어났지만 전보다 훨씬 다양한 배경을 가진 청년들이 의회에 입성했다는 사실이 더 중요하다. 이렇게 2016년 홍콩 6대 입법회 선거에서 민주계는 모두 30석을 확보했다.

의원직 박탈

여기에서 시간을 조금 앞으로 돌려보자. 선거 50일 전인 7월 14일에 선관위는 모든 출마자에게 '홍콩기본법을 준수하고 홍콩특별행정구에 대한 충성을 맹세한다'는 서약을 요구했다. 기본법을 준수하라는 말은 홍콩이 중국의 일부임을 인정하라는 뜻이다. 기본법 자체가 일국양제를 바탕으로 태어났기 때문이다. 선관위는 서명을 거부한 여섯 명의 후보 자격을 박탈했다. '광복홍콩 시대혁명'이라는 구호를 만든 에드워드 렁Edward Leung은 서명 요구에 대한 사법적 검토를 요청했지만, 법원은 이를 거부했다. 홍콩 정부는 "선거에서 당선된 의원이라도 홍콩이 중국의 일부라는 사실을 부정한다면 불이익을 주겠다"고 엄포를 놨다.

이 조치는 이번 선거의 핵으로 떠오른 로컬리스트 그룹을 겨냥한 것이다. 사실 로컬리스트 그룹으로 묶인 이들의 주장이 단일하게 통일된 것도 아니다. 그동안 민주계로 불린 정치인보다 한 발 더 나아간 사상을 가진 이들의 집합일 뿐이다. 이들의 입장은 크게 셋으로 나눌 수 있다.

> 1. 홍콩 자결파: 홍콩의 운명은 홍콩인이 지켜야 한다는 관점으로, 항인치항을 강력히 고수한다. 조슈아 웡의 데모시스토당이 여기에 속한다.
> 2. 본토파: 홍콩은 중국과 다른 역사적 맥락을 가지고 있기에 중국은 이를 존중해야 하며, 홍콩의 본토는 중국이 아닌 홍콩 그 자체라고 주장한다. 민주주의기초당이 대표적이다.
> 3. 홍콩 독립파: 홍콩이 국가로 독립해야 한다는 입장이다. 2016년 이전에는 본토파의 소수 의견이었다. 2016년 선거에서 출마 자격을 박탈당한 에드워드 렁이 대표 인물이다.

2016년 10월 12일 중화인민공화국 홍콩특별행정구 6대 의회가 개원했다. 의원들은 개원식에서 기본법 104조(주요 관료, 의원, 판사는 취임 시 본 기본법을 지키고, 중화인민공화국 홍콩특별행정구

에 충성을 맹세, 서약해야 한다)에 따라 충성 서약을 했다. 그 내용
은 아래와 같다.

> 나는 중화인민공화국 홍콩특별행정구 입법회의 의원으로
> 서 중화인민공화국 홍콩특별행정구 기본법을 준수하고 중
> 화인민공화국 홍콩특별행정구에 대한 충성을 맹세하며 양
> 심적으로, 충실히, 법에 의거해 정직하고 청렴하게 임무를
> 수행할 것이다.

그동안 민주계 의원들은 이에 대해 다양한 방식으로 항의하
고 저항했다. 예를 들어 2004년에는 사민주의 정당 LSD의 당
수이자 '홍콩의 긴 머리'로 불리는 렁꿕훙梁國雄이 의회 개원식
에 천안문광장과 체 게바라가 인쇄된 티셔츠를 입고 나와서 왼
쪽 주먹을 치켜올렸다. 소매 밖으로 드러난 그의 손목에는 천안
문의 희생자를 기리는 검은 밴드가 묶여 있었고, 그는 선서를
읽은 뒤 정치범 석방과 공산당 일당 통치 종식을 요구하며 "민
주주의 만세"라고 외쳤다. 2012년에는 인민역량 소속의 윙육만
黃毓民 의원이 선서 후 "공산 정권 타도, 렁춘잉 타도"를 외쳤다.
이때까지만 해도 아무런 문제가 없었다.

2016년 10월 12일 개원식 때는 민주계의 승리에 고무된 탓
인지 더 많은 의원이 항의에 동참했다. 렁꿕훙은 우산혁명을 상
징하는 노란 우산을 들고 왔고, 데모시스토당의 네이선 로는
"충성을 맹세하며? 양심적으로? 충실히? 법에 의거해?"라는 식
으로 어미를 높여 읽어서 선서를 의문문으로 만들어버렸다. 피

시볼혁명 전야의 영웅 라우씨우라이는 어절마다 6초간 침묵하는 방식으로 저항했다. 건축 직능 선거구에서 당선된 이우충임 姚松炎 의원은 선서문을 다 읽은 뒤 "제도적 정의를 지키고, 보편적 참정권을 위해 투쟁하며, 홍콩의 지속 가능한 발전을 위해 봉사할 것이다"라는 말을 덧붙였다.

특히 청년신정당의 바기오 렁과 야우와이칭의 저항이 인상적인데, 그들은 "홍콩은 중국이 아니다Hong Kong is not China"라고 적힌 현수막을 들고 선서 중 중화인민공화국의 영문 명칭인 'The People's Republic of China'를 'The People's Re—fucking of Chee—na'라고 발음했다. 국회의장 앤드루 렁Andrew Leung은 두 의원의 선서를 인정하지 않고 다음 회기에 다시 선서하라고 못 박았다. 이들의 행동은 민주계 내에서도 큰 비판을 받았는데, 지나는 일본 제국주의 시절의 멸칭이었기 때문이다. 이후 두 청년 의원은 기자회견을 열고 자신들의 행동을 사과했다.

그런데 이 사건이 중국으로 알려지면서 문제가 확대되었다. 홍콩기본법 해석의 전권은 중국 전인대 상무위에 있다. 두 의원이 한 선서의 적법성을 전인대 상무위가 유권 해석하기로 결정했다. 중국이 합법적으로 홍콩 내정에 간섭할 기회가 생긴 것이다. 11월 3일 전인대가 직접 유권 해석하겠다는 방침을 밝히자, 이에 저항하는 홍콩 시민들이 11월 6일 거리로 나왔다. 집회는 시작부터 뜨거웠다. 홍콩인이 직접 뽑은 의원의 자격을 중국 정부가 심사하는 데 대한 반감이 무척 강했기 때문이다. 경찰은 시위대가 완차이의 베이징 연락사무소로 진출하려 하자 이를 막아섰다. 그리고 다음 날 기본법 104조에 대한 해석이 발표되었다.

선서는 취임을 위한 법적 전제 조건이자 필수 절차이다. 선서를 하는 사람은 중화인민공화국 홍콩특별행정구 기본법을 준수하겠다고 정확하고 완전하며 엄숙하게 말해야 한다. 선서를 거부한 자는 공직을 맡을 수 없다. 그 내용을 고의로 바꿔 읽거나 불성실하게 읽은 자는 선서를 거부한 것으로 간주한다. 그가 한 선서는 무효이며 따라서 그는 공직을 맡을 수 없다. 또한 선서가 무효로 판명될 경우 궐석에 대한 보궐 선거를 불허한다.

상무위가 선서의 유효 여부를 유권 해석하면서 렁꿕훙, 네이선 로, 라우씨우라이, 이우충임 등 다른 네 의원에게도 불이 옮겨붙었다. 친중파는 여섯 명의 의원직을 모두 박탈해야 한다고 공격했다. 이 사건은 중국 정부가 홍콩의 사법권은 물론 시민의 참정권까지 간섭한 사례가 되고 말았다. 결국 2017년 7월 홍콩 법원은 의원 선서를 거부한 여섯 명의 의원직을 박탈했다. 더욱 뼈아픈 것은 보궐 선거를 하지 않는다는 해석이다. 파직된 의원들의 지역구 유권자는 참정권이 봉쇄된 채 대표가 존재하지 않는 지역구의 일원, 그러니까 권리 없는 시민이 되었다.

바로 여기까지가 2019년 송환법 시위가 발생하기 전에 홍콩에서 벌어진 일이다. 이제 우리는 사법 정의의 실현으로 비칠 수도 있는 송환법 개정에 홍콩 시민들이 반대한 까닭을 알 수 있다. 가장 큰 이유는 시민의 자유와 권리를 박탈당할 것이라는 두려움이다. 시민들은 코즈웨이베이서점 납치 사건을 보면서 자신도 언제든지 납치, 불법 구금될 수 있다는 사실을 깨달았다. 송환법 개정은 납치와 구금을 법적으로 보장하는 일이다. 과연 누가 이런 법을 받아들일 수 있을까?

2019년 집회 내내 메이는 나에게 이렇게 말했다. "우산혁명 때는 권리를 달라고 싸웠다면, 지금은 남은 것마저 빼앗아가지 말라는 거야. 이 둘은 완전히 달라." 그러면서 당부했다. "다른 건 몰라도 이 말만큼은 한국인들에게 전해줘. 우린 지금 뭘 내놓으라고 중국에 항의하는 게 아니라는 걸, 지금 이대로 살 수 있게 해달라고 말하고 있다는 걸 꼭 알려줘. 우리가 벼랑 끝에 있다는 걸…."

메이는 울면서 말을 이어갔다.

"난…, 난 말이야…. 그때가 되면 내가 그럴 수 있을까. 그렇게 그 장벽 앞에 서 있을 수 있을까라고 생각해. 늘 다짐하지만 정말 그 일이 닥친다면 난 그냥 도망쳐버릴 거야. 그래, 난 그런 사람이니까. 그런데 이건 확실하게 알 수 있어. 탱크맨이 무슨 마음으로 그 앞에 섰는지, 그 사람이 왜 그랬는지, 뭘 지키려고 했는지 말이야."

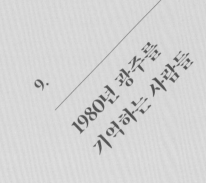

BNO 여권과 홍콩특별행정구 여권

　2019년 2월, 홍콩 정부는 송환법 개정에 대해 말하기 시작했다. 타이완에서 벌어진 푼 살인 사건이 개정의 필요성을 강조하는 사례로 널리 홍보됐다. 실제로 푼히우윙의 부모는 캐리 람 행정장관에게 딸의 한을 풀어달라는 청원서를 계속 보냈고, 정부에서 송환법 개정을 발표한 날에는 마스크와 모자로 얼굴을 가린 채 기자회견을 자청했다. 회견장은 친중파 정당인 DAB에서 제공했고, 거기에 DAB의 의장인 스태리 리Starry Lee와 부의장 홀든 초우Holden Chow가 동석했다. 이 자리에서 푼의 어머니는 "송환법 개정이야말로 정의를 실현할 유일한 방법이다. 이것을 개정하지 않으면 푼은 안식을 취할 수 없다"고 울며 말했다.

　송환법 개정을 캐리 람과 중국 정부 중 어느 쪽이 주도했는지는 지금도 정확히 밝혀지지 않았다. 하지만 캐리 람이 이 상황을 베이징을 기쁘게 할 카드로 보았던 것은 분명하다. 홍콩 정부가 제출한 송환법 초안에는 살인, 폭력, 마약 같은 중범죄뿐 아니라 위증, 공무집행 방해, 도박, 성매매, 사기 등 온갖 범죄가 모두 송환 대상이었다. 이 초안에 대해 일부 친중파 의원—정확히는 실업계에서 선출된 의원들—도 반발했다. 특히 친중파 자유당의 의장 펠릭스 청Felix Chung의 반응이 인상적이다. 그는 섬유와 의류 분야의 대표로, 개혁개방 초기부터 중국에서 공장을 운영하고 있었다. 그런 그가 『뉴욕타임스The New York Times』를 만나 다음과 같이 소신을 밝혔다.

처음 중국에 진출했을 때 중국에는 법치라는 게 아예 없었다. 당시 우리는 공장을 건설하기 위해 지역 관료와 유착했고, 그러기 위해서 아무런 법적 제약도 없이 부정한 뇌물을 제공해야 했다.

만약 광범위한 범죄의 피의자를 중국으로 송환할 수 있게 된다면 어떤 기업인이 홍콩에서 사업을 하겠느냐는 말이다. 그는 자신 같은 사람도 중국 공무원에 대한 뇌물 제공이나 성매매 알선 등의 혐의로 기소되면 꼼짝없이 송환될 것이라고 걱정했다. 실제로 다수의 홍콩 기업 및 외국계 기업이 송환법 초안의 적용 범위를 우려했고, 평소와 달리 정부 정책에 반대하는 태도를 분명히 했다.

기업인들은 2017년 발생한 샤오젠화肖建華 납치 사건 때문에 홍콩 정부와 중국 중앙정부를 불신하게 되었다. 샤오젠화는 천안문 학살 당시 베이징대학 학생회장을 지낸 인물인데, 정부의 입장을 옹호했다. 이 공으로 당시로서는 드물게 컴퓨터 유통업에 진출해 막대한 부를 쌓았다. 이후 그는 캐나다 국적을 획득했고 중국 고위층의 돈세탁을 담당했다. 그가 시진핑 가문의 해외 재산 관리인이었다는 주장도 있다.

결국 권력의 비밀을 너무 많이 알고 있던 샤오젠화도 제거 대상이 됐다. 그는 2017년 1월 홍콩 최고 번화가의 은신처에서 괴한들에게 납치된 뒤 지금까지 소재가 밝혀지지 않았다. 또한 중국은 그가 운영하던 밍톈明天 그룹을 비롯한 기업을 전부 국유화했다.

코즈웨이베이서점 사건이 홍콩의 일반 시민들, 민주화를 추구하는 시민들에게 공포를 안겼다면 샤오젠화 사건은 내외국인을 막론한 홍콩의 기업인과 부호들을 떨게 했다.

홍콩 야당과 재야 단체가 연대한 민간인권전선이 곧바로 대응에 돌입했다. 3월 31일이 되자 시민 1만 2000명이 모여 첫 번째 송환법 반대 집회를 열었다. 한 달 뒤인 4월 28일 일요일에는 집회 참가 인원이 13만 명으로 늘어났다. 그럼에도 홍콩 정부는 시민 사회와 어떠한 협의도 하지 않은 채 5월 20일에 송환법 개정 일정을 발표했다(6월 9일에 개정안을 의회에 제출하겠다고 밝혔다). 홍콩의 활동가들이 주만간 무슨 일이 터질 것 같다는 불안에 휩싸이는 모습을 보며, 나는 다시 취재를 준비했다.

2019년 6월 초 홍콩으로 향했다. 6월 4일 천안문 기념일 무렵부터 7월 1일 홍콩 반환 기념일까지는 해마다 홍콩의 정치적 욕구가 분출되는 시기인 데다, 2019년은 천안문 학살 30주년이기에 더 중요한 해였다. 6월 2일 홍콩국제공항을 밟는 순간 홍콩 전역이 술렁이고 있음을 알 수 있었다. 우선 애플사의 TV 광고 무대로 나온 한 아파트의 운동장을 취재(이번 홍콩행은 가이드북 개정을 위한 취재도 겸했다)하려고 초이홍彩虹 역에 도착했을 때 한 무리의 학생들을 만났다. 그들은 역 출구와 연결된 지하도에 6월 4일(천안문 30주년 기념일)과 9일(송환법 반대 총집결)에 열릴 집회를 알리는 포스터를 붙이고 있었다.

한국에서 온 취재진이라고 신분을 밝히고 인터뷰를 요청했지만 그들은 자리를 피했다. 망연자실한 표정으로 서 있던 내가 안쓰러웠는지 그중 한 명이 다가왔다. 그의 이름은 우, 나이는 열여섯 살이었다. 무엇을 하고 있느냐는 질문에 그가 답했다. "송환법 반대 시위는 우리 세대의 운명이에요." 소년의 입에서 나온 '운명'이라는 단어가 무겁게 다가왔다. 우와 대화를 시작하자 다른 이들도 경계를 풀고 다가와 말을 걸었다.

"너희들은 어느 단체 소속이야?"

"우린 어디에도 속하지 않아요. 자발적으로 나와서 포스터를 붙인 거죠."

"포스터의 디자인이 꽤 그럴듯한데, 직접 만든 거야?"

"인터넷에서 다운받았어요."

그러면서 홍콩골든이라는 인터넷 사이트(lihkg.com)를 알려주었다. 자세히 보니 우가 이 무리의 리더인 것 같았다.

"기자라고 했죠? 이 동네를 좀 보세요. 여기는 아파트촌인데도 약국과 금은방만 있어요. 홍콩 사람들이 아파서 이렇게 약국이 많은 걸까요? 아니면 우리가 금붙이를 주식으로 하는 걸까요? 아니에요. 이건 다 중국에서 온 사람들을 위한 가게예요. 우리가 어렸을 때는 몽콕에 가야 이런 상점을 볼 수 있었어요. 그런데 이제는 아파트촌의 오래된 가게들도 다 금은방으로 변해버렸어요. 생필품을 사려면 멀리까지 걸어가야 하죠. 지금 홍콩은 식민지나 다름없어요. 중국인이 쓰고 가는 돈으로 연명하는 꼴이죠."

운명에 이어 나온 식민지라는 단어에 정신이 아득해졌다. 그의 말처럼 요즘 홍콩은 초우타이푹周大福이나 초우쌍쌍周生生 같은 초대형 금은방이 도시를 잠식했다. 상점을 이용하는 고객은 전부 중국인이다. 중국에 비해 금값이 싼 홍콩으로 중국인이 몰

"송환법 반대 시위는
우리 세대의 운명이에요."

려왔기 때문이다. 그들은 홍콩의 금을 쓸어가서 집에 쌓아놓거나 뇌물로 사용한다. 특히 설 연휴에는 엄청난 양의 금이 중국인들에게 팔려나간다. 한편 약국이 많은 건 중국인이 분유나 기저귀 같은 생필품을 이곳에서 사재기하기 때문이다. 그런데 이런 흐름이 초이홍처럼 임대 아파트가 밀집한 서민촌까지 밀려왔다는 것은 나는 알지 못했다.

"사회 문제에 참여하는 게 무섭지는 않아?"

그러나 아이들은 '공포'보다는 '분노'를 이야기했다.

"화가 나서 이거라도 해야겠다고 생각했어요."

"맞아요. 저도 그래요. 우리 이야기를 꼭 한국에 알려주세요. 저희는 영화 〈1987〉도 봤어요."

이성의 영역인 정치가 제 역할을 못할 때, 사람들은 분노를 안고 거리로 나온다. 그런 점에서 집회와 시위는 냉철한 문제의식보다는 뜨거운 감정을 동력으로 삼는다. 근대 이후의 교육은 시민이 국가가 정한 질서를 준수하도록 학습시켰다. 그 결박을 깨고 대중을 거리로 이끄는 것이 바로 분노다. 시위는 언제나 분노가 두려움을 이길 때 크게 발화한다.

인터뷰를 끝내고 지하도 밖으로 나왔는데 갑자기 비가 내리기 시작했다. 나는 초이홍 아파트를 취재한 뒤 곧바로 시내로 가서 LSD의 활동가를 만났다.

"아이들이 운명이라고 말하는 걸 듣고 왔어. 기분이 이상하더라. 걔들까지 그런 생각을 하고 있다니 말이야."

"하긴, 요즘 홍콩 아이들이라면 그럴 수 있지."

그는 가방에서 여권을 꺼내어 흔들며 말을 이어갔다.

"우리는 이게 있잖아. 정 안 되겠으면 이걸로 나가면 되거든. 그런데 걔들은 이게 없어."

"여권? 영국 여권이야?"

"아니. 이거 몰라? 영국 식민지 시절에 발급한 BNO 여권이 잖아. 반환 이후에 태어난 사람들에게는 발급되지 않았어. 막말로 중국 군대가 홍콩으로 밀고 들어온다고 생각해봐. 우리는 이걸 갖고 영국이나 영연방 국가로 갈 수 있지만, 요즘 애들은 그럴 수 없잖아."

"그런데 BNO가 곧 시민권인 건 아니잖아?"

"맞아. 그때 영국은 비겁했어. 홍콩을 떠나면서 남은 홍콩인들에게 영국 시민으로서의 권리를 주지 않고 그저 영국과 영연방에 체류할 수 있는 권리만 준 것이거든. 포르투갈이 마카오에 포르투갈 여권을 남기고 간 것과는 달랐어. 문제는 말이야, 이것조차 없는 사람들이야. 그들이 들고 있는 건 그냥 중화인민공화국 홍콩특별행정구 여권이라고."

"최악의 경우를 피할 수 있는 사람과 피할 수 없는 사람의 차이라는 말이지?"

"그렇다고 봐야지. 우리도 청소년들과 만나는 창구를 만들고 그들의 이야기를 듣고 있는데…. 송환법 문제에 가장 예민하게 반응하는 게 바로 그 세대, 특히 중고등학생이야. 반환 이후에 태어난 아이들이지. 네가 본 것처럼, 그들이 느끼는 분노와 공포가 상당해. 언제 터져도 이상하지 않은 상황이지. 아마 우산혁명 때와는 다를 거야."

중국인 K

이날의 천안문 30주년 추모 집회는 오후 8시에 시작될 예정이었다. 나는 집회가 열릴 빅토리아공원으로 가기 전에 몽콕에 새로 문을 연 '6·4천안문학살기념관'을 취재했다. 이 기념관은 원래 여행자가 많이 찾아오는 침사추이에 있었지만 중국의 압력으로 폐쇄되었다. 이후 4년간 장소를 못 구하다가 얼마 전 용기 있는 건물주를 만나서 몽콕에 재개장했다. 기념관은 건물 한 층을 전부 사용하고 있었지만 내부가 넓지는 않았다. 벽에는 빈틈없이 전시물이 걸려 있었고, 기념일을 맞아 공영 방송의 취재 팀이 촬영을 하고 있었다. 나는 방송 장비를 요리조리 피하며 천천히 내부를 둘러보았다.

그때 사진 한 장이 눈길을 붙잡았다. "우샹둥吳向東. 1968년 8월 13일생. 베이징의 공업대학교 3학년 재학 중 천안문 시위에 참가. 6월 3일 인민해방군 진압 당시 목에 총을 맞고 병원으로 이송되었으나 다음 날 사망." 그의 짧은 생을 설명하는 글 위에 여자 친구와 함께 찍은 사진이 놓여 있었다. 아마도 베이징의 이화원에서 찍은 것이리라. 사진 속 호수에 이제 막 핀 연꽃이 있는 것으로 봐서 사망하기 며칠 전인 것 같았다. 유리벽 안에는 그의 학생기록부와 수첩 등이 진열되었고, 곁에 선 마네킹에는 총알이 그의 몸을 관통해간 자리가 표시되어 있었다. 기념관은 우샹둥 외에도 많은 희생자를 기리고 있었다.

다른 쪽 벽에는 잠시 후 열릴 집회의 포스터가 붙어 있었다. 그 유명한 탱크맨 사진 위로 붉게 "얀만빳우이몽께이人民不會忘

記(인민은 잊지 않을 것이다)"라고 적혀 있었다. 이 말은 천안문 학살 현장을 보도한 홍콩 기자 64명의 인터뷰집 제목이기도 하다. 중국 본토에서는 1989년 6월의 천안문을 흔적도 없이 지우려고 하고, 홍콩에서는 이 사건을 잊지 않기 위해 필사적으로 노력한다. 중국이 홍콩을 불편해하는 이유가 어쩌면 이것 때문인지 모른다는 생각이 스쳐 지나갔다.

밖으로 나오려는데 누군가가 말을 걸었다.

"한국인? 기자인가요?"

"언론사 소속은 아니지만 책도 쓰고 기사도 쓰고 있죠."

두꺼운 안경을 쓰고 청색 트레이닝복을 입은 청년이었다.

"홍콩 사람들의 결기가 대단하네요."

"그러게요. 선전에서는 볼 수 없는 풍경이에요."

"선전?"

"네, 전 선전에서 왔어요."

"중국인이라고요? 중국인이 왜 이런 곳에…. 여기에 와도 괜찮아요?"

내가 당황하자, K가 살며시 웃으며 말했다.

"저녁에는 빅토리아공원 촛불 집회에도 갈 거예요."

'이 사람, 공안인가? 내게 뭘 원하는 거지?'라고 생각할 즈음에 그가 말을 이어갔다.

"아참, 저는 광주에도 다녀왔어요."

"광저우요?"

"아뇨, 한국의 광주 말이에요."

그는 또박또박 '광주'라고 발음했다.

"1980년의 무덤들이 있는 곳에 갔는데요, 이름이 뭐더라?"

"한국의 광주라고요? 망월동에 갔던 거예요?"

"맞아요, 망월동! 작년에 다녀왔어요."

그는 얼마 전 중국의 수학능력시험인 가오카오高考를 치렀고, 정치나 사회 문제에 관심이 많은 편이며 홍콩인들이 시위하는 것에 대체로 동의한다고 했다. 시위에 참여하기 위해 선전에서 홍콩으로 왔다는 청년이 꽤나 무모해 보였다.

"시진핑이 당신이 여기 있는 걸 알면 싫어하지 않을까요?"

이 걱정은 진심이었다. 그는 허허 웃더니 신경 쓰지 않는다고, 괜찮다고 했다.

홍콩의 천안문학살기념관에서 한국의 광주 망월동을 다녀온 중국 고3 학생을 만날 확률이 얼마나 될까? 우리는 집회에서 다시 볼 수 있으면 좋겠다고 말하고 헤어졌다. 몽콕에서 침사추이의 숙소까지 걸어가면서 생각을 정리하고 싶었다. 그런데 약 4킬로미터를 걷는 동안 잠시 후에 있을 집회와 6월 9일에 열릴 또 다른 집회를 알리는 수많은 선전대를 만났다. 홍콩에서 처음 보는 광경이었다. 이들의 이야기를 어떻게 해야 잘 전달할 수 있을까? 마음이 무거워졌다.

2011년 청두

2019년 송환법 반대 시위의 정보는 사람과 사람을 통해 전파됐다. 따라서 외부인인 나는 집회에 관한 정보를 구하기 힘들었다. 이날 내가 아는 건 코즈웨이베이의 빅토리아공원에서 오후 8시에 시작한다는 사실뿐이었다. '지하철은 몇 시까지 운행하지? 경찰은 어디에 폴리스라인을 설치할까?' 숙소에 도착한 뒤 사소한 정보라도 구하기 위해서 텔레비전을 틀었다. 뉴스는 시간마다 빅토리아공원을 연결했다. 무대를 설치하고 집회를 준비하는 사람들이 보였다. 간간이 인터뷰도 나왔는데, 얼굴을 드러낸 사람과 마스크로 가린 사람, 아예 모자이크 처리된 사람까지 다양한 이들이 목소리를 내고 있었다. 그러던 중 화면 아래의 자막이 보였다.

"이 선생(42)/광저우"

맙소사, 또 중국 사람이다! 가만히 보니 모자이크로 얼굴을 가린 이들은 주로 중국에서 온 사람들이었다. 반면 얼굴을 드러내거나 마스크를 쓴 사람들은 홍콩인이었다. 내가 본 여섯 건의 인터뷰 가운데 중국에서 온 사람이 둘이나 됐다. 방금 전 천안문학살기념관에서 K를 만난 게 우연이 아니었다.

문득 2011년이 떠올랐다. 그해 가을 어느 날, 나는 청두에서 주자이거우九寨溝로 가는 버스를 타러 터미널로 갔다. 평일 첫차를 예약했는데 정류장에 도착하니 버스가 아니라 지프가 기다리고 있었다. 기사에게 내가 예약한 차편이 맞는지 물었다.

"맞아요. 우리도 그 버스를 예약했는데, 손님이 없어서 지프로 바뀌었다고 하네요."

나를 지켜보던 중국인 부부가 영어로 답해줬다. 나는 보조석에 자리를 잡고 그 부부는 뒷좌석에 앉았다. 청두에서 주자이거우까지는 약 460킬로미터 거리로, 일곱 시간을 가야 한다. 부부는 신혼여행을 가는 길이라고 했다. 두어 시간쯤 달렸을까? 왼쪽으로 폐허가 펼쳐졌다. 10여 분 전에 '2008년 원촨汶川 대지진 때 매몰된 곳'이라는 이정표를 보았는데 그곳인가 싶었다.

"혹시 미스 궈를 아나요?"

중국인 남편이 내게 말을 걸었다.

"홍십자회 대표였는데 원촨 대지진 때 전국에서 걷은 구호 성금을 유용했어요. 그래서 보다시피 지금도 이런 꼴이죠."

지진 이후 홍십자회는 199억 위안(한화 약 3조 4000억 원)을 모금했는데 그중 43억 위안을 제외한 나머지 금액의 사용 내역이 없다는 기사를 본 기억이 나서 아는 체를 했다.

"그 얘기는 신문에서 봤어요. 이름이 궈였군요."

중국인은 낯선 이에게 제 나라의 치부를 말하는 경우가 드물다. 중국인뿐 아니라 대부분의 아시아 사람은 외국인 앞에서 나라 욕을 하지 않는다. 차는 곧 휴게소에 도착했고, 부부는 삶은 옥수수를 사와서 나에게 권했다. 따뜻한 가을, 미세먼지 한 점 없이 깨끗한 하늘 아래에서 남편이 다시 말을 걸었다.

"한국은 좋겠어요. 자유로운 나라freedom country잖아요."

K를 만났을 때만큼이나 이때도 놀랐다. '자유로운 나라라니?' 이 말에는 많은 뜻이 담겨 있다. 적어도 그들은 중국이 자유롭지 않다고 느낀다는 것 아닌가. '그런데 이런 말을 왜 내게 하지? 공안인가?' 덜컥 의심이 들었다.

"그렇지 않아요. 지금은 다시 보수 정권이 들어섰거든요. 많은 이들이 자유를 억압당한다고 느끼고 있죠. 그런데 당신은 왜 이런 게 궁금한가요?"

잠시 침묵이 흘렀다. 그 부부도 나처럼 이 상황을 의심하며 어떻게 대답할지 고민하는 것 같았다. 부인이 왜 쓸데없는 소리를 하느냐고 남편을 쥐어박는데, 그 말도 영어로 했다. 지프 기사에게 우리가 나누는 대화를 들키지 않기 위해서였다.

"당신처럼 생각하는 사람은 문화혁명 때 다 사라진 것 아니었어요?"

그들의 생각을 슬쩍 떠보려고 한 질문에 두 사람은 살짝 미소를 보이며 안심하는 것 같았다. 이어서 부인이 질문했다.

"혹시 홍콩에 가봤나요?"

"자주 가죠. 거기서도 취재를 하거든요."

"그곳은 참 자유롭겠죠?"

"꼭 그런 건 아니지만, 정치적인 부분만 따지면 거기에서는 미스 궈보다 높은 사람도 욕할 수 있지요."

우리는 주자이거우에 도착할 때까지 계속 대화를 나눴다. 부부는 선거 제도나 표현과 언론의 자유에 대해 관심(예를 들어 인터넷 게시판에서 대통령을 욕하거나 정부 지도자의 비리를 폭로할 수 있는지 등)이 많았고, 나는 사실만 전달하기 위해 애썼다. 그들은 자유로운 나라, 바깥세상의 이야기를 듣고 싶어 했다.

주자이거우에 거의 도착했을 무렵 우리의 대화는 1989년 천안문 학살에 닿았다. 하지만 그 사건에 대한 생각을 나누기에는 시간이 모자랐다. 이후 한동안 우리는 트위터로 서로의 안부를 주고받았지만, 만리방화벽(중국의 인터넷 감시·검열 시스템)이 강화된 지금은 연락이 끊어졌다.

나는 신혼부부와 K가 특이한 예라고 생각했는데, 방금 전 중국인들의 인터뷰를 보면서 중국에도 이런 생각을 가진 사람이 적지 않다는 것을 알게 되었다. 어쩌면 그때의 신혼부부도 빅토리아공원 어딘가에 와 있지 않을까?

저녁, 빅토리아공원

오후 8시쯤 숙소에서 나와서 지하철을 탔다. 열차는 사람들로 가득했고, 그럼에도 기괴할 정도로 고요했다. 같이 온 것처럼 보이는 일행도 서로 대화하지 않고 스마트폰 화면만 들여다봤다. 이 행동의 의미는 나중에 알 수 있었다. 승객들은 전부 코즈웨이베이 역에서 하차했다. 집회장인 빅토리아공원으로 가려면 E번 출구로 나가야 하는데, 한 발짝도 움직일 수 없었다. 그렇게 인파 속에 15분쯤 갇혀 있었을까? 겨우 바깥 풍경이 보이기 시작했다. 사람들은 모두 한 방향으로 향했고, 인민역량과 공민당 등 민주계 주요 정당은 부스에서 30년 전에 베이징에서 벌어진 일을 알리고 닷새 뒤로 예정된 총집결 집회를 선전했다. 또 다른 야당 신민주당은 당의 유일한 현역 의원 판꿕와이范國威를 출동시켜 대중 연설을 펼쳤다. 조슈아 웡의 데모시스토당 주변에는 특히 많은 이들이 모여 있었다. 역을 나온 사람들은 공원의 풍경을 보고 안도했다.

무대 위에서는 천안문 희생자의 유가족 단체인 '천안문 어머니회' 회원들이 1989년의 그날을 증언하고 있었다. 구호는 둘이었다. 인민은 잊지 않을 것이라는 뜻의 "얀만빽우이뭉께이"

"인민은 잊지 않을 것이다!
이들의 이야기를 어떻게 해야
잘 전달할 수 있을까?"

와 "판쏭중反送中(중국 송환법 반대. 이하 '반송중')."

언론은 이날 18만 명이 모였다고 보도했다. 습도 94퍼센트, 기온 29도의 밤을 밝힌 그날의 촛불은 무척 뜨거웠다. 그리고 사람들은 6월 9일에 다시 만나자고, 더 많은 사람이 함께하자고 결의했다.

집회장을 나와 코즈웨이베이의 단골 국숫집에서 주꾸미 국수를 먹을 때만 해도 몰랐다. 이건 시작에 불과했다는 것을.

검은 옷의 변호사들

5월 11일 홍콩 입법회에서 난투극이 벌어졌다. 아시아에서 의회가 격투기장으로 변하는 곳은 크게 셋인데 가장 빈번한 나라는 타이완이고, 한국 국회와 홍콩 입법회가 2위를 다툰다. 이날 민주계와 친중국계는 각각 송환법 청문회를 열기로 했고, 이 일로 말싸움을 벌이다 결국 몸싸움으로 번졌다. 신민주당 판꿕와이 의원이 병원으로 이송되고 친중국계 의원 세 명도 부상을 입었다. 그 여파로 법사위는 산회했고 입법을 위한 청문회 일정까지 모두 취소됐다. 정부는 송환법 개정안을 전체 회의에서 토론한 뒤 바로 표결하겠다고 공언했다. 그러자 일부 온건한 친중국계 정당들도 절차에 대해 문제를 제기했다. 푼 살인 사건의 사법 당사자인 타이완 정부는 홍콩을 여행하는 타이완 국민의 안전을 담보할 수 없다며 송환법 개정 시도를 비판하고, 이것이 처리되더라도 살인범 찬의 인도를 요구하지 않기로 했다.

그러던 가운데 중도보수 세력으로 꼽히는 변호사들이 6월 6일에 별도의 집회를 조직했다. 홍콩 변호사들의 단체 행동은 이례적인 일이다. 2019년 6월 6일 집회에는 등록된 변호사의 4분의 1이 넘는 약 3000명이 참석했다(2020년 6월 통계 기준 홍콩에는 약 1만 명의 사무 변호사Solicitor와 약 1500명의 법정 변호사Barrister가 있다).

변호사들은 센트럴의 황후상광장 옆에 있는 종심법원에서 출발해 애드머럴티에 있는 입법회를 향해 행진했다. 전 변호사 협회장이자 홍콩 민주당의 초대 당의장을 지내며 '홍콩 민주주의의 양심'으로 불리는 마틴 리와 공민당원이자 역시 변호사 협회장을 역임한 데니스 창Denis Chang이 대열의 선두를 이끌었다. 앰브로스 호Ambrose Ho, 조지프 체Joseph Tse, 나이절 캇Nigel Kat, 니컬러스 쿠니Nicholas Cooney 등 퇴임한 고등법원 판사도 함께했는데, 퇴직 판사가 집회에 참여한 건 홍콩 역사상 최초였다. 심지어 현직 검사들도 시위 대열에 합류했다(홍콩은 감독급 검사를 제외하면 검사도 정치 집회에 참여할 수 있다. 그러나 실제로 검사들이 집회에 참여한 예는 거의 없다).

검은 옷을 맞춰 입은 법조인 시위대는 행진 내내 침묵을 지켰다. 이들은 구호를 외치지 않았고, 행진을 선도하는 플래카드도 들지 않았다. 마치 장례식을 치르듯 엄숙한 표정으로 천천히 걸어갔다. 그들에게 송환법 개정은 일국양제를 지키며 독립된 사법부를 운영하던 홍콩의 종말을 상징했다.

송환법 논쟁 초기에 홍콩 법률계는 크게 두 가지 대안을 제시했다. 그중 하나는 홍콩 행정부가 홍콩 밖에서 일어난 살인

등 강력 범죄에 대해 홍콩 법원에 한정적인 사법권을 부여하자
는 주장이다. 또한 변호사협회는 타이완과 임시 협정을 맺고 찬
을 타이완에 송환하자고 제안했다. 그러나 캐리 람 행정장관은
법조계의 대안을 무시하고 송환법 개정만이 "사법 정의 실현의
유일한 해법"이라고 강조했다.

변호사들의 시위를 보면서 민간인권전선은 물론이거니와
반송중 전선에 참여한 모든 시민이 보수 세력과 기업까지 한뜻
으로 모이고 있음을 알아차렸다.

103만

민간인권전선은 2002년에 결성된 홍콩의 민주계 정당과 사
회단체를 아우르는 조직이다. 공민당과 민주당 등 홍콩 내 주요
야당이 모두 들어가 있으니 한국으로 치면 1987년 6월 항쟁을
주도한 민주헌법쟁취 국민운동본부와 비슷하다고 할 수 있다.
이들은 2003년 국가보안법 반대 50만 시위를 조직하며 명실상
부한 반중 시위의 사령탑으로 거듭났지만, 이후엔 대정부 투쟁
보다는 기본권 문제에 집중하는 경향을 보였다.

2014년 우산혁명 때도 민간인권전선은 큰 역할을 하지 못
했다. 그때는 베니타이 교수를 정점으로 한 '사랑과 평화의 센
트럴 점령'이 시위 지도부를 꾸렸고, 행진이 아닌 점거 형식을
취하면서 대중 동원이 강점인 민간인권전선은 설 자리가 없었
다. 하지만 우산혁명이 실패하고 지도부가 자수하면서, 몽콕을

지키던 이들은 아름다운 시위에만 집착한 지도부에 배신감을 느꼈다.

2019년 송환법 문제로 홍콩이 들끓었지만, 많은 시민을 한 자리에 모으려면 신뢰할 수 있는 주최자가 필요했다. 이제 홍콩에서 이 역할을 할 수 있는 건 48개에 달하는 홍콩 야당과 사회단체가 연합한 민간인권전선뿐이다. 그렇게 민간인권전선은 다시 한 번 역사의 무대에 등장하게 되었다.

여기서 기억해야 할 점은 이들은 그저 집회를 주최했을 뿐이라는 점이다. 이번 홍콩 시위의 가장 큰 특징은 지도부가 아예 없다는 점이다. 2014년의 경험 탓에 사회적 명망가에 대한 불신이 상당했고, 만약 카리스마적 리더를 세울 경우 그가 부재할 때 집회를 이어나갈 결속력이 약해진다는 단점도 있었다. 따라서 2019년의 시위는 그 누구도 지도부를 자처하지 않는 모델을 만들어냈다. 이들은 '여러 단체와 모임은 상황에 따라 각자 행동하고, 학생 시위대의 자율권을 존중한다'는 대원칙을 정했다.

민간인권전선은 6월 9일, 홍콩 의회가 송환법 개정을 심의하기로 한 날에 모이자고 제안했다. 앞서 내가 지하철역에서 만난 소년도 민간인권전선의 호소에 호응한 경우였다. 48개나 되는 소속 단체는 물론 이 시위를 지지하는 수많은 소그룹이 각자 집회 독려 포스터를 제작해 배부했다. 홍콩 최대의 인터넷 커뮤니티인 홍콩골든에서는 밤새도록 토론이 이어졌고, 사람들은 서로서로 포스터를 공유하여 거리에 붙였다. 이렇게 각자의 절박함이 한곳으로 모이고 있었다.

메이는 당시를 이렇게 기억했다.

"주변에 물어보니 나갈 거라는 사람이 훨씬 많더라고. 적어도 내 주변은 그랬어. 심지어 9일엔 엄마도 물어보시더라. 나갈 거냐고. 그러더니 잘 싸우고 오래. 맙소사! 달려가서 엄마를 꼭 끌어안았어. 몇 년 만인지 모르겠네. 우산혁명 이후엔 정치적인 대화를 거의 하지 않았거든. 맞아. 우린 모두 홍콩 사람이었던 거야."

6월 9일의 시위는 전통적인 행진 경로—코즈웨이베이의 빅토리아공원을 출발해 정부종합청사 건물이 있는 애드머럴티의 타마르공원까지 약 4킬로미터—를 답습했다. 평소에는 한 시간이면 갈 수 있는 거리이지만, 이날은 그럴 수 없었다. 집회를 주최한 민간인권전선은 103만 명이 모였다고 발표했다. 홍콩 역사상 가장 많은 인파가 한곳에 모여 같은 구호를 외쳤다. 김정은의 닮은꼴로 유명한 호주의 코미디언 하워드 엑스Howard X(평창올림픽 때는 한국을 방문해 사람들을 깜짝 놀라게 했다)도 집회에 참석했는데, 그는 홍콩 언론과 인터뷰하며 "오늘은 중국이지만 내일은 북한으로 송환될 것이다"라고 너스레를 떨었다. 중국에서는 금기인 만화 캐릭터 곰돌이 푸(시진핑을 닮았다는 이유)로 분장한 시민이 플래시 세례를 받기도 했다.

홍콩 시민들에게 송환법은 그동안 정치적 자유는 마음껏 누리지 못했을지언정 개인의 자유만큼은 서구 사회가 부럽지 않았던 홍콩의 죽음을 의미했다. 게다가 광둥어 발음으로 '쏭중'에는 '문상을 간다喪中'라는 뜻도 있다. 그래서 "판쏭중"이라는 외침이 커질수록 그들의 얼굴은 비장해졌다.

집회가 끝나고 모두가 집으로 향하던 밤 11시, 홍콩 정부가 입장을 발표했다. 당시의 상황을 웡 씨의 입을 빌려 들어보자.

"밤 10시부터 시위를 마친 사람들이 가게로 몰려들었어. 그러다 갑자기 속보로 정부가 입장을 발표한다는 거야. 시끌벅적하던 가게가 일제히 조용해졌고, 나는 텔레비전 볼륨을 높였어. 뭐랄까? 시위대는 승리를 자축할 준비가 된 표정이었어. '자, 봐라. 우리가 이렇게 많이 모였으니 너희도 어쩌지 못할 거다!' 그런데 웬걸, 정부가 정반대의 입장을 내놓은 거야!"

정말로 홍콩 정부는 한 치도 물러서지 않았다.

"오늘 시위는 홍콩이 충분한 표현의 자유를 누리고 있다는 사실을 증명한다. 홍콩 정부는 시민들의 의견을 존중한다. 하지만 정부는 송환법을 개정하는 이유를 누차 시민에게 설명했다. 송환법에 대한 본회의 토론은 사흘 후인 6월 12일에 예정대로 시작하여 2주간 진행한다."

다음 집회일은 자연스럽게 6월 12일로 정해졌다. 홍콩 입법회를 봉쇄해 의원의 출입을 막고 본회의 토론을 무산시키자는 의견이 홍콩골든 홈페이지로 쇄도했다. 같은 시각 조슈아 웡의 데모시스토당을 비롯한 본토파 정당원 100여 명은 정부청사 앞에서 6월 12일까지 연좌하기로 결의하고 농성을 시작했다. 자정이 되자 경찰은 진압에 착수했고, 본토파는 격렬하게 저항했다.

다음 날 뉴스는 시위대의 심야 폭력을 헤드라인에 배치하고 103만 명의 행진 소식은 나중에 전달했다. 1967년 이후 폭력 시위를 꺼리는 홍콩 시민들의 성향을 고려한 전형적인 편성이다. 이게 이번에도 효과를 볼 수 있을까?

홍콩인, 최루탄 속에서 다시 태어나다

홍콩 정부의 강경한 태도에 홍콩 시민뿐 아니라 재계도 실망했다. 송환법 개정은 홍콩 경제를 떠받치는 금융, 법조, 기업에도 위협이 되기 때문이다. 상당수의 기업과 주요 은행, 금융사, 법률사무소, 심지어 갤러리도 직원들에게 6월 12일에는 재택근무를 하라고 권했다. 큰 시위를 앞두고 출근하기 힘들 테니 유연하게 일하라는 지침이었는데, 곧 집회에 참석해도 된다는 말이었다.

애드머럴티의 정부종합청사를 경찰이 이중삼중으로 경비하는 상황에서 홍콩 시민들은 월요일과 화요일 점심시간에 종합청사가 있는 타마르공원에서 도시락을 먹자고 제안했다. 공식 집회는 6월 12일 수요일이지만 그 전에 주변을 탐색하자는 것이다. 밤에는 '별을 바라보며'라는 이름의 행사가 열리기도 했다. 구호도 행진도 없었지만 정부종합청사를 경비하는 경찰들은 신경이 곤두섰다. 2014년 12월 우산혁명의 마지막 날에 시위대는 "우리는 돌아올 거야We will be back"라고 외쳤는데, 그 약속이 현실이 된 것 같았다. 103만 명이 모이면서 생긴 자신감은 분위기를 시위대 쪽으로 끌고 오기에 충분했다.

6월 12일 수요일 아침이 밝았다. 오전 8시부터 학생과 교사, 노동자를 가릴 것 없이 80만 명 이상의 시민이 출근하듯(혹은 등교하듯) 거리로 나왔다. 빅토리아공원에 가지 못한 사람들은 자기 동네에서 집회를 열었다. 1년 내내 휴일 없이 영업을 하던 쇼핑몰이 문을 닫았고, 홍콩 전역이 일제히 멈춰선 것 같았다.

같은 시각 애드머럴티로 청년들이 몰려들었다. 그들은 노란 안전모를 쓰고 검정색 옷을 입고 고글을 착용했으며, 일부는 몸을 랩으로 감고 있었다. 최루탄을 막기 위한 조치였다. 이 복장은 앞으로 길게 이어질 반송중 시위의 표준 복장이 되었다.

늘어난 경찰 병력보다 수십 배 많은 인파가 입법회가 속한 정부종합청사를 포위했다. 의원들의 출입을 막아 본회의를 부결시키기 위한 공세였다. 포위망 가장 바깥쪽에는 음료나 간식을 갖춘 보급소가 설치되었다. 퍼시픽플레이스에서 정부종합청사로 가는 계단에는 우산혁명 때처럼 레넌 벽Lennon Wall(1980년대 공산 독재 정권 아래서 체코 프라하의 젊은이들이 존 레넌의 노래 가사 등을 벽에 붙여 반독재, 민주주의, 자유의 상징으로 삼았다. 2014년 우산혁명 때 홍콩 시민들도 도심 곳곳에 사진, 메모지, 예술품 등을 붙여 민주주의에 대한 갈망을 표출했다)이 생겼다. 모두가 이 순간을 기다린 사람처럼 행동했다.

오전 10시쯤 본토파 의원인 에디 추Eddie Chu가 의회 봉쇄는 성공적이며 의원들이 집으로 돌아가고 있다고 발표했다. 시위대는 환호성을 지르고 다시 각자의 자리를 지켰다. 시위대가 흩어지면 송환법 심의가 강행될 수도 있기 때문이다.

오전 11시경 입법회는 심의를 연기한다고 공식 발표했다. 하지만 시위대는 움직이지 않았다. 누군가가 "송환법 즉각 철폐, 캐리 람 행정장관 사퇴"를 외쳤다. 경찰은 원하는 바를 이루었으니 이제 해산하라고 방송했지만, 경찰과 시위대가 맞선 전선에서는 말싸움이 시작되었다.

오후 1시에 진압 장비를 갖춘 대규모의 경찰 병력이 완차이로 집결 중이라는 소식이 텔레그램으로 전달되었다. 친중파 의원들이 경찰청에 모여 있고 의회를 확보한 뒤 본회의를 개회할 것이라는 정보도 있었다. 시위대는 최루탄이 발포되더라도 현 위치를 지켜야 한다고 각오를 다졌다.

오후 3시. 첫 출동이 발생했다. 어느 쪽이 먼저 도발했는지에 대해 의견이 엇갈리지만, 어쨌거나 경찰은 곧바로 다량의 최루탄을 살포했다. 2014년 우산혁명 내내 경찰은 총 87발의 최루탄을 사용했는데, 이번에는 하루 만에 그 수를 넘어섰다. 2014년에는 볼 수 없었던 고무탄과 빈백탄bean bag round(콩주머니 탄환)도 도시 곳곳을 가르기 시작했다.

최루탄이 터지자 시민들은 일제히 흩어졌다. 경찰은 후퇴하는 대열은 물론 시위대가 피신한 건물 안으로도 최루탄을 쏘아대기 시작했다. 종합청사 바로 옆에 있는 시틱타워CITIC Tower는 경찰이 발사한 최루탄으로 아수라장이 되었다. 당시 타워 주변에는 홍콩 민주당 의장인 우치와이胡志偉 의원도 있었다. 경찰의 강경 진압을 목격한 그는 신분을 밝히고 경찰 책임자에게 면담을 요구했지만 경찰은 그의 코앞으로 최루탄을 발사하며 현직 의원의 항의를 묵살했다.

6월 12일 하루 동안 총 150발의 최루탄이 사용되었다. 경찰의 폭행은 시민뿐 아니라 언론인에게도 향했다. 그리고 그것이 홍콩 사람들에게 깊은 인상을 남겼다. 최루탄은 사람의 비강과 점막을 자극하는 무기이다. 일시적으로는 집단을 흩어놓고 쪼개는 것처럼 보이지만, 흩어진 개인들은 분노라는 감정을 공유하며 더 강력한 집단으로 뭉친다. 현재는 많은 나라가 최루탄이 시위 진압에 도움이 되지 않는다는 점을 깨달았지만, 홍콩 행정부는 그 사실을 몰랐다. 이날 경찰의 폭력 진압을 경험한 홍콩 시민들은 더욱 똘똘 뭉쳤고, 시위대가 저항할 수밖에 없는 이유를 이해하기 시작했다.

100만 받고, 100만 더! 그래서 200만!

6월 15일 홍콩 정부종합청사를 마주 보고 있는 초대형 쇼핑몰 퍼시픽플레이스 옥상에서 한 남성이 투신했다. 마르코 렁Marco Leung은 퍼시픽플레이스의 외관 공사 현장에 올라가 "범죄인의 중국 송환 금지, 송환법의 완전 철회. 우리는 폭도가 아니다! 부상당한 학생들을 석방하라! 캐리 람은 퇴진하라!"라고 적힌 플래카드를 펼쳤다. 긴급 출동한 구조대가 도로에 에어매트를 설치하고, 현장에 있던 민주당 소속의 로이 쾽Roy Kwong 의원이 내려오라고 설득해봤지만 소용없었다. 그는 바닥을 향해 몸을 던졌고 곧장 병원으로 옮겨졌지만 그날 오후 9시 34분에 사망했다. 그는 시위 내내, 그리고 추락할 때에도 노란색 비옷을 입고 있었다고 한다.

홍콩은 그를 '레인코트맨Raincoat Man'이라고 부르며 추모했다. 누군가가 내일은 그의 사망 지점에 헌화를 하자고 제안했고, 순식간에 홍콩 최대의 꽃시장으로 국화 주문이 쇄도했다. 국화가 떨어지자 수선화, 카라, 벚꽃, 학재스민, 연꽃까지 흰색 꽃이 차례로 동났다. 홍함의 한 꽃 가게는 천 송이 이상의 국화를 무료로 나눠주기도 했다. 16일 오전 마르코 렁이 투신한 장소에는 거대한 꽃 산이 만들어졌다. 그날 메이는 온 시내를 다 뒤졌지만 흰 꽃을 찾지 못해서 노란색 장미를 들고 갔다고 했다.

홍콩에서 누군가가 정치적 요구를 말하며 목숨을 던진 것은 이번이 처음이다. 이 사건이 시민들의 가슴에 깊은 생채기를 냈다. 렁의 죽음은 그동안 집에서 사태를 지켜보던 사람들에게 '우리도 행동해야 한다'라는 용기를 불어넣었다. 그리고 그들이 외치는 "판쑝중" 구호는 정말로 조문의 의미를 품게 되었다.

캐리 람은 6월 16일 오후 8시 30분 다시 기자회견을 열고 "당국의 미흡함이 홍콩 사회의 갈등과 논쟁을 야기하고 시민을 실망시켰다"라고 사과했다. 하지만 시위대가 요구하는 송환법의 완전한 철회나 자신의 퇴진은 수용하지 않았다. 바로 그 순간에도 약 80만 명의 시위대가 애드머럴티와 센트럴 사이에 밀집해 있었다. 캐리 람의 회견을 함께 본 시민들은 즉시 입법회 봉쇄를 선언하고 행정장관 퇴진을 요구하며 다음 날 정오까지 버티겠다고 결의했다. 온라인에 익숙한 이들은 컴퓨터로 CCTV를 확인해 경찰의 이동 경로를 알리며 거리의 시민들을 지원했다. 어떤 이들은 SNS에서 중국의 입장을 대변하는 우마오당五毛黨(중국의 '댓글 알바'를 가리킨다)과 설전을 벌이며 시위대의 입장을 대변했다. 현장의 시위대는 이들에게 '에어컨 참모', '골방 제갈량' 같은 별칭을 붙여주며 호응했다.

홍콩 반환 22주년 전야

정부가 1997년 홍콩이 반환된 이래 한 번도 거르지 않은 반환 기념 불꽃놀이 행사를 중단한다고 밝히자 모두가 놀랐다. 인터넷 게시판은 시위대가 승기를 잡았으니 이대로 밀어붙이자는 의견과 송환법 논의를 중단시켰으니 이쯤에서 멈추자는 의견으로 나뉘었다. 하지만 다수는 캐리 람의 퇴진과 진정한 보통선거 실시, 그리고 6월 12일의 폭력 진압에 대한 독립적 조사기구 설치 등 시위대의 요구를 모두 관철해야 한다고 생각했다.

6월 29일. 잠시 한국으로 돌아왔던 나는 다시 홍콩행 비행기를 탔다. 불과 몇 주 사이에 홍콩 풍경은 많이 변해 있었다. 그 모습을 꼼꼼히 보려고 일부러 공항버스를 타고 시내로 들어갔다. 몽콕이 가까워지자 진입이 금지된 길이 보이기 시작했고, 거리 곳곳에 '송환법 반대'가 적혀 있었다. 나는 곧장 메이에게 연락을 했다.

"나 다시 왔어. 반갑지? 이번에도 신세를 좀 질게. 네가 날 끌고 다녀도 좋아."

잠시 후 답이 왔다.

"이번에는 분위기가 더 뜨거울 텐데, 각오는 하고 왔지? 최루탄 보호 장비는 챙겼어?"

"마스크는 가져왔는데, 최루탄 방지 필터를 못 구했어. 여기에서 찾을 수 있을까?"

"모델이 뭐야?"

"○○시리즈야. 고글은 따로 쓰는 모델이고."

"눈도 가려야 할 텐데…."

"괜찮아. 내 나이쯤 되는 한국 아저씨들은 세계에서 가장 독한 한국산 최루탄을 견뎌낸 사람들이거든."

"일단 홍함으로 가서 필터를 구하자. 기자라고 말하면 금방 꺼내줄 거야."

"고마워. 그리고 7월 1일의 계획을 알려줘. 미리 자리를 잡아야 할 테니까."

"그야 당연하지. 계획이 정해지는 대로 알려줄게. 텔레그램을 자주 확인해. 아! 그리고 아이폰 에어드롭(애플사의 제품끼리 동영상, 문서 등을 편리하게 공유할 수 있는 기능)을 켜놔. 그쪽으로도 정보가 들어올 거야."

"알겠어. 고마워."

나는 짐을 풀고 가장 먼저 마르코 렁이 투신한 퍼시픽플레이스로 갔다. 꽃은 줄어들었지만 제단은 그대로였다. 고개를 들어 렁이 뛰어내린 곳을 바라봤다. 언론 보도에 의하면 그가 뛰어내린 순간 구조대원이 손을 뻗었는데 노란 비옷만 쥘 수 있었다고 한다. 그 마지막 모습을 떠올리며 혼잣말을 하고 있는데 중년 여성이 말을 걸었다. 어느 나라에서 왔느냐고 묻기에 한국에서 취재왔다고 답하니, 한바탕 하소연을 늘어놓았다. 해가 지면 중국인들이 몰려와서 시비를 건다는 것이었다. 주변을 둘러보니 건장한 청년 두셋이 수상한 이들의 접근을 경계하며 이곳을 지키고 있었다.

추모의 벽에는 다양한 언어로 적힌 쪽지가 붙어 있었다. 누군가가 한글로 적어놓고 간 메모가 눈에 띄었다. "한국에서 왔습니다. 한국은 홍콩의 민주주의를 지지하고 응원합니다."

바로 그때 작은 소란이 발생했다. 7월 1일은 홍콩을 방문하는 중국인 방문객이 가장 많은 시기이다. 홍콩의 반환을 자랑스러워하는 중국인들은 반환 기념일이 되면 오성홍기를 들고 홍콩으로 온다. 특히 기념식이 열리는 홍콩컨벤션센터는 필수 코스인데, 그들은 센터 앞에 게양된 오성홍기를 바라보며 민족적 자부심을 느낀다. 그중 한 가족이 레인코트맨의 분향소 근처를 걷다가 홍콩 시민들과 실랑이를 벌였다. 광둥어, 푸퉁화, 영어 욕설이 뒤섞인 혼란이 잠시 지속됐다.

이곳에서 멀지 않은 타마르공원에서는 친중국 집회가 열리고 있었다. 경찰 추산 5만 명이 모인 그 집회에서는 왕년의 가수 앨런 탐Alan Tam과 1992년 영화 〈연인L'Amant〉의 주인공 양가휘梁家輝가 연단에 올라가서 송환법에 반대하는 시위자들을 비난했다. 그리고 내일도 맞불 집회를 벌이겠다고 선언했다. 그날 밤 홍콩 거리에는 "송환법 반대"를 외치는 홍콩인과 "송환법 반대를 반대"하는 홍콩인과 불꽃놀이를 보러 온 중국인이 뒤섞여 있었다. 나는 마천루 불빛을 뒤로하고 내일이면 한바탕 싸움이 벌어질 홍콩컨벤션센터 쪽으로 갔다.

멀리 홍콩반환기념비가 보였다. 아편전쟁 이후 홍콩 반환까지를 1년에 돌 하나씩으로 계산하여 쌓아 올린 기둥이다. 나는 시간이 1997년에서 멈춘 기념비를 볼 때마다 '두 사람은 오래오래 행복하게 살았습니다'로 끝나는 동화를 떠올렸다. 동화는 늘 현실과 다르기 때문이다. 그 순간 홍콩교육대학에 재학 중인 22세 여성이 "캐리 람 퇴진, 구속자 석방, 송환법 반대"를 외치

고 투신했다는 소식이 날아왔다. 주변이 분노로 꿈틀거리기 시
작했다. 여기저기에서 복수라는 말이 터져 나왔다.

이 섬은 이제 어디로 가게 될까? 눈앞이 아찔해졌다.

10.

하나로 모인
무소리들

친중 선박 시위

7월 1일이 밝았다. 일어나자마자 뉴스를 켰더니 새벽부터 용무파勇武派 시위대가 컨벤션센터 앞에서 경찰과 대치하고 있었다. 용무파는 오전에 컨벤션센터에서 열릴 반환 기념식을 힘으로 막으려는 듯했다. 홍콩 정부는 처음부터 경찰을 동원해 강경하게 대응했다. 완차이 일대가 최루탄 가스로 가득 찬 사이에 행사는 장소를 컨벤션센터 실내로 옮겨 진행되었다. 아침에 객실로 배달된 『SCMP』는 홍콩섬 주요 거점에 경찰 5000명이 배치되었다고 알려주었다. 홍콩 정부는 안전을 위해 홍콩 지하철 완차이 역(컨벤션센터 인근)과 애드머럴티 역(정부청사, 입법회, 인민해방군 홍콩 주둔군 사령부 인근)을 폐쇄한다고 밝혔다.

이날도 빅토리아공원에서 본 행진이 시작될 예정이었지만, 나는 먼저 홍콩컨벤션센터를 취재하기로 했다. MTR을 이용하기 어려워져서 침사추이와 완차이 구간을 운행하는 페리를 탔다. 평소에는 한가하던 배에 검은 옷을 입은 사람이 가득했다.

완차이에 도착해서 주변을 둘러보다가 빅토리아항을 지나가는 화물선 행렬을 발견했다. 배에는 플래카드가 걸려 있었다. "전력을 다해 경찰에게 힘을 보태, 집과 마을을 지키자." "일국양제를 지지한다. 홍콩의 번영을 지키자." "경찰을 도와 폭력에 저항하자." 시위대를 비난하고 홍콩 정부와 경찰을 지지하는 친중국 시위대였다. 이런 배 수십 척이 항구를 천천히 가로질렀다.

반환 기념식이 끝나자 경찰이 컨벤션센터에서 철수했다. 시위대가 몰려가 오성홍기를 끌어내리는데도 저지하는 이가 없었다. 이후 시위대는 주변을 점령하고 곳곳에 바리케이드를 설치했다. 나도 용무파 무리를 따라 안으로 들어갔다. 도로에는 반송중 구호가 적혀 있었고 투석전에 대비해 보도블록을 파낸 곳도 많았다. 정부종합청사로 가는 길에는 간이 검문소 두 곳이 있었다. 바로 그때 메이에게 연락이 왔다.

"입법회 앞으로 가. 용무파가 거기에 모여 있어."

"지금 입법회 앞이야."

"벌써? 어떻게 들어갔어?"

"시위 취재 한두 번 하니? 또 상황이 바뀌면 알려줘."

대화를 마친 후 텔레그램을 열었더니 입법회를 점거하자는 이야기가 한창이었다. 정오 무렵이 되자 입법회 주변으로 2~3000명의 시위대가 모였다. 대부분 10대 후반에서 20대 초반이었다. '용무파'란 폭력을 불사하는 시위대를 뜻한다. 한국에서 학생운동이 한창이던 시절에 시위 선두에 섰던 전투조를 떠올리면 된다. 앞에서 말한 것처럼 1967년 이후 홍콩 시민들은 폭력 시위를 꺼렸고 시위대도 '우리는 평화를 사랑한다'라는 점을 강조하는 경향이 컸다. 2014년 우산혁명 때도 시위가 끝나면 거리의 쓰레기를 모두 치우고 갈 정도로 질서정연했다.

분위기가 달라진 건 2016년 피시볼혁명 때이다. '광복홍콩 시대혁명' 구호를 만든 에드워드 렁이 등장했다. 이들의 논리는 단순하다. '200만 명이 거리로 나왔음에도 바뀐 게 없다. 평화 시위로는 현실을 바꿀 수 없다'이다.

용무파와 생각이 다른 평화 시위대를 '화리비和理非'라고 부른다. 평화, 이성, 비폭력에서 한 자씩 따온 이름이다. 이들은 무분별한 폭력은 홍콩 및 중국 정부의 선전에 이용될 뿐이고, 중도파가 돌아서게 만들 것이라고 우려한다.

돌이켜 보면 홍콩 행정부의 가장 큰 실수는 6월 12일에 최루탄을 발포한 것이다. 이때 소수의 용무파가 화리비를 보호하기 위해 경찰 앞을 막아섰다. 그들이 보여준 용기가 홍콩의 인터넷 사이트와 SNS를 달궜고, 그들은 홍콩 10대들의 우상으로 떠올랐다. 그리고 드디어 오늘 신입 용무파가 무대의 전면에 등장했다.

오후 2시가 되자 현장 분위기가 급변했다. 용무파는 유리로 된 2번 출입구를 통해 의사당 진입을 시도했다. 커다란 해머로 유리문을 내리쳤지만 이중 강화유리는 좀처럼 깨지지 않았다. 한참을 시도해보고 결국 유리를 깰 수 없다는 걸 깨달은 시위대는 어딘가에서 보도블록을 가득 실은 카트를 끌고 왔다. 그들은 20명이 한 조가 되어 카트를 밀고 유리문으로 돌진했다. 쾅 하는 소리와 함께 유리에 금이 갔고, 곧이어 뜯어지기 시작했다. 건물 안에 있던 소수의 경찰이 깨진 틈 사이로 최루액을 뿌리며 저항했지만 오래 버티지 못했다. 시위대는 건물 안으로 쏟아져 들어갔고, 기자들은 그 모습을 찍느라 정신이 없었다.

잠시 후 입법회 안으로 들어가 보니 사방이 아수라장이었다. 손이 닿는 높이의 유리창은 모조리 깨져 있었고, 수도관이 터졌는지 현관 앞은 물바다였다. 로비의 벽은 "홍콩은 아직 중국이 아니다", "살인정권" 등의 낙서로 뒤덮였다. 경고벨 소리와 무엇인가를 부수는 소리와 고함 소리가 혼란스럽게 뒤섞여 있었다. "폭도는 없다. 폭정만 있을 뿐", "우리에게 평화 시위가 소용없다고 가르쳐준 것은 당신이다"라는 낙서가 뇌리에 박혔다.

시위대는 입법회를 점령하여 보통선거에 대한 홍콩 시민들의 갈망을 표출하려 했다. 이들은 우산혁명을 거치며 정치적으로 각성했고 투표에 참여하며 정치적 무관심에서 벗어났지만, 제 손으로 뽑은 의원에게 입법 권한이 없다는 현실을 깨닫게 되었다. 의원을 뽑아도 중국이 개입해 파직시키는 현실, 행정부의 권한이 입법부를 압도하는 한계에 대한 절망과 배신감으로 인해 시위대는 의회를 타도 대상으로 삼은 것이다.

시위대는 본회의장에도 난입해 낙서로 현 체제를 조롱하고 의원석에 설치된 전자투표 장치를 파괴했다. 의회 안에는 입법회 유공자와 역대 행정장관, 입법회 의장의 초상화가 있었는데 이 또한 낙서로 더럽혀졌다. 반면 의회 도서관에는 손을 대지 않고 매점에서 음료를 꺼내 먹고 돈을 내고 가는 등 분노한 상황에서도 시민의식을 지키려 했다는 점이 눈에 띄었다.

현장에 와 있던 외신 기자들은 이들의 폭력성을 우려하기도 했다. 한 네덜란드 기자는 내게 "이 일로 인해 강력한 백래시가 올 것이다. 이번 시위는 어쩌면 오늘이 마지막일지도 모른다"라고 말했다. 또한 그는 "나는 파괴를 즐기는 것 같은 이들의 모습을 뭐라고 써야 할지 모르겠다"라고 걱정했는데, 그건 나도 마찬가지였다. 주변에서는 붉은 완장을 찬 중국 기자들이 현장을 열심히 취재하고 있었다(중국을 제외한 다른 나라의 기자들은 노란 완장을 단다). 그 모습이 마치 증거를 수집하는 것처럼 보였다.

홍콩인 투쟁 선언

　모두가 신분 노출을 꺼리며 얼굴을 가리고 있던 그날, 홀로 당당하게 얼굴을 공개한 인물이 있다. 브라이언 렁Brian Leung이라는 정치 학도였는데, 그는 다른 이들이 이제 입법회에서 철수하자고 말할 때 오히려 점거를 풀지 말고 농성을 시작하자고 주장했다. 렁은 대학생들을 위한 정치 잡지의 편집위원으로, 「홍콩민족운명자결」이라는 특집 기사를 써서 세간의 주목을 받았다. 이것은 홍콩 본토파를 조명하는 내용이었는데, 전임 행정장관인 렁춘잉은 기사를 읽고 "홍콩 독립을 부추기는 위험한 사상을 유포한다"고 비난했다. 렁은 장기간 의회를 점령하여 정부의 양보를 이끌어낸 타이완의 해바라기운동(2014년 3월 18일부터 4월 10일까지 대학생과 사회운동 세력이 타이완 의회를 점령한 사건이다. 이들은 중국과 타이완이 맺은 무역협정의 철회를 요구하며 본회의장에서 농성했다)을 참고해야 한다고 주장했다. 그리고 본회의장에서 마스크를 벗은 채 「홍콩인 투쟁 선언」을 낭독했다.

　　우리는 시위대이다. 우리는 맨몸으로 폭력에 맞서며 홍콩 입법회를 점거하는 투쟁을 하고 싶지 않았다. 그러나 정부는 지난 몇 개월간 지속된 시위에도 불구하고 계속 거짓말로 책임을 회피하고 시민들의 요구에 응하지 않았다. 억압적인 정권에 맞서서 우리는 정의감, 도덕적 양심, 홍콩과 홍콩인에 대한 깊은 사랑을 무기로 싸우고 있다.
　　22년 전 홍콩특별행정구가 설립된 이래 홍콩의 정치와 경제 상황은 계속 악화되고 있으며, 캐리 람 행정장관 취임 이후에는 최악으로 치달았다.

정부는 수백만 홍콩인의 의사를 무시한 채 송환법 개정을 추진하고 있다. 현 정부는 더 이상 홍콩인을 위한 정부가 아니다. 우리는 목소리를 전달하기 위해 거리로 나왔고 의회를 점거하며 송환법에 대한 반대 의사를 행동으로 표현했다. 하지만 우리는 무장하지 않았으며, 폭력적이지도 않다. 그저 정의롭고 용감하게 앞으로 나아갈 뿐이다. 우리는 홍콩 정부가 계획을 철회하기만을 바라고 있다.

우리 항의하는 시민들은 정부에 다음의 요구를 호소한다.

1. 송환법을 완전히 철회하라.
2. (6월 9일과 12일 시위의) 시위대에 대한 폭도 규정을 철회하라.
3. 시위대에 대한 모든 형사 고발을 철회하라.
4. 경찰권 남용에 대한 독립적 조사위원회를 설치하라.
5. 행정명령을 내려서 입법회를 해산하고, 즉시 보통선거를 실시하라.

반송중 투쟁을 시작한 뒤 벌써 세 사람이 사망했다. 우리는 슬픔과 분노를 잊지 않고, 자애로써 자유, 정의, 민주를 이루기 위하여 더 이상의 희생을 원치 않는다. 모든 홍콩인은 단결하여 전제 정치와 가혹한 법률에 맞서고 홍콩을 지켜 나가자.

낭독을 마친 렁은 다음과 같은 말을 덧붙였다.

우리는 생명의 위협을 무릅쓰고 입법회를 점거했다. 지금
철수한다면 내일 TV 뉴스는 이 안의 모든 파괴와 혼란을
방송에 내보내 우리를 폭도라고 부를 것이다. (중략) 우리가
여기에서 패배한다면 앞으로 10년간 시민 사회가 반격할
기회조차 없을 것이다. 이것은 놀이가 아니다. 입법회 점거
는 단 한 번의 기회이다. 되돌릴 수 없다. 입법회 점거를 유
지하는 데 동참해주기 바란다. 우리의 몸으로 입법회를 지
키자.
타이완의 해바라기운동 때 바깥에서는 시민과 운동가, 국
회의원 등이 출입구를 지키며 학생들을 보호했다. 홍콩도
그럴 것이다. 그러니 우리는 용기를 갖고 버티면 된다. 사
람이 많으면 많을수록 이곳은 안전해진다.
나는 마스크를 벗고 모두에게 말할 것이다. 홍콩인은 더 이
상 내몰릴 곳이 없다! 우리는 더 이상 질 수 없다! 만약 이
곳에서 패배한다면 우리의 사회는 철저히 파괴될 것이다.

다수의 시위대는 브라이언 렁의 주장을 외면했지만, 그가 말
한 5대 요구는 홍콩 시위대의 목표를 처음으로 정리한 것이다.
이후 많은 시민이 브라이언 렁의 5대 요구를 인용하게 된다. 참
고로 이날의 다수 의견은 '가도 같이 가고 돌아갈 때도 함께 돌
아가자'였다. 화리비든 용무파이든 홍콩을 위한다면 하나가 되
자고 했다.

나는 입법회 로비에서 청소년 시위대의 이야기를 듣기로 했다. 철제 바리케이드 근처에 앉아 있던 웡, 레이, 람은 이제 막 중학생이 된 평범한 아이들이었다. 그들은 입법회 점거가 얼마나 커다란 사건이며 앞으로 홍콩에 어떤 일이 벌어질지를 걱정하기보다는, 당장 경찰이 진압하러 올지도 모른다는 점을 두려워하고 있었다.

"경찰이 오면 저 형들도 못 버틸 것 같은데요?"

람이 레이를 가리키며 말했다.

"쟤는 제일 먼저 도망갈 거예요!"

그러자 레이는 "네가 먼저 도망간다고 했잖아"라고 항의했다.

아이들 중 조숙한 편이었던 웡이 나에게 질문을 했다.

"한국 사람들은 어떻게 이긴 거예요?"

"우리도 항상 이긴 건 아니야. 늘 졌고, 계속 지는데도 지치지 않고 싸워서 결국 이긴 거야. 현실은 영화 〈1987〉과 달랐어."

"그럼 우리도 계속 싸워야 해요? 곧 경찰이 온다는데…. 여길 지켜야 해요?"

"아니야, 도망가. 경찰이 보이면 뒤돌아보지 말고 도망쳐. 지금 진다고 해도 너희들이 지치지 않으면 언젠가 이기는 날이 올 거야."

이 말을 하는데 목이 메었다.

입법회 홀 한가운데에는 커다란 '입ㅍ'자가 조각되어 있다. 시위대는 그 글자를 박박 지우고 위에 노란색 비옷을 걸었다. 마르코 렁이 남기고 간 그 '레인코트'였다.

오후 10시 47분경 텔레그램으로 문자가 왔다. 메이가 무장 경찰이 집결 중이라는 소식을 전해주었다. 비슷한 문자가 주변의 기자와 시위대에게도 전달되었다. 의회에 모여 있던 시위대는 철수할지 버틸지를 놓고 다시 옥신각신했다. 다수는 자정까지만 버틴 후 철수하기로 하였고, 일부는 끝까지 남겠다고 주장하였지만 다수의 시위대가 그들을 끌고 함께 철수했다.

진압

밖으로 나오니 시위대는 경찰의 진압 속도를 늦추기 위해 여러 겹의 바리케이드를 쌓아놓고 있었다. 기자들은 컨벤션센터로 이어지는 교차로에 카메라를 설치하고 취재를 준비했다. 이윽고 자정이 되자 멀리서 경찰차 불빛이 보이기 시작하더니 이내 경찰이 진압을 시작했다. 1열은 방패, 2열은 최루탄과 고무탄 등의 시위 진압 장비, 그 뒤는 곤봉으로 무장했다. 시위대는 도로 경계에 있던 철제 난간을 케이블타이로 엮어 삼중의 바리케이드를 만들고 우산을 펼쳐서 대응했다. 최루탄이야 우산으로 튕겨낼 수 있을지 모르지만 곤봉 세례는 막아낼 방법이 없었다. 경찰이 몰려와 바리케이드를 걷어내자 몇몇 시위대가 돌을 던지며 저항했다. 경찰은 이내 최루탄과 고무탄을 시위대에게 겨냥했다. 얼마 지나지 않아서 대열은 퍼시픽플레이스가 있는 퀸스로드 쪽으로 흩어졌다. 경찰은 의회가 빈 것을 확인한 뒤 안으로 들어갔는데 그 과정에서 기자들에게 신경질을 냈다.

시위대가 퀸스로드에 다시 모이자마자 경찰이 쫓아왔다. 민주파 의원 몇 명이 경찰을 가로막고 시위대의 귀가를 보장해달 라고 호소하는 사이에 시위대는 전철과 버스를 타고 흩어졌다. 거리가 텅 비는 데까지 고작 20~30분밖에 걸리지 않았다.

오전 0시 56분, 애드머럴티 역에 마지막 열차가 도착했다. MTR 측은 시위대가 신속하게 탑승할 수 있도록 모든 개찰구를 열어주었다. 열차 안은 젊은 시위대의 환호로 가득했다. 그리고 나는 해가 뜨면 한국으로 돌아가는 비행기를 타야 했다. 숙소로 돌아와 짐을 싸면서 오늘의 폭력 사태를 홍콩 시민 사회가 어떻 게 받아들일 것인지 근심했다.

아들의 가출

답답해서 웡 씨의 가게로 향했다. 야우마테이에 있는 웡 씨 의 가게에도 시위대가 가득했다. 아침부터 움직인 탓에 손가락 하나 움직일 힘이 남아 있지 않았다.

"환타는 가이드북 작가 아니었어? 오늘은 왜 기자야?"

"홍콩에서 벌어지는 일이 내 일이지, 뭐. 흑임자 죽이랑 탕위 엔 하나만 줘."

"맨날 그거만 먹네. 오늘 생강향이 강할 거야. 시위대가 많이 올 것 같아서 세게 우렸어."

"잘됐네. 아침부터 한시도 쉬지 못했어."

"도깨비 같은 친구네. 일단 먹고 있어. 그런데 언제 귀국해?"

"내일. 갈 수 있을지 모르겠어. 상황이 이래서…."

"알았어. 이따 더 이야기하자."

새벽 3시쯤 되니 손님이 거의 남지 않았다. 웡 씨는 가게를 정리한 뒤 나를 웡 할아버지에게 데리고 갔다. 그의 얼굴에는 불안해하는 기색이 역력했다.

"왜 저러셔? 무슨 일 있어?"

웡은 잠시 뜸을 들이더니 말했다.

"우리 아들이 집을 나갔어. 6월 12일 시위에 갔다 와서는 할아버지와 크게 싸우고 짐을 싸서 나갔어. 두 사람은 정치 성향이 무척 다르거든."

"시위대라고? 용무파야?"

"그럴지도 모르지. 연락이 안 돼. 가끔 무사하다는 소식만 알리고 전화기를 꺼놓았어."

"실종 신고를 할 수 있는 상황이 아니겠구나."

"이런 집이 한둘이 아닌 것 같아. 문제는 시위가 점점 격해지고 있다는 거야. 홍콩 정부는 폭동죄를 적용하겠다고 했는데, 그게 징역…."

"10년이지."

"그래! 걔는 고작 열여덟 살이라고. 그 아이가 왜 그러는지는 이해해. 나도 뉴스에서 경찰의 대응을 보면 어떻게 저럴 수 있나 싶으니까. 그래도 그렇지…. 아버지가 애를 좀 찾아달라고 하시네. 취재하다가 이렇게 생긴 애를 보면 꼭 집으로 돌아오라고 말해달라고 하셨어."

휴대전화로 앳된 소년의 사진이 전송되었다.

"다들 마스크를 쓰고 있기도 하고, 내일 한국으로 돌아갈 텐데 내가 찾을 수 있을까?"

윙 씨는 나지막이 말했다.

"그냥 찾아보겠다고 해. 그게 뭐가 어렵다고….''

상황을 파악한 나는 바로 표정을 바꿔 호언장담했다. 잘 찾
아볼 테니 걱정하지 말라고.

윙 할아버지는 그게 위안이 됐는지 입을 열었다.

"홍콩 사람들처럼 기구한 운명을 가진 사람도 없을 거야. 나
는 1967년 영국 놈은 물러가라고 목이 터져라 외쳤는데, 지금
손주는 유니언잭을 들고 영국 시절로 돌아가고 싶다고 하고 있
으니 말이야."

할아버지와 손자는 압제자와 싸웠다. 할아버지 때 압제자가
영국이었다면, 손주의 압제자는 중국이라는 점이 달라졌다. 윙
할아버지는 말을 이었다.

"내가 반영 투쟁을 했을 때가 지금 손자의 나이쯤이었어. 중
국으로 반환되면 모든 게 해결될 것이라고 생각했는데 대체 왜
이런 일이 생겼는지 모르겠네."

홍콩의 좌파는 1989년 천안문 학살을 겪으며 크게 갈라졌
다. 영국 식민지에서 벗어나야 하니 중국과 협조해야 한다는 사
람과, 자기 국민을 저렇게 죽이는 놈들과는 협력할 수 없다는
입장이 팽팽하게 맞섰다.

윙 할아버지는 중국을 조국이라고 생각한다. 윙 씨는 중국의
지배는 어쩔 수 없는 순리지만 중국이 홍콩에 약속한 것은 지켜
야 한다고 생각한다. 집을 나간 손자는 자신을 홍콩인이라고 생
각할 것이다. 그렇다고 윙 할아버지가 골수 친중파인 것은 아니

다. 그저 현실에 순응한 사람일 뿐이다.

웡 할아버지는 1967년 중국에서는 문화혁명이, 홍콩에서는 반영 투쟁이 한창이던 시절 거리에서 불렸다는 〈동방홍東方紅〉 이라는 노래를 알려주었다.

"기자 양반, 이 노래 알아? 똥퐁홍 타이옝씽東方紅 太陽升."

"〈동방홍〉이죠?"

"알고 있군. 이 노래가 참 기구해. 우리 세대는 이 노래를 중국 국가로 알고 있어."

중국의 공식 국가는 〈의용군 진행곡〉이다. 녜얼聶耳이 작곡하고 톈한田漢이 작사한 노래인데, 작사가인 톈한이 문화혁명 때 숙청당하며 마오쩌둥을 찬양하는 노래였던 〈동방홍〉이 국가로 쓰였다. 당시에는 베이징공항에서도 이 노래가 흘러나왔다고 한다.

문화혁명 이후 〈동방홍〉은 폐기되고 〈의용군 진행곡〉이 복권되었다.

"웃기는 일이야. 시대가 변하면서 모든 게 바뀌어야 했어. 요즘은 축구장에서 〈의용군 진행곡〉이 나올 때 야유하면 처벌받는다면서? 대체 어느 장단에 춤추라는 것인지."

홍콩 시위는 이렇게 모든 영역을 갈가리 찢어놓고 있었다.

웡 씨 부자와 이야기하는 사이에 아침 해가 떴다. 스마트폰을 보니 메이로부터 텔레그램 문자가 와 있었다.

"대체 어디야? 대답 좀 해."

그에게 이제 출국 준비를 하러 간다고 알리자, 공항까지 어떻게 갈 거냐고 물었다.

"카오룽 모스크에서 공항버스를 타려고."

"밤새 일하고 또 무슨 고생이니. 그냥 택시를 타."

"프리랜서가 무슨 돈으로? 그리고 아껴야 다음에 또 오지."

메이는 나에게 숙소 주소와 공항으로 갈 시간을 물어보았다. 대답을 보내자 다음과 같은 메시지가 왔다.

"9시에 ○○○번 택시가 네게 갈 거야. 비용은 내지 않아도 돼."

"아니야, 그렇게 안 해도 괜찮아."

"우리를 도와주는 분이니까 부담 갖지 말고 타. 내 성의야. 그래야 또 올 수 있다면서."

얼마 후 온 택시는 시위대의 안전 귀가를 돕는, 이른바 '아빠 부대'의 차량이었다. 이때까지는 대중교통이 끊겼을 때 아이들을 실어 나르는 도우미 역할만 했지만, 시위가 과격해진 8월 이후에는 경찰의 포위망을 뚫고 아이들을 구출하는 중요한 역할을 담당하게 된다.

홍콩 시민은 시위대를 지지한다

공항에 도착하자마자 신문을 모두 사 모았다. 헤드라인은 하나같이 만신창이가 된 홍콩 입법회 건물과 캐리 람 행정장관의 분노한 얼굴로 짜여 있었다. 그런 홍콩을 뒤로하고 한국으로 돌아가려니 꼭 도망자가 된 기분이었다.

'시위는 곧 혼란'이라고 몰고 싶은 친중국 언론에게는 호재였다. 어제의 입법회 점거는 누가 봐도 유인책이었고, 그 안에서 파괴 행위가 벌어진 상황도 의도가 의심스러웠다. 그동안 한국에서 봤던 여러 장면이 머릿속을 스쳤다. 1991년, 명지대 학생 강경대가 경찰의 집단 구타로 사망한 뒤 이어진 수많은 분신 속에서 청계천, 을지로, 종로를 가득 채웠던 사람들이 떠올랐다. 당시 10대 후반이었던 나도 미친 사람처럼 거리를 돌아다녔다. 지하철의 승객들에게, 혹은 종로의 술집에서 삼삼오오 술을 마시던 시민들에게 다짜고짜 다가가 오늘은 또 누가 죽었다는 소식을 울면서 전했다. 보다 못한 시민들은 내게 맥주와 노가리를 나누어주며 말했다.

"얘, 네가 무슨 말을 하는지 하나도 모르겠어. 울지 말고 이것 좀 마시렴."

백주대낮에 대학생이 전경들에게 맞아 죽던 그 시절, 시민들은 우리에게 온정적이었다. 그러다 시인 김지하가 '죽음을 선동하는 어둠의 무리'를 꾸짖는 장문의 글을 기고한 뒤로 사람들은 냉담해졌다. 적어도 나에게 맥주를 권하던 사람은 사라졌다. 얼마 지나지 않아 전교조 대량 해직 사태를 일으킨 교육부장관 정원식이 국무총리에 임명되었고, 그는 한국외국어대학에 강의하러 갔다가 학생들에게 밀가루 세례를 받았다. 다음 날 언론은 그 장면을 헤드라인에 걸었고, 세상은 더 이상 대학생들을 지지하지 않게 되었다. 그리고 1991년 4월 26일, 강경대의 죽음으로 촉발된 사태는 종지부를 찍었다.

7월 1일 입법회 사태를 보며 나는 그 장면이 계속 떠올랐다. 서울에 도착한 뒤 메이에게 잘 왔다고, 어제의 일이 걱정이라고

문자를 보냈다. 메이는 홍콩 작가 둥카이청董啟章이 페이스북에
올린 글을 보내주었다.

> 그들은 기물을 파손하긴 했지만 폭도가 아니다. 그들은 질
> 서정연하게, 통제된 방식으로 기물을 파괴했다. 이 파괴는
> 상징적 행위이자 의사표시이고, 분노의 표출이다. 이 과정
> 에서 그들은 단 한 사람에게도 상처를 입히지 않았다. 입법
> 회 안의 물건을 훼손하는 것이 폭력인가? 이것은 쓸모없는
> 정부, 파렴치한 친중국 정당과 비민주적 홍콩 체제에 대한
> 분노의 표현일 뿐이다.

이렇게 생각하는 사람은 둥카이청 혼자가 아니었다. 집회를
주최한 민간인권전선과 민주당, 공민당 등 야당도 전날 의회에
서 벌어진 일을 비난하지 않았다. 오히려 시위대를 대신해 홍콩
시민들에게 사과의 말을 전하고, 사태를 키워온 정부를 비난했
다. 그러자 다수의 홍콩 시민이 시위대에게 지지의 뜻을 보냈다.
　캐리 람은 7월 2일 새벽 4시에 기자들 앞에 나타나 깊은 슬
픔과 분노를 표한 뒤 파괴된 입법회를 공개했다. 홍콩 행정부는
이 사건을 이용해 여론을 돌려놓을 계획이었다. 이는 한국에서
도 흔히 볼 수 있는 정부의 시위 대응법으로서, 모든 시위에는
온건파와 강경파가 공존한다는 점을 악용하는 방식이다. 온건
파 시위대는 자신들이 강경파로 매도되는 걸 두려워하기 때문
에 '착한 시위대 콤플렉스'에 시달린다. 때로 집회가 끝난 후 거
리를 치우는 시위대의 모습이 '성숙한 시민의식'으로 포장되어

관심을 받기도 하는데, 사실은 온건파가 '우리는 평화와 질서, 사회의 안녕을 지키기 위해 거리로 나섰다'는 점을 드러내는 방식이다. 여기에서 청자는 시위에 관심이 없는 사람들이다.

홍콩 경찰이 시위대에게 입법회를 내준 것은 의도된 행동으로 보인다. 시위대는 그 증거로 경찰이 경고 방송을 한 시간을 든다. 시위대가 홍콩 의회에 진입한 건 7월 1일 오후 9시경이고 경찰의 입장 발표는 30분 뒤에 방송되었는데, 이 영상에 등장하는 경찰 대변인의 손목시계는 오후 5시를 가리키고 있다. 영상이 미리 녹화되었다는 뜻이다.

상황은 정부가 의도한 대로 흘러가지 않았다. 홍콩의 진보적 신문인 『명보』가 긴급 여론조사를 실시했는데, 시민의 67.7퍼센트가 입법회 점령 사건의 원인으로 '경찰 폭력'을 지목했다.

물이 되어라

7월 1일의 입법회 점령은 캐리 람 행정부의 의도, 그리고 상황을 지켜본 많은 사람들의 우려와 달리 시위대의 내분으로 이어지지 않았다. 오히려 용무파가 여론을 장악했다. 2016년 피시볼혁명 때는 주요 야당도 폭력 시위를 주도한 세력을 비난하며 양비론적 입장을 취했지만, 이번에는 시위대를 지지하고 행정부를 비판했다. 용무파는 민주계의 두 야당과 조슈아 웡의 데모시스토당, 그 밖에 화리비까지도 자신들과 한뜻임을 확인했다. 누군가는 이 상황을 "홍콩에서 벌어진 국공 합작"이라고 표현했다.

7월 9일 캐리 람 행정장관은 다시 기자회견을 열고 "송환법 개정안은 사망했다Bill is dead"라고 선언했다. 그런데 '사망dead' 은 법적 표현인 '철회withdraw'와는 다른 정치적 수사에 불과하다. 이 말을 듣고 시위대는 더욱 강경해졌다.

7월 19일에는 시위대에게 희망적인 소식이 전해졌다. 유럽연합 의회가 '홍콩민주화결의안'을 통과시켰기 때문이다. 이 소식을 들은 중국 외교부는 격렬히 반발했다. 이런 흐름 속에서 한 홍콩 경찰이 BBC 인터뷰에서 "우리도 어쩔 수 없어 이럴 뿐, 홍콩 시민을 강경 진압하고 싶지 않다"라고 밝히기도 했다. 반면 경찰 고위층은 여전히 강경 진압 방침을 고수했다.

7월 21일 시민들이 다시 거리에 모였다. 이날 경찰은 코즈웨이베이부터 완차이에 있는 사우손운동장Southorn Playground까지만 집회를 허가했다. 입법회에서 1킬로미터 떨어진 곳에 경계를 긋고 그 안으로 넘어오지 말라는 뜻이다. 약 3000명의 경찰이 거대한 차벽을 세우고 물대포를 배치했다. 그러자 시위대는 입법부가 아니라 성완의 중화인민공화국 중앙정부 홍콩 연락사무소로 향했다. 사실상 홍콩을 감독하는 중국 기관 앞에 모인 그들은 한목소리로 외쳤다. "광복홍콩 시대혁명." 이날 현장에 있던 메이는 그 모습을 보고 소름이 돋았다고 말했다. 모든 일은 처음에 어렵지, 일단 한번 시작하면 걷잡을 수 없이 달려나가기 마련이다. 광복홍콩이라는 구호도 그랬다. 이제 사람들은 홍콩의 독립을 외치며 보다 더 자유로운 홍콩을 상상하기 시작했다.

시위대는 연락사무소 정문에 걸려 있는 중국 국가문장에 페인트를 붓고 낙서했다. 혼비백산한 경찰 지도부는 병력을 빠른 속도로 서쪽으로 이동시켰다. 그러나 시위대는 경찰이 보일 때마다 마치 물처럼 흩어졌다가 다시 나타나기를 반복하며 시위를 이어갔다.

마음을 비워라. 마치 물처럼 형태나 모양에 구애받지 마라. 물은 컵에 따르면 컵 모양이 되고 병에 부으면 병 모양이 된다. 찻주전자에 부으면 다시 찻주전자 모양이 된다. 물은 흘러갈 수 있고, 무엇인가를 파괴할 수도 있다. 친구여, 물이 되어라.

이소룡이 사망하기 1년 전인 1972년에 한 매체와 인터뷰하며 했다는 이 말은 2019년 7월 이후 홍콩에서 가장 중요한 개념이 되었다. 사실 이소룡이 처음 한 말도 아니다. 고대 중국에서 탄생한 중요한 사상 중 하나인 도가의 경전에 다음과 같은 말이 전해진다. "유승강 약중강柔勝剛 弱中强(부드러움이 강함을 이기고 약함 속에 강함이 있다)." "격류지수 가이부석激流之水 可以浮石 (거센 물은 돌도 뜨게 할 수 있다)." 중국 전통 무예인 태극권도 '부드러움으로 강함을 제압한다'는 생각을 바탕으로 만들어졌다. 심지어 중일전쟁 때 마오쩌둥이 지은 전쟁 이론서 『지구전론 持久戰論』에도 이 개념이 담겨 있다. "대중의 마음은 유동적이며 물과 같기 때문에 싸움도 유동적으로 해야 한다. 적이 공격해오면 싸움을 피해서 적의 힘을 빼고, 힘의 균형이 갖추어지면 전략적 대치로 전환하며, 모든 조건이 내게 유리해졌을 때 공세에 나서야 한다." 중화의 계승자를 자처하는 홍콩 사람들에게 '물이 되어라'로 정의되는 시위 전술은 가장 중화적인 싸움 방법인 셈이다. 그렇다면 2019년의 홍콩 사람들은 이 말을 시위에 어떻게 접목했을까?

그들은 우산혁명의 실패를 답습하지 않았다. 무리하게 점거하지 않기로 했다는 뜻이다. 7월 1일 입법회를 점령했을 때도 이 원칙에 따라 즉시 철수했다. 경찰과 맞붙지 않고 성동격서(동쪽에서 소리를 내고 서쪽을 친다는 뜻으로, 적을 이쪽으로 유인한 뒤 반대쪽을 공격하는 전술)하면서 상대의 힘을 빼려고 했다. 또한 일상을 작파하고 시위에만 매달리지 말자고 다짐했다. 우산혁명 때처럼 텐트촌을 치고 달려들면 결국 운동과 삶이 단절되기 때문이다. 학생, 직장인, 자영업자 등으로 구성된 시위대는 각자의 생활을 유지하며 투쟁했다. 이렇게 2019년의 홍콩 시위대는 형식도 형태도 규정할 수 없는 새로운 양식을 만들어냈다.

새로운 시위 방식에 고전한 경찰은 여름 내내 시위대의 뒤꽁무니만 쫓기 바빴고, 결국 시위대를 바퀴벌레라고 부르며 짜증을 내는 지경에 이르렀다. 시위대의 복장도 경찰의 체포와 기소를 막는 데 도움이 되었다. 모두가 검정 옷을 입고 얼굴을 가린 채 나온 탓에 경찰은 특정 인물(폭력 시위자 등)을 분류하고 검거하는 데 어려움을 겪었다.

무엇보다 홍콩 사람들은 이번 시위를 '지도자 없는leaderless 시위'로 조직했다. 우산혁명 당시 홍콩 정부는 시위대의 리더를 집중적으로 체포·기소했고, 지도부의 공백은 시위대의 혼란을

"중화의 계승자를 자처하는 홍콩 사람들에게
'물이 되어라'로 정의되는 시위 전술은
가장 중화적인 싸움 방법이었다."

야기했다. 이에 시위대는 '눈에 띄는 리더가 없으면 붙잡힐 사
람도 없고, 우리도 혼란에 빠지지 않을 것이다'라고 생각했다.
그 결과 이번 시위는 참여한 이들 모두가 스스로 리더 역할을
하는 운동으로 발전했다.

마지막으로 2019년의 시위는 홍콩인들이 그토록 바라던
'대안적 민주주의'의 한 모델이 되었다. 여대야소를 절대로 깰
수 없는 입법회 선거 구조, 의원들의 보잘것없는 권한, 직접선
거가 불가능한 행정장관 등 여러 제도가 홍콩의 민주주의를 가
로막고 있었다. 2019년 홍콩 시위는 송환법 개정을 막기 위해
시작했지만, 시간이 지날수록 보편적 민주주의와 참정권 실현
이라는 더 큰 요구로 발전했다. 마치 물처럼 스스로 형태를 바
꾸며 더 높은 수준의 민주주의 모델을 만들어나간 것이다. 따라
서 2014년의 시위가 '우산혁명'이었다면, 2019년의 시위는 '물
의 혁명'이라고 부를 수 있을 것이다(일부에서는 '오픈 소스 시위'라
고 부르고 있다).

백색 테러

7월 21일 집회를 마치고 집으로 돌아가던 시위대가 위엔룽
元朗 역에서 흰 옷을 입은 괴한들에게 폭행당하는 사건이 발생
했다. 위엔룽은 신계의 중국 접경 지역에 속하는 행정 구역이
다. 과거에는 홍콩섬의 원주민인 하카족客家族이 모여 살던 성채
마을로 유명했지만, 지금은 대규모 아파트 단지가 들어서며 대

표적인 베드타운이 되었다. 이때까지 폭력 사태는 시위 현장에서만 벌어졌지, 귀가하던 사람들이 공격당한 전례는 없었다. 그런데 이날은 정체불명의 괴한 무리가 역에서 나온 시민들을 다짜고짜 린치했는데, 피해자 중에는 만삭의 임산부도 있었다고 한다.

경찰은 늑장 대응을 했다. 수많은 이들이 사건을 경찰에 신고했지만 10분 뒤에 순경 단 두 명이 현장에 도착했다. 주변에 있던 기자가 왜 이렇게 늦었느냐고 물어보았지만 경찰은 "시계를 잃어버려서 찾느라 늦었다"라고 얼버무렸다.

주요 언론은 사건의 배후로 삼합회를 지목했다. 2014년 우산혁명 말기에도 비슷한 사건이 있었기 때문이다. 삼합회 전문가인 홍콩시티대학 사회행동과학부 로티윙盧鐵榮 교수는 삼합회 조직이 중국 농촌에서 모집한 아마추어들의 소행이라고 분석했다. 괴한들이 휘두른 폭력에 격분한 시위대는 용의자가 도주한 성채 마을 남핑와이南邊圍를 포위했다. 경찰이 이들을 해산시키기 위해 최루탄을 발사하며 2차 충돌이 발생하여 총 45명이 부상당했다(홍콩 경찰은 5일 뒤 약 10여 명의 테러 용의자를 추적해 체포했다고 발표했다).

로이터는 중화인민공화국 중앙정부 홍콩 연락사무소 관리가 중국에서 온 이주자로 이루어진 위엔룽 주민 수백 명을 모아놓고 "시위대를 몰아내라"고 사주했다는 사실을 폭로했고, 홍콩 프리프레스는 사주를 받은 주민의 인터뷰를 후속 보도했다.

시민들의 분노가 거세지자 매슈 청Matthew Cheung 정무국장이 경찰의 미흡한 처리에 대해 사과했다. 그러자 이번에는 경찰들이 "우리는 맡은 일을 충실히 했을 뿐인데 왜 사과를 하느냐"
라고 정부에 항의했다. 2만 5000명의 조합원을 둔 경찰노조도
정무국장의 사과에 강한 유감을 표시했다. 이날 일어난 사건의
진상은 몇 달이 지난 뒤 밝혀졌다.

테러의 배후

라디오텔레비전홍콩RTHK은 홍콩의 공영 방송으로, BBC
처럼 '정치 권력으로부터의 독립'을 모델로 한다. 그러나 국가
의 돈으로 운영되는 방송국이 독립적인 목소리를 내는 걸 싫어
하는 사람은 어디에나 있다. RTHK는 2019년 내내 홍콩 시위
를 긍정적으로 보도했고, 그 결과 2020년 12월까지 온갖 제재
를 받고 수많은 프로그램이 폐지되었다. RTHK의 간판 프로그
램 가운데 40여 년의 역사를 자랑하는 〈홍콩 커넥션Hong Kong
Connection〉이라는 탐사 보도 전문 프로그램이 있다. 여기에서
2019년 10월 4일 '7·21 위엔룽의 악몽' 편과 2020년 10월 30
일 '7·21 진실을 소유한 사람들' 편을 내보냈다(전편은 뉴욕페스
티벌TV&필름어워드 다큐 부문을 수상했다). 이 방송을 통해 드러난
진실에 홍콩 시민들이 큰 충격을 받았다.

사건의 전말을 이해하기 위해서는 위엔룽의 역사를 알아야
한다. 위엔룽은 신계 북부에 속한 지역으로 북쪽으로 선전만을
끼고 있다(선전만 건너에는 중국 선전시가 있다). 외국인 여행자들은
로후 국경을 통해 홍콩과 중국을 오가지만, 중국인과 홍콩인은

위엔룽을 거쳐 선전으로 가는 길이 더 익숙하다.

중국이 개혁개방을 시작하기 전인 1980년대 초에는 선전도, 위엔룽도 논과 밭뿐이었다. 하카족은 한족에서 갈라진 종족으로, 당송 시기에 북부의 전란을 피해 남쪽으로 내려왔다고 한다. 홍콩에 도착한 이들은 남부의 토착 문화와 섞이는 대신 자신들의 고유 문화를 보존했다. 얼마나 잘 보존했는지 이들이 쓰는 하카어는 지금도 원형과 거의 흡사할 정도여서, 이를 북방 중국어의 원형이라고 주장하는 학자들이 있을 정도이다. 그들은 마을 경계에 성채를 쌓고 문을 굳게 닫았다.

1898년에 신계를 조차한 영국은 이 일대의 성채 마을 거주자들을 '홍콩원주민Indigenous Inhabitants'으로 구분하여 자치권을 보장했다. 심지어 중국에 반환된 이후에도 이들의 지위는 홍콩기본법 제40조 "신계 원주민의 합법적이고 전통적인 권익은 홍콩특별행정구의 보호를 받는다"로 보장되었다. 이들에게 주어진 특별한 권리 중 하나는 '딩 라이트Ding Right', 즉 소형 주택 건설 권한이다. 홍콩은 한국과 달리 토지공개념土地公概念을 인정한다. 모든 땅은 홍콩 행정부의 소유고, 개인은 토지 사용권을 임대해 집과 건물을 짓는다는 뜻이다. 이것은 영국 등 서구 자본주의 국가에서 광범위하게 채택한 정책이다.

법적으로 18세 이상인 홍콩원주민 남성은 65제곱미터 이하의 3층 주택을 지을 때 국가의 보조금을 받을 수 있다. 작긴 하지만 온전한 집 한 채를 가질 수 있다는 뜻인데, 홍콩의 부동산 값과 홍콩 시민들의 평균 주거 면적(1인당 14제곱미터)을 떠올린다면 엄청난 특권이다. 게다가 반드시 거주해야 하는 것도 아니어서, 대부분은 집을 지은 뒤 바로 팔거나 권리 자체를 거래하기도 한다. 심지어 홍콩의 선거 제도는 홍콩원주민을 하나의 직능단체로 분류해서 의석까지 배분했다. 나중에 위엔룽에 대규모 아파트 단지가 들어서고, 여기로 원주민이 아닌 홍콩인이 대거 유입되면서 하카족 홍콩원주민과 이주민 사이의 갈등이 시작되었다. 원주민은 딩 라이트를 비판하는 민주당이나 시민단체와 갈등하고 자신들의 이익을 보장해주는 정치 세력을 지지했다. 위엔룽에서 발생한 백색 테러에는 이와 같은 역사적·정치적 배경이 자리 잡고 있다.

위엔룽의 이주민들이 민주화를 요구하는 시위에 참여한 것이 원주민을 자극했다. 〈홍콩 커넥션〉은 역 주변의 CCTV를 분석한 뒤 흰 옷을 입은 괴한은 원주민일 가능성이 높다고 보도했다. 결국 홍콩 정부가 통제력을 잃고 반중 시위대가 득세하는 것에 대한 우려로 인해 테러를 벌였음이 밝혀졌다(이 방송을 제작한 PD는 CCTV 영상을 분석하는 과정에서 공문서를 위조한 죄로 체포되어 재판을 받고 있다).

가자, 공항으로

시위대가 중화인민공화국 중앙정부 홍콩 연락사무소를 공격한 날 벌어진 위엔룽 테러 사건에 온 홍콩이 주목했다. 혹시라도 중국이 홍콩 문제에 개입하기 시작한 것은 아닌지 걱정하는 사람도 있었다. 캐리 람은 다음 날인 7월 22일 긴장한 표정으로 기자회견장에 나왔다. 사람들은 그가 행정 최고 책임자로서 범인을 끝까지 추적해 엄벌하겠다는 이야기를 할 것이라고 기대했지만 그는 시위대에 대한 분노만 토해냈다.

나벨라 코서Nabela Qoser는 파키스탄 이민자 가정에서 태어난 홍콩 최초의 비중국계 기자로, 현재 RTHK의 뉴스 앵커로 활동하고 있다. 그는 이날 캐리 람에게 백색 테러에 경찰과 삼합회가 연루된 것이 아닌지 질문했고 캐리 람은 답변을 거부했다. 이에 분노한 코서는 광둥어로 "제발 사람답게 대답하라"라고 항의했다.

7월 26일 홍콩 시위대는 란타우섬大嶼山에 있는 홍콩국제공항으로 향했다. 그들은 공항의 입국장을 점거하고 입국자들에게 홍콩의 상황을 알리기 시작했다. 시위대는 한국어를 포함한 여덟 개의 언어로 현수막을 만들고, 시위 장소를 안내하는 팸플릿을 나누어줬다. 공항을 점거한 이유는 여러 가지인데, 먼저 공항이 국가의 중요 시설이라는 점을 고려했다. 대신 시위대는 입국 절차를 방해하지 않는 선에서 점거하며 이곳이 낯선 외국인에게 여행 정보를 제공하기도 했다. 게다가 공항처럼 사람의 이목이 집중된 곳이라면 경찰이 최루탄을 쏠 수 없을 테니 안전하기까지 했다. 이 점거에는 항공사 직원들도 대거 참여했다.

이날 벌어진 가장 감동적인 장면은 홍콩에 도착한 캐세이퍼시픽 항공기 기내에서 벌어진 일이다. 누군가가 촬영한 영상 속에서 기장은 다음과 같이 도착 안내 방송을 한다.

"기장입니다. 여러분은 곧 홍콩국제공항에 도착할 예정입니다. 터미널에 가면 시위를 하는 사람들이 있을 겁니다. 만약 그들이 왜 그러는지 궁금하다면 가까이 다가가서 물어봐주세요. 그들은 친절하게 설명해줄 것입니다."

그러고는 방송을 마치며 광둥어로 힘주어 말했다.

"홍콩인, 힘내라. 부디 안전해라. 그리고 몸조심해라."

중국의 반응

공항을 점거했던 시위대는 자정이 되자 썰물처럼 빠졌다가 다음 날 위엔룽 역에 다시 모였고, 28일에는 홍콩섬 중심의 센트럴로 집결했다. 이날을 기점으로 송환법 반대 시위의 양상이 크게 달라졌다. 집회에 참석한 30만 명의 시민은 애드머럴티를 거쳐 코즈웨이베이로 향했다. 그런데 이 움직임은 시위대의 위장 전술이었다. 경찰이 코즈웨이베이에 방어선을 구축하는 사이에 상당수가 중화인민공화국 중앙정부 홍콩 연락사무소로 방향을 돌린 것이다. 하지만 경찰은 그곳에 체포 전담 특공대를 배치해놓고 있었다. 오후 7시 무렵에 첫 번째 최루탄이 발사되었고 곧장 체포조가 시위대를 향해 돌진했다. 경찰의 목표가 시위대 해산에서 체포로 바뀌었다는 뜻이다.

시위대는 경찰의 공세를 두 시간쯤 방어한 뒤 밤 9시에 흩어졌다. 일부는 센트럴과 성완 사이의 소호와 노호NOHO(할리우드로드의 남쪽South of Hollywood Road과 북쪽North of Hollywood Road의 줄임말로 둘 다 구시가를 대표한다)로 가서 여행자들 사이에 섞였고, 다른 일부는 쇼핑몰로 피신해서 옷을 갈아입은 뒤 지하철을 탔다. 주변 가게들은 시위대의 탈출을 돕기 위해 기꺼이 탈의실과 화장실을 제공했다.

다음 날 오후 3시, 홍콩 연락사무소는 기자회견을 열고 홍콩 시위에 대한 입장을 발표했다. 기자회견장에 나타난 양광楊光 대변인은 홍콩 시민들의 요구를 인정하고, 캐리 람 행정장관이 송환법 개정을 중단하기로 했다는 점을 다시 확인하며, 캐리 람의 대응에 일부 잘못이 있다고 시인했다. 다만 "폭력은 폭력일 뿐"이라고 말해 폭력 시위와 확실하게 선을 그었다. 기자들이 인민해방군이 투입될 가능성을 질문하자 "군 투입 문제는 주둔군법과 기본법이 정한 바를 따른다"라고 애둘러 말했다.

그런데 그의 발언 중 "홍콩 정부가 빠른 시일 안에 정치적 혼란을 해결하고 경제 발전을 추진하여, 삶의 질과 미래의 전망에 대한 청년층의 불만을 해소하기를 바란다"라고 한 부분이 시위대를 자극했다. 홍콩의 '정치적 자유' 요구를 '청년층의 불만'으로 치부해버렸기 때문이다. 이 말을 통해 중국이 이번 시위를 어떻게 보고 있는지가 명백해졌다.

중국은 2003년 기본법 시위 때 중국 여행자들의 홍콩 여행 제한을 풀어서 홍콩 경제에 활기를 불어넣었다. 실제로 그 이후 10년 가까이 홍콩에 큰 시위가 없었던 것도 사실이다. 2019년 시위의 배경에는 그렇게 들어온 중국 자본으로 인해 부동산 값이 급등하고 생필품을 구할 가게마저 사라진 현실에 대한 불만이 있었다. 나아가 홍콩이 선전 경제권에 흡수되면서 홍콩이라는 도시가 사라져버릴지도 모른다는 두려움도 컸다. 하지만 시위대는 정치적 이슈에 주목하며 보다 진전된 민주화를 요구했지, 경제적 이슈를 도마에 올리지 않았다. 한마디로 불평등은 2019년 시위의 주제가 아니었다. 홍콩 사람들은 중국의 동문서답에 모욕감을 느꼈다. 최종 보스가 등판했지만 다시 평행선. 시위대는 더 강한 압박이 필요하다고 생각하게 되었다.

11.

캐저버린 약속

격화되는 폭력

8월 초가 되자 시위에 참여한 모든 세력이 총파업에 집중했다. 7월 말에는 MTR 운행을 방해하는 총파업 예행연습까지 했을 정도이다. 이어서 8월 5일에는 도시 총파업을 결행했다. 파업은 특정 직종에 국한되지 않았기 때문에 도시 전체가 멈추었다. 일부는 MTR 역으로 가서 객차 문을 닫을 수 없게끔 승강장과 출입문 사이에 누웠다. 그러자 다수의 승객이 출근을 포기하고 시위대에 합류했다. 이날의 파업으로 230편의 항공기 운행이 취소되고 디즈니랜드 같은 놀이공원과 수많은 갤러리가 문을 닫았다. 우산혁명을 이끈 죄로 교도소에 있던 베니타이 교수는 노역을 거부하는 방식으로 시위에 동참한 뒤 독방으로 이감되었다고 한다. 이 소식을 들은 시민들은 더욱 단단하게 결의를 다졌다.

그런데 도시 총파업에 유일하게 참여하지 않은 그룹이 있었으니, 바로 1967년 반영 폭동을 지휘한 홍콩의 제1 노총 홍콩노동조합연맹이다. 노동운동의 변절을 눈으로 확인한 홍콩의 노동자들은 이에 대응하여 복수 노조 설립을 전개했다. 홍콩 노동부의 통계에 따르면 2019년에만 총 24개의 노동조합이 신설되었는데, 이는 전년보다 두 배 이상 늘어난 수치이다.

도시 총파업은 일종의 분수령이 되었다. 중국은 더 이상 참지 않겠다는 듯 강경 발언을 내뿜기 시작했다. 장샤오밍張曉明 홍콩 연락사무소 주임은 "홍콩 시위는 이미 변질되었으며 색깔혁명의 성격을 띠고 있다"라고 비난했다. 양광 대변인은 "현 상황을 오판하지 말라. 우리의 자제심을 우리의 약점으로 오해하지 말라"라고 한층 더 강력하게 말했다. 그러자 시위대는 "우리를 불태운다면 당신들과 함께 타버릴 것"이라고 응수했다. 양쪽 모두 상황을 중재할 사람이 없었다. 무엇보다 중국이 홍콩 시위를 체제 전복을 꾀하는 반정부 활동으로 보기 시작했다는 점이 문제였다. 때마침 캐리 람 행정장관도 "정부 차원의 강경 대응"을 공표했다.

한편 갈등은 중국과 서구 세계의 대립으로 확대되었다. 홍콩 반환협정의 당사국인 영국에 이어서 미국까지 '홍콩인권법' 카드를 꺼내자 중국 정부는 홍콩 시위의 배후로 미국을 지목했다.

홍콩 정부는 퇴직을 앞둔 초강경 친중파인 앨런 라우Alan Lau를 경무부처장으로 임명했다. 그는 2005년 WTO 반대 시위 때 한국인 시위대를 연행한 인물이자 우산혁명과 피시볼혁명 때도 대규모 체포 작전을 지휘한 베테랑이다. 이후 경찰이 MTR 역 안으로 최루탄을 난사하고 시위대를 돕던 구급 대원이 빈백탄에 맞아 실명하는 사건이 연달아 벌어지면서 날이 갈수록 상황이 악화되었다.

8월 14일 새벽에는 트럼프Donald Trump 미국 대통령이 트위터에 "우리의 정보당국은 중국 정부가 홍콩 국경으로 군대를 이동시키고 있다고 파악했다. 우리 모두 침착해져야 한다"라는 글을 올려 모두를 충격에 빠뜨렸다.

압박

8월 9일 중국민간항공국CAAC은 "홍콩 시위에 참여하거나 시위대를 지원한 승무원이 탑승한 항공기의 중국 본토 운항과 영공 사용을 금지한다"라고 명령했다. 이어서 캐세이퍼시픽에는 8월 11일부터 중국 영공을 통과하는 항공기에 탑승한 승무원의 신원 정보를 제출하라고 명령했다. 그러자 캐세이퍼시픽사의 주가가 급락했다. 일부 보도에 따르면 중국은 정치적으로 잘못된 행동을 한 직원들에게도 책임을 물으라고 캐세이퍼시픽사를 압박했다고 한다. 결국 8월 16일에 CEO 루퍼트 호그 Rupert Hogg가 사임을 발표했고, 9월 4일에는 회장 존 슬로사르 John Slosar까지 사임했다. 캐세이퍼시픽사는 "우리 항공사는 홍콩기본법에 명시된 일국양제 원칙을 충실히 따르며 홍콩에 헌신한다"라고 사과 성명을 발표하고 시위에 참여한 사실이 확인된 직원을 해고하기 시작했다. 앞서 감동적인 기내 방송을 했던 기장도 결국 해고당했다.

후임 CEO로 중국 국적의 아우구스투스 탕Augustus Tang이 임명되었다. 그는 취임사에서 중국민간항공국의 규칙을 준수하는 것이 가장 중요한 원칙이라고 밝혔다. 이어서 대대적인 직원 숙청을 감행했다. 회사는 직원의 SNS를 사찰해 시위 지지를 표명한 이들에게 해명을 요구했다. 그 자리에서 지지를 철회하지 않은 상당수의 직원은 즉시 해고되었다. 같은 시기, 홍콩의 많은 기업에서 비슷한 일이 벌어지고 있었다.

홍콩 최고의 부자인 리카싱도 중국의 압박을 피할 수 없었다. 그는 8월 16일에 홍콩의 대표적인 친중 언론 『대공보大公報』
와 반중 언론 『명보』에 광고를 냈다. 『대공보』에 실린 광고에는
"황대지과 하감재적黃臺之瓜 何堪再摘"이라는 단 여덟 글자가 적
혀 있었는데, 직역하면 '황대의 오이는 다시 딸 수 없다'라는 뜻
이다. 이 문장은 당나라 측천무후則天武后에게 죽임을 당한 장회
태자章懷太子가 유배를 떠나며 지었다는 시에서 유래했다.

황대의 오이가 상징하는 존재가 여러 차례 고통을 받다가
결국 사라지고 말았다는 내용의 시를 듣고 격분한 측천무후는
장회태자를 죽이기로 결심했다고 한다. 이후 '황대의 오이'는
박해받는 존재에 대한 상징으로 널리 사용되었다. 따라서 리카
싱이 『대공보』에 실은 광고는 '정말로 홍콩을 죽일 게 아니라면
이제 멈추어라'라는 중국을 향한 권유였다.

『명보』의 광고는 더욱 구체적이다. 폭력이라는 글자 위에 붉
게 사선을 그어 반대를 표시하고, 자유와 포용, 법치, 중국과 홍
콩을 사랑하라고 적었다. 그런데 광고 속 글줄의 마지막 단어를
조합하면 다음과 같은 문장이 나타난다. "인과국항기유용치因果
國港己由容治." 해석하면 '원인은 중국에 있다. 홍콩의 자치를 허
용하라'이다. 그리고 며칠 뒤 리카싱은 "홍콩 정부는 시위자들
에게 화해를 제안하라"라고 촉구하는 동영상을 공개했다. 이에
중국 중앙정치 법률위원회가 리카싱을 '범죄 비호' 혐의로 고발
하겠다고 위협하고, 그를 '바퀴벌레의 왕'이라고 비난했다. 결국
리카싱은 법치를 위반하는 어떠한 행동도 용납해서는 안 된다
고 말하며 한 발 물러섰다.

중국 정부는 날로 기세를 올리며 시위대의 귀가를 지원하

던 MTR, 트위터에 "자유를 위해 투쟁하라, 홍콩과 함께하라"라는 글을 게시한 미국 프로농구 휴스턴 로케츠 구단의 대릴 모리Daryl Morey 단장, 앱스토어에 홍콩 시위대가 유용하게 사용하는 지도 애플리케이션을 제공한 애플사, 오른손으로 한쪽 눈을 가린 광고를 제작한 티파니사(8월 11일 경찰의 빈백탄에 맞은 시위대 한 사람이 실명하는 사건이 발생했다. 이후 한쪽 눈 가리기 운동이 이어졌다. 물론 티파니의 광고는 이 사건이 있기 전에 만들어진 것이다) 등에 제재를 가했다. 홍콩을 향해 가해진 중국의 광범위한 탄압은 전 세계에 '중국은 1989년 천안문 학살 이후에도 달라진 게 없다'라는 경각심을 일깨웠다.

범람하는 가짜뉴스와 총성

폭력이 멈출 수 없는 지경에 이르렀다. 8월 31일이 되자 경찰은 시위대를 향해 물대포를 직사했다. 반드시 하늘을 향해 쏴야 한다는 안전 지침은 깡그리 무시되었고, 곧이어 최루액과 파란색 물감을 섞어 발사하기 시작했다. 물감을 섞은 이유는 시위대를 식별하기 위해서이다. 물대포의 등장에 시위대는 속수무책으로 밀리기 시작했다. 그러나 얼마 지나지 않아 시위대가 화염병으로 대응하며 충돌이 한층 더 격렬해졌다.

8월 31일, 프린스 에드워드Prince Edward 역에서 최악의 경찰 폭력이 발생했다. 이날 경찰은 기차에 올라타 시위대로 보이는 승객을 무차별 가격했다. 현장에 있던 『SCMP』 기자가 이 장면을 촬영하여 공개했다. 7월 위엔롱 역 사건 때는 경찰의 늑장 대응이 문제였다면 이제는 '시민을 공격하는 경찰'로 비난의 화살이 옮겨갔다.

그러나 이 시기에 가장 우려스러웠던 점은 양쪽 모두 엄청난 양의 가짜뉴스를 찍어내기 시작했다는 것이다. 가짜뉴스는 SNS를 타고 순식간에 퍼졌다. 사람들은 진실이 아니라, 그저 자기가 믿고 싶은 것만 믿었다. 시위대는 가장 지독한 가짜뉴스까지 사실로 받아들였다. 그중에는 경찰이 사망한 시위대의 시신을 대량 은폐했고 바다에서 신원 불명의 시신이 끝도 없이 떠오른다는 이야기도 있었다. 심지어 시신을 가득 실은 특별 열차가 웨스트카오룽 역을 떠나 광저우로 갔다는 말까지 들렸다. 친중파는 이 시위가 미국의 공작 때문이며, 시위대는 미국에게 속은 것이라는 소문을 퍼트렸다.

이런 상황에서 캐리 람 행정장관이 송환법의 완전한 철회를 선언(9월 4일)했지만, 아무도 그 말을 믿지 않았다. 오히려 중국 국경일인 10월 1일이 되기 전에 상황을 끝내려는 꼼수라고 의심했다. 시위의 주체인 민간인권전선은 송환법만 철회했을 뿐 아직 네 개의 요구가 남아 있다는 논평을 발표했다.

양쪽이 팽팽하게 대치하는 가운데 시간은 계속 흘러갔다. 9월 26일 궁지에 몰린 캐리 람은 홍콩 시민을 초청해 '시민과의 대화'를 열고 그 장면을 생중계했다. 하지만 시민의 반응은 냉랭했다. 캐리 람이 "이번 사태의 책임은 나에게 있다"라고 강조해도 소용이 없었다.

홍콩 시민들은 "경찰 폭력에 대한 독립 조사위를 만들어라"

라고 요구했지만 캐리 람은 요지부동이었다. 어쩌면 그에게 결정권이 없었는지도 모른다. 캐리 람이 한국의 공수처 격인 '염정공서廉政公署'를 통해 조사하겠다고 제안했지만 시민들은 염정공서의 인사권자가 행정장관임을 내세워 거절했다. 신뢰가 붕괴된 상황에서 그 어떤 시스템도 작동하지 않았다.

결국 해결책을 찾지 못한 채 10월 1일이 되었다. 이날은 중화인민공화국 건국일로 중국에서는 국경절이라고 부른다. 그 어떤 개인이나 조직보다 국가가 중요한 나라인 만큼 국경절은 말그대로 중국 최대의 기념일이다. 여기에 2019년은 건국 70주년인 특별한 해였다. 그런 만큼 홍콩 시민들에게는 온 힘을 다해 시위를 벌이고 싶은 날이기도 했다. 경찰의 집회 금지 방침에도 불구하고 시내 곳곳에 약 30만 명의 시민이 모였고, 시위는 또 격렬해졌다. 다만 시위의 동향이 이전과 달랐는데, 경찰의 통제가 강화되고 MTR도 운행이 중단된 상황에서 시민들은 각자의 거주지에서 가까운 거점으로 모였다.

신계 북쪽에 위치한 취완荃灣에서도 수백 명의 주민이 모여 가두시위를 벌였다. 경찰은 처음부터 시민들을 체포했으며 용무파와 접전을 벌이기도 했다. 그 와중에 한 청년이 경찰을 향해 쇠파이프를 휘둘렀고, 이에 위협을 느낀 경찰이 그의 흉부에 실탄을 발사했다. 이번 시위가 시작된 뒤 처음으로 시위대가 총에 맞은 것이다. 총알은 청년의 흉부와 폐를 지나 심장 왼쪽 3센티미터 옆에 박혔다(다행히 그는 병원으로 이송되어 수술을 받고 목숨을 건졌다).

중국은 건국 70주년을 맞이하여 창안다제에서 성대한 열병

식을 열었지만, 전 세계의 눈과 귀는 홍콩에서 울린 총성으로
향했다.

식민지

중국이 반환 초기부터 우산혁명 시기까지는 홍콩의 내정에
개입하지 않으려고 노력했다는 사실을 부정할 수는 없다. 중국
이 개입한 사건에서는 어떤 공통점을 찾을 수 있는데, 그건 홍
콩이 자신들의 체제를 위협한다고 느꼈을 때이다. 이 경우 중국
은 반드시 개입해서 '홍콩의 자유는 처음부터 주어진 것도 아니
요, 홍콩인 스스로 쟁취한 것도 아니다. 그것은 오로지 중국의
양해로 유지된다'라는 메시지를 보냈다.

2019년 송환법 반대 시위 때 중국이 발끈한 지점도, 시위대
가 중국의 국가 기관이라고 할 수 있는 홍콩 연락사무소를 피습
했을 때뿐이다. 적어도 9월까지는 그랬다. 그러나 10월 1일 이
후에는 중국의 대응이 달라졌다. 야심차게 준비한 건국 70주년
기념식을 홍콩이 망쳐버렸기 때문이다. 전 세계 언론이 창안다
제의 열병식을 단신으로 처리하고 홍콩에서 벌어진 경찰의 총
격 사건을 대서특필하자 중국은 모욕감을 느꼈다.

10월 4일이 되자 한동안 유화 메시지를 보내던 캐리 람 행
정장관이 딱딱하게 굳은 얼굴로 기자회견을 열었다. 그는 식민
지 시절에 영국이 만든 '긴급조치'를 발동하겠다고 선언했다.
이에 따라 건강 등 긴급한 이유가 아니면 마스크 착용을 금지할

것이며, 이를 위반하면 2만 5000홍콩달러의 벌금 혹은 1년 이하의 징역으로 처벌한다고 경고했다(이로부터 불과 4개월 뒤, 코로나19 팬데믹이 덮치며 홍콩을 포함한 세계 여러 나라가 마스크를 쓰지 않으면 처벌하는 조례, 혹은 법률을 제정하게 된다).

홍콩 시민들은 당국의 강경 조치에 매우 놀랐다. 홍콩 역사상 긴급조치가 발효된 건 1922년 빅토리아항 총파업과 1967년 반영 폭동, 단 두 번뿐이기 때문이다. 마지막 긴급조치 이후 50여 년간 이것은 사문화된 법이었다. 게다가 영국이 긴급조치를 남발한 1967년에 중국은 이 법을 '제국주의의 잔재'라고 비난했다. 그 법과 싸우던 사람들이 이제는 역사의 찌꺼기를 수호하겠다고 나선 것이다.

이날 흥분한 메이가 내게 텔레그램 메시지를 보냈다.

"긴급조치 조항은 마지막 총독인 크리스 패튼의 개혁안에 의해 완화됐어. 영국은 홍콩을 식민 통치하기 위해 악법을 만들었지만, 적어도 물러날 땐 없애고 가려고 했다고. 이걸 중국이 부활시킨 거야. 심지어 그들이 그토록 비난하던 법으로 우리를 억누르려 하다니…. 무엇보다 기분이 나쁜 건, 이 일로 인해 홍콩은 중국의 일부가 아니라 그저 또 다른 식민지였다는 걸 깨달았다는 거야."

윙 씨의 입장도 비슷했다.

"아버지도 영국 식민지가 싫다는 거였지, 중국 식민지가 되는 걸 찬성한 건 아니야. 정치인들이 제대로 일한 적 있겠느냐만, 어떻게 그 법을 되살릴 수 있지? 제국주의에 저항하며 영국과 싸우던 사람들이 세상이 바뀌니 똑같은 짓을 하는 거잖아?"

이들은 '여전히 식민지 상태'인 현실을 깨달았다. 나는 그 모습을 지켜보며 한없이 슬퍼졌다. 식민지란 단지 다른 나라가 나를 지배하느냐로 정해지지 않는다. 그것은 그곳에 사는 사람들의 의사를 묻지 않는 통치 '그 자체'일지도 모른다. 이런 의미에서 식민지는 독재와 다르지 않다. 적어도 홍콩 사람들에게는 그랬다.

나는 홍콩 정부가 긴급조치를 선언하는 장면을 보며 불안해졌다. 언론은 '곧 인민해방군이 홍콩을 점령할 것이다', '제2의 천안문 사건이 일어날지도 모른다' 따위의 보도를 쏟아냈다. 하지만 나는 중국이 형식적으로나마 법에 의한 통치, 법적 근거에 따른 압제를 가할지도 모른다는 의심이 들었다.

1989년 천안문 사건 때 자오쯔양이 시위를 진압한 덩샤오핑과 당 지도부를 비난한 이유는 그들이 법을 따르지 않았기 때문이다. 진압과 계엄 확대를 위해서는 중국 공산당 정치국 중앙상무위의 결의가 필요했지만, 실제로는 아무 직위도 없던 최고지도자 덩샤오핑이 당 원로 및 강경파와 함께 초법적 결정을 내렸다. 그로부터 30년이 지났다. 중국은 형식적으로나마 법에 근거해 홍콩을 압박하기 시작했다. 이것이 중국이 지난 30년간 '진보'했기 때문이라는 점이 역사의 아이러니다. 법적 근거를 갖춘 이상 도덕적, 정치적 비난은 가능할지언정 법적 책임으로부터는 자유로울 수 있고, 무엇보다 법에 따라 홍콩을 본질적으로 망가트릴 수도 있을 것이다. 나의 걱정을 뒷받침하듯 친중파 의원들이 "법에 따라", "원칙에 의해"라는 말을 하기 시작했다. 이제 홍콩에서는 '법치'와 '법에 의한 강제'가 같은 뜻이 되었다.

실제로 법에 의한 강압 통치가 여기저기에서 얼굴을 드러냈다. 행정부는 시위대에게 관대한 판결을 내리는 법원을 향해 사법 개혁을 주장하기 시작했고, 홍콩 행정부가 관할하는 검찰은 기소를 남발했다. 심지어 체포된 시위대의 법률 서비스를 돕기 위해 만들어진 모금 계좌를 폐쇄하고 자금을 동결하기도 했다. 우리는 검찰이 권력의 편에 서서 시민을 위협할 때 민주주의의 위기를 느낀다. 그런 점에서 홍콩의 상황은 분명히 위기의 징후였다.

긴급조치도 강화되었다. 처음에는 '마스크 금지법'에 불과했지만 이내 긴급조치 2호가 발동되었다. 홍콩골든이나 텔레그램에서 시위에 대해 토론하는 일 등 광범위한 행위를 '폭력 선동'으로 규정하고 폭동죄로 기소할 수 있게 됐다. 긴급조치 2호가 법 해석을 남용했다는 비판이 제기되었지만, 검찰은 일단 걸리면 기소하겠다는 방침을 세웠다. 그리고 이것을 법치라고 불렀다.

홍콩 정부는 공공의 안전을 이유로 야간 통행을 금지하고 MTR 운행을 중지했으며 쇼핑몰도 폐쇄했다. 이 모든 일이 법의 이름으로 벌어졌다. 정부의 조치로 시위대는 거리와 광장, 공원 등 함께 모일 공간을 빼앗겼다.

11월의 길목

어느새 시위가 시작된 지 5개월째에 접어들었다. 누구도 여기까지 올 것이라고 예상하지 못했고, 그랬기에 언제 어떻게 끝날지 아무도 몰랐다. 시위대는 몇 번의 위기에도 불구하고 홍콩 시민의 전폭적인 지지를 받았다.

그사이 시위대도 무력으로 저항해야 하는 상황에 대한 기준을 정했다. 그들은 국가 기관, 즉 그들을 압제하는 정부 기관과 중국의 국영 및 민영 기업, 그리고 친정부 입장을 취한 상점 등을 선별해 공격했다. 물론 종종 애꿏은 가게가 파괴되기도 했지만, 이 경우에는 신속하게 복구하고 사과문을 발표했다. 무엇보다 어떠한 약탈도 일어나지 않았다는 점에 주목해야 한다. 시위대는 무력으로 상대할 대상을 '중국과 그 친구들'로 한정했다.

하지만 홍콩 행정부와 중국 정부는 시위대의 파괴만을 부각했다. 그렇게 하면 다수의 시민이 그들로부터 고개를 돌릴 것이라고 확신했다. 시위대를 옹호하는 이들도 사실은 시위에 반대하지만 그저 동조하는 척하고 있을 뿐이라고 판단했다.

실제 민심은 어땠을까? 때마침 11월 24일에 홍콩 지방의회 선거가 예정되어 있었다. 홍콩의 지방의회는 조례 제정 등 입법 권한이 전혀 없는 행정 자문 기구에 불과하기 때문에 보통 주목을 받지 못한다. 하지만 이번 선거는 시위에 대한 민심을 보여주는 바로미터가 되기에 충분했다. 여기에 더해서 민주 진영은 지방의회 의원 중 일부가 행정장관 선출 선거인단을 겸임한다는 점에 주목했다. 참고로 현재 홍콩 행정장관은 선거인단(1200명 규모)의 간접선거로 선출된다. 그리고 이 선거인단은 홍콩 의회처럼 직능 비례투표 형태이다. 직종에 따라 세 개의 쿼터로 나눠져 있는데, 지방의회 의원은 세 번째 쿼터에 속하며 총 431명의 의원 중 117명이 선거인단에 포함된다. 더욱 중요한 것은

117명을 정하는 방식인데, 지방의회 다수당이 전부 차지한다. 지금까지 행정장관 투표권을 가진 지방의원은 항상 친중국파의 몫이었지만, 2019년의 분위기로 보면 민주계가 지방의회에서 과반을 확보할지도 몰랐다.

전체 1200명의 선거인단 중 117명이면 약 10퍼센트에 해당한다. 여기에 선거인단 당연직인 홍콩 의회 의원 70석 중 민주계의 30석을 더하면 147표(전체의 약 12퍼센트)가 된다. 이 말은 행정장관 선거에서 민주계가 캐스팅 보트가 될 수 있다는 뜻이다.

행정장관 후보로 출마한 이들이 모두 친중파라 하더라도, 수십 표 차이로 당락이 바뀌는 상황이 온다면 147표는 매력적인 숫자이다. 경쟁이 격화되면 후보 중 누군가가 민주계로 손을 내밀 수도 있다. 이때 민주계가 합심하여 그를 차기 행정장관으로 당선시킨다면 나쁠 게 없는 거래이다(중국이 간섭할 수 있는 건 후보자 선정까지이다).

공성전

11월의 어느 날 사람들을 더 이상 참을 수 없게 만든 참사가 벌어졌다. 11월 4일 홍콩 과기대 학생인 알렉스 차우Alex Chau가 정관오 지역의 한 주차장에서 추락했다. 사고로 심각한 뇌손상을 입은 그는 병원으로 옮겨졌지만 나흘 뒤 사망했다. 알렉스 차우는 내성적인 성격이며 평소에 정치적 입장을 드러내지 않았다고 한다. 알려진 바에 따르면 사고 당일 경찰은 정관오 일대의 주택가에서 최루탄을 난사하며 체포 작전을 펼쳤다. 이 소란 속에서 차우가 빈백탄을 맞고 추락했거나 최루탄을 피하다가 추락했을 것으로 추정된다. 국제 엠네스티는 그를 구조하기 위해 출동한 앰뷸런스를 경찰이 가로막았다는 의혹을 제기하고 조사를 촉구했다. 시위대는 11월 24일에 열릴 선거를 앞두고 가급적 폭력 시위를 자제하고 있었는데, 더 이상 눈을 감고 있을 수 없었다. 그가 사망한 거리로 나선 시위대는 "홍콩인이여 복수하라香港人報仇"라고 외쳤다.

알렉스 차우가 사망하고 일주일이 지난 11월 13일, 홍콩 성쏘이上水 지역에서 친중 시위대와 반중 시위대가 난투를 벌였다. 그때 70세의 청소노동자 로청찡羅長清이 반중 시위대 쪽에서 날아온 벽돌에 맞아 사망하는 사건이 발생했다. 이날의 난투는 반중 시위대가 투석전에 대비해 도로에 잔뜩 쌓아놓은 벽돌을 친중 시위대가 치우면서 시작되었다. 이후 경찰이 조사를 벌여 로청찡을 향해 돌을 던진 용의자 다섯 명을 체포했지만 누가 범인인지는 밝히지 못했다. 반중 시위대는 민심이 돌아서거나, 최악의 경우 폭력 사태로 인해 홍콩 지방의회 선거가 연기되지 않을까 두려워졌다. 단일한 지도부가 없다는 장점이 이번에는 효과적인 대화 창구를 찾기 힘들다는 단점으로 작동했다. 민주계 의원들은 그저 의원이라는 직업을 가진 시민 한 사람에 지나지 않았다. 앞으로의 계획과 전망 없이 시위대는 총파업과 대학 점거에 돌입했다.

앞서서 11월 11일에는 2차 도시 총파업이 진행됐다. 이날

파업은 ①대학생은 물론 초중고생까지 망라한 모든 학생의 수업 거부, ②모든 노동자의 파업, ③모든 소상공인의 철시로 도시를 멈추게 하는 것이 목표였다. 더불어 이날은 중국의 블랙프라이데이인 광군절 기간이었는데, 홍콩 네티즌은 알리바바Alibaba나 타오바오Taobao 같은 중국계 쇼핑몰을 이용하지 말아달라고 전 세계에 호소했다.

2차 총파업은 1차 때에 비해 훨씬 과격하게 진행됐고 시위대는 대학을 거점으로 활용하기 시작했다. 대학의 넓은 부지, 높은 담장, 그리고 미로 같은 내부는 시위대가 경찰의 공세를 효과적으로 방어할 수 있게 했다. 또한 공대에 비축된 다양한 화학약품으로 화염병을 만들 수도 있었다.

1963년 개교한 홍콩중문대학은 국립 대학으로 총장을 홍콩 행정장관이 겸임하지만 실질적 권한은 부총장(당시에는 록키 투안 Rocky Tuan 교수)에게 일임된다. 영어 이름은 '더 차이니스 유니버시티 오브 홍콩The Chinese University of Hong Kong'으로, 공산당을 피해 홍콩으로 탈출한 반공 유교인들이 세운 학교이다.

11일이 되자 중문대 학생들은 철도 운행을 방해하기 시작했다. 이 대학 앞에서 두 개의 철도 노선이 교차하며 동쪽으로는 고속도로가 지나간다. 그리고 이 도로가 대학 정문 앞에서 여러 국도와 연결된다. 즉 중문대 주변을 막으면 홍콩의 물류를 마비시킬 수 있다. 중문대 학생들도 이 사실을 잘 알았기에 학교 앞의 철도와 도로를 목표로 삼은 것이다.

그날 오전 11시에 고속도로를 건너가는 '2번 육교'에서 시위대와 경찰의 공방전이 시작되자 대학은 즉시 수업 중단을 선언했다. 다음 날 오전 7시가 되자 경찰은 엄청난 양의 최루탄과 고무탄을 쏘아대며 2번 육교를 장악했다. 그리고 정오 무렵에 학내로 진입했다.

오후 7시경 다시 격전이 벌어졌다. 시위대는 학교 안에 있던 휘발성 물질로 화염병을 제조해 대응했다. 시민들은 SNS를 통해 밤새도록 이어진 전쟁 같은 상황을 주시했다. 어지간히 용감한 사람이 아니라면 화염이 난무하는 시위 현장으로 달려갈 수 없었다. 학교 바깥의 시위대는 경찰 병력을 분산시키기 위해서 각지에서 게릴라 시위를 벌였다. 경찰은 이날 하루 동안 1567발의 최루탄과 1312발의 고무탄, 380발의 빈백탄을 사용했다고 발표했다.

한쪽에서는 물자를 끊임없이 중문대로 실어 날랐다. 건축과 학생들은 더 튼튼한 바리케이드를 구상했고, 아예 벽돌과 시멘트를 사용하여 야트막한 장벽을 세웠다. 체육과와 물리학과, 기계공학과 학생들은 합심하여 활과 화살, 그리고 중세 공성전에서나 볼 법한 투석기를 제작했다.

11월 15일이 되자 두 곳에서 전투가 벌어졌다. 학교 바깥의 시위대는 몽콕으로 모든 역량을 집중시켰다. 그러자 중문대를 둘러싸고 있던 경찰의 포위망에 균열이 생겼다. 동시에 학교 당국이 경찰과 협상에 나서고, 홍콩 소재 아홉 개 대학의 총장이 정부에 사태 해결을 촉구했다. 결국 11월 15일 밤을 기해 경찰이 포위망을 풀었다.

마지막 취재

11월 11일의 총파업은 꼭 전쟁의 시가전처럼 보였다. 중문대에서는 공성전이 벌어졌고, 도심에서는 불길이 솟았다. 이런 혼란이 지속된다면 정말로 중국이 개입할지도 모를 일이었다. 중국은 11월 1일에 "중국헌법과 홍콩기본법에 따라 당 중앙이 홍콩특별행정구에 전면적 통제권을 행사하는 제도를 준비할 것"이라고 천명한 터였다. 이 말의 정확한 의미는 2020년 여름(국가보안법 시행)에야 알게 되었지만, 이때는 물리적 개입을 하겠다는 최후통첩으로 들렸다.

여행 가이드북 작가인 나에게 홍콩은 제2의 고향이나 다름없다. 지난 13년간 나는 홍콩의 변화를 몸소 체험하며 이곳 사람들과 관계를 맺어왔다. 그런데 나의 고향이 불타고 있었다. 11월 11일 이후의 급작스러운 전개는 미래에 대한 어떠한 전망도 불가능하게 만들었다. 나는 다시 고향으로 가기 위해서 SNS 친구들에게 도움을 요청했고, 그들은 내가 홍콩으로 갈 비행기 표 값을 모아주었다. 그리고 11월 16일, 2019년 들어 다섯 번째로 홍콩에 도착했다. 주말인데도 비행기 좌석이 반도 차지 않았다. 황량한 건 공항도 마찬가지였다. 시위대도, 승객도, 경찰도, 아무도 없이 텅 빈 공항은 더없이 쓸쓸했다.

청사 밖으로 나가자마자 알람이 울렸다. 에어드롭 메시지가 온 것이다. 수락 버튼을 누르니 시위대가 싸우는 사진과 함께 지난 11월 11~12일 이틀간 중문대에서 일어난 사건의 개요가 적혀 있었다. 주위를 둘러보니 몇 미터 떨어진 곳에 아이폰을 손에 쥔 청소년이 있었다. 나는 그에게 다가가 말을 걸었다.

"저기…. 난 한국에서 온 기자인데, 이야기를 좀 할 수 있을까요?"

그는 홍콩에 막 도착한 이들에게 에어드롭 메시지로 뉴스를 전파하며 홍콩의 현실을 봐달라고 외치고 있었다. 이름은 그레이스, 나이는 18세. 우산혁명 때는 너무 어려서 시위에 참여하지 못했다고 한다. 그러다 2019년 6월 9일 집회에 참여해 도로 한복판을 걸으며 함께 구호를 외친 경험을 통해 다시 태어났다고 말했다.

"다시는 그때로 돌아갈 수 없게 되었어요. 저뿐 아니라 홍콩도 그렇지요."

그레이스는 말을 하다가 잠시 하늘을 바라봤다. 붉어진 눈을 감추고 싶었을 것이다. 그는 하늘을 응시한 채 말을 이었다.

"우리 이야기를 제대로 써주세요."

그레이스는 가족들과 정치적 입장 차이로 다툰 뒤 집을 나왔다고 했다. 그처럼 가출한 채로 시위에 참여하고 있는 청소년이 꽤 많았고, 이들의 생활을 지원하는 조직도 만들어졌다. 또한 여러 독지가가 자신의 집을 이들의 숙소로 제공했다.

"무슨 이야기를 더 하면 좋을까요?"

"어떤 이야기든 좋아요. 그냥 당신 이야기가 듣고 싶거든요."

하지만 그는 말을 잇지 못했다. 내가 다시 질문을 했다.

"시위에 참여하면서 잃은 게 있나요?"

잠시 생각하던 그가 대답했다.

"가족과 친구, 그리고 애인이요. 정치적 입장이 저와 달랐죠.

위험하니 나가지 말라고 말렸지만 난 이미 용무파예요."

용무파는 자신이 용무파라는 사실에 강한 소속감을 느낀다. 용무파라는 게 명확한 조직도 아닌데 어느새 '나는 용무파다'라는 정체성이 생겼다.

"아니, 당신은 여성이잖아요? 경찰이랑 싸운다고요?"

"나는 항녀인걸요."

여기서 말하는 '항녀港女'란 다중의 의미를 담은 표현이다. 원래는 한국의 '김치녀'나 '한남'처럼 성적 멸칭이었다. 홍콩의 남성들은 '도도하고 까칠하며, 남성에게 순종하지 않고 주관이 강한 홍콩 여성'을 부르는 데 이 말을 사용했다. 그런데 앞의 의미를 다시 읽어보면, 그야말로 '건강한 여성'이다. 그래서 홍콩 여성은 이 말을 자신감의 표현으로 사용하게 되었다.

"제가 K-POP 걸그룹 덕질을 좀 했어요. 아이돌 화장법도 배웠고요. 시위 날마다 진하게 화장을 하고 가서 경찰 대오 사이를 지나가요. 잔뜩 겁먹은 체하며 '저쪽으로 가야 하나요?'라고 물어보면 경찰이 절 통과시켜주죠. 그러면서 병력을 파악하는 거예요. 몇 명이나 출동했는지, 어떤 장비를 동원했는지요. 그리고 그걸 사람들에게 전달하죠. '여기는 병력이 많으니 우회해서 다른 곳으로 가자.' 이런 식으로요. 제가 용무파의 최전선에 있는 거예요. 불의 마법사(화염병을 투척하는 이들을 가리킨다)보다 더 앞에 있죠."

나는 감탄한 표정으로 그에게 말했다.

"처음 듣는 이야기예요. 놀랍군요!"

그의 말을 듣는 사이에 한 시간이 훌쩍 지나갔다.

"정말 흥미로워요. 그리고 진심으로 당신들이 승리하길 바랍니다. 나는 홍콩을 지지해요. 정말 잘 들었어요. 휴, 친구들이 왜 아직도 공항이냐고 난리네요. 나는 바로 '폴리유'로 가야 할 것 같아요."

"잘 가요. 몸 조심하고요."

그와 헤어진 뒤 바로 트윗을 올렸다.

"만약 홍콩에 왔다면 아이폰 에어드롭 기능을 켜놓으세요. 이들이 당신에게 말을 걸 겁니다. 자신들을 봐달라고 말이에요. 거절하지 말고 수락해주세요. 부탁드립니다."

홍콩이공대학교

홍콩 사람들은 홍콩이공대학교The Hong Kong Polytechnic University를 '폴리유'라는 애칭으로 부른다. 이곳의 모체는 1937년 정부트레이드스쿨Government Trade School이라는 이름으로 개교한 홍콩 최초의 공립 고등기술학교이다. 이후 1947년에 현재의 이름으로 바꾸었고, 1994년에 4년제 대학으로 거듭났다 (2016년 『타임스The Times』는 폴리유를 전 세계의 개교 50년 미만 4년제 대학 중 6위로 선정했다).

중문대를 비롯해 홍콩 내 여러 대학을 점거했던 시위대는 11월 15일 이후 폴리유로 집결했다. 그 이유가 궁금하다면 지도 애플리케이션을 켜고 'PolyU Hong Kong'을 검색해보자. 폴리유 동쪽에는 홍함 역이 있다. 웨스트카오룽 역이 문을 열기 전까지는 중국으로 가는 열차가 이곳에서 출발했다. 중국 선전과 접경한 로후로 가는 MTR도 이 역에 선다. 오랫동안 국제 열차의 출발지였던 이 역은 상당한 규모를 자랑한다. 홍함 역과 폴리유 사이에는 카오룽반도와 홍콩섬을 연결하는 해저 터널 진입로가 있다. 홍콩은 아름다운 풍경을 보존하기 위해 다리를 짓지 않고 세 개의 해저 터널로 반도와 섬을 연결했다. 이 중 홍함에 있는 터널의 물동량이 압도적으로 많다. 또한 폴리유는 삼면이 간선도로에 둘러싸여 있는 반면에 학교로 들어오는 길은 정문 앞의 일반 도로뿐이어서, 경찰과 대치할 경우 방어가 유리하다. 반면 시위대는 언제든지 해저 터널과 홍함 역을 기습해 마비시킬 수 있다.

시위대는 천혜의 요새인 폴리유를 점령한 뒤 지방의회 선거 때까지 버티기로 했다. 점거가 정말로 선거에 도움이 되는지에 대해서는 논쟁의 여지가 있지만, 당시 홍콩 시위대는 이곳에서 버티는 게 유리하다고 판단했다.

나는 11월 16일 오후 3시에 폴리유 정문에 도착했다. 주변에는 투석전을 대비해 보도블록을 깨서 만든 돌이 모여 있었다. 군데군데 경찰 차량을 막기 위한 마름쇠도 뿌려져 있었다. 시위대는 해저 터널 진입 도로도 점거했다. 폴리유로 통하는 계단에는 검문소를 설치하고 출입자를 통제했다. 학교 안은 거대한 병기창 같았다. 시리얼, 비스킷, 생수, 생리식염수, 초콜릿 등의 보급품도 산처럼 쌓여 있었다. 대체 여기에서 얼마나 버티려는 걸까? 건물 한쪽에는 화염병도 있었다. 용무파는 실외 수영장을 비운 뒤 화염병 투척 훈련을 했다. 체육관은 휴게소로 쓰는 듯했다. 바닥에 줄지어 깔린 요가 매트가 인상적이었다.

　시설을 한 바퀴 둘러보고 나오니 석양이 지고 있었다. 붉은 하늘 아래에서 사람들은 보급품을 나르고, 주변을 청소하며 분주히 움직였다. 그 사이로 검은 옷을 입은 커플이 눈에 들어왔다. 저들 중 누군가가 다친다면 남은 사람은 얼마나 슬프고 두려울까? "지금 홍콩은 누구에게나 슬픈 시대다"라는 말을 읊조리고 나는 학교에서 나왔다.

　밤이 되면 공방이 시작될 것 같아서 일찌감치 저녁을 챙겨 먹었다. 그리고 평소에 즐겨 찾던 디저트 가게에 가서 크렘브륄레crème brûlée를 먹고 있는데 메이에게 메시지가 왔다.

　"다시 홍콩에 온 걸 환영해. 이제는 내가 필요없지? 연락도 늦게 하고."

　"내가 너 없이 어떻게 홍콩에서 지내니? 지금 어디에 있어? 난 저녁 먹고 다시 폴리유로 갈 거야."

　"나도 폴리유야. 그나저나 이번엔 마스크 챙겼어?"

　"아니. 지난번에 보니까 최루탄 냄새가 견딜 만하더라고."

　"지금은 다를 텐데. 인권 단체의 항의로 영국이 홍콩에 최루탄 수출을 금지했거든. 지금은 중국제 최루탄인데, 말도 안 되게 독해. 마스크뿐 아니라 고글도 필수야!"

　"입국할 때 문제가 될까 봐 시위 용품처럼 보이는 건 아무것도 안 가져왔어."

　"일단 오늘만 버텨봐. 내일 여분을 챙겨줄게."

　메이와 대화를 마치고 폴리유로 돌아가는데, 주변 공기가 달라져 있었다. 직장에서 퇴근한 이들이 폴리유로 모이기 시작한

"지금 홍콩은 누구에게나 슬픈 시대다."

것이다. 텔레그램 단톡방에서는 경찰 살수차가 폴리유로 가고 있다는 소식이 전해졌고, 경찰 병력이 폴리유 서쪽에 집결하는 상황도 속속 업데이트되었다.

오후 8시 5분경, "진압을 준비 중이다!"라는 메시지가 전파되는 동시에 용무파 무리가 달려가기 시작했고, 덩달아 나도 걸음이 빨라졌다. 거리에는 경찰 차량과 전경 40여 명이 배치되어 있었고, 용무파는 학교 앞 사거리를 지키고 있었다. 잠시 후 경찰 병력이 불어나더니 곧바로 진압을 시작했다. 10시가 되자 시위대는 교차로에서 물러나 정문을 지키는 데 집중했다. 좁은 도로에 화염병이 터지며 붙은 불과 최루탄 연기가 가득 차서 한 치 앞도 보이지 않았다. 새벽이 되어서야 경찰은 소수의 병력만 남기고 정문에서 물러났다. 기진맥진한 시위대는 그 자리에 주저앉아서 쪽잠을 청했다.

메이

17일 오전부터 메이에게 연락이 왔다. 그는 어제 하루 종일 폴리유를 지키다가 오늘 새벽에 빠져나왔다고 했다. 우리는 정오에 청킹맨션에서 만나기로 했다. 메이와는 계속 채팅만 한 사이로, 직접 만난 건 이날이 처음이다. 우리는 서로 알아볼 수 있도록 각자의 외모와 특징을 열심히 설명했다. 홍콩 사민주의 정당의 활동가라고 해서 강한 인상을 떠올렸는데, 핏기 없는 얼굴에 체구도 조그마한 사람이 내 앞에 나타났다. 우리는 식당으로 가서 밥을 먹고 이야기를 나누기로 했다.

룽문카페龍門冰室는 홍콩에서 다섯 개의 지점을 운영하는 프랜차이즈 레스토랑으로, 시위 초기부터 시위대를 지지했다. 우리가 간 곳은 침사추이점인데, 불과 한 달 전 새벽에 친중파의 습격을 받고 기물이 파괴되는 사고가 있었다. 시위가 확산되면서 침사추이의 가게들은 대부분 문을 닫았지만 룽문카페는 꿋꿋하게 문을 열고 지친 시위대를 받아들였다.

메이는 식당 주인에게 나를 '한국에서 온 기자'라고 소개했고, 그 덕에 주인과 몇 마디를 나눌 수 있었다. 이 가게는 학생 시위대에게 '힘내라 홍콩 세트香港加油套餐'를 무료로 제공하는 집으로도 유명하다. 나는 어떻게 가게를 유지하고 있는지 물어보았다. 주인은 나누는 것보다 더 많은 기부금이 들어오고 있다고 대답했다. 남는 비용으로 시위대에게 물티슈와 생수 등의 용품도 제공했다. 시위대와 이런 상점의 경제적 공생(홍콩에서는 이를 일컬어 '황색 경제권'이라고 부른다)이 얼마나 오래 유지될지 알수 없지만, 가게 주인과 직원, 그리고 손님과 시위대는 단단히 연대하고 있었다.

주인은 점원에게 내 레몬티에 레몬 두 쪽을 더 넣어주라고 했다. 비타민을 보충하고 가라면서 말이다. 그를 인터뷰하는 중에 몇몇 손님이 내게 다가와 "우리를 취재하러 와줘서 고맙다"라고 연신 인사를 했다. "그저 일일 뿐이다"라고 대답하는데, 목구멍에서 뜨거운 것이 울컥거렸다. 이어서 메이가 자신의 상황을 설명해주었다.

"홍콩의 많은 가정이 혼란에 빠져 있을 거야. 나도 아빠의 직

"가게 주인과 직원,
그리고 손님과 시위대는
단단히 연대하고 있었다."

업(경찰)에 대해 이해하려고 노력해야 했고, 아빠도 자신들의 강경한 진압에 대해 갈등했던 것 같아. 그런데 이제는 홍콩 시민이라면 자기가 어느 편인지 분명히 선택하고 그에 따라 행동해야만 하는 상황이 되었어. 네가 이 카페로 오자고 했지? 너 같은 외국 기자도 황색 경제권을 이해하고 황색 가게에서 물건을 사려고 하는데, 홍콩인인 우리는 어떻겠어. 뭔가를 살 때마다 '이 가게에서 사도 될까?'를 고민해. 슬프지만 홍콩이 반중과 친중, 둘로 완전히 갈라진 거야. 아빠는 자신이 택한 길을 가겠지. 나는 내 길을 갈 것이고. 그뿐이야."

나는 메이에게 네 이야기를 책에 써도 괜찮은지 물어보았고, 그는 가명을 쓴다는 전제로 허락해주었다.

식사를 마친 후 우리는 짧은 악수를 나누고 헤어졌다.

"다치지 마. 죽는 것도 안 되고. 일단 무사해야 좋은 날도 보고, 다시 만날 수도 있는 거야."

"너도 몸 조심해. 혹시라도 네가 잘못되면 죄책감을 이길 수 없을 것 같아. 나는 뭐, 요즘 홍콩에서 홍콩 사람이 죽는 건 뉴스도 아닌걸."

그의 말처럼 요즘 홍콩은 '사람이 죽는 게 뉴스거리도 안 되는 세상'이다. 메이는 유언장을 들고 다닌다고 했다. 그뿐 아니라 많은 시위대와 용무파가 가방 속에 유언장을 넣어놓고 있다. 그 유언장에는 "나는 자살하지 않는다"라고 적혀 있다. 시위 도중 사망할지도 모른다는 두려움과 그 죽음이 자살로 조작될지도 모른다는 공포 때문이다. 이어지는 죽음 속에서 홍콩의 청소년, 청년은 죽음이 코앞에 와 있다는 걸 인식하기 시작했다. 이

'창창한 죽음'을 어찌 필설로 형언할 수 있을까.

다시 공성전

오후 2시가 되자 폴리유 일대에 다시 긴장이 감돌았다. 경찰은 홍콩역사박물관 앞에 독일에서 수입한 신형 장갑차를 배치했다. 언론 보도에 따르면 이 장갑차에 장착된 소닉 캐넌Sonic cannon은 음파를 발사하여 반경 300미터 안의 사람들을 무기력하게 만든다. 그 모습을 본 시위대는 잔뜩 움츠러들었다. 이윽고 경찰은 물대포를 발사하며 진압을 시작했다. 도중에 경찰 한 명이 종아리에 화살을 맞았다. 한 떼의 기자가 경찰 쪽으로 몰려가 부상자를 촬영했고, 일부는 화살을 쏜 시위대에게 거세게 항의했다. 그들은 "너로 인해 이 운동의 정당성이 무너졌다"라고 지적했고, 화살을 쏜 청년은 연신 사과했다. 공포와 두려움에 '시위의 대의'를 지켜야 한다는 의무감이 더해져 이들을 무겁게 짓눌렀다.

석양이 질 무렵 나는 시위대와 경찰이 가장 격렬하게 맞붙은 청완로드Cheong Wan Road를 취재하고 있었다. 바리케이드를 사이에 놓고 화염병과 물대포가 쉴 새 없이 날아가던 중 내 머리 위에서 최루탄이 터졌다. 나는 잠시 실신했고 의료진에게 구조되었다.

해가 진 뒤에 잠시 소강상태가 찾아왔으나, 한 시간 뒤에는 다시 불이 붙었다. 이번에는 해질녘보다 더 거칠었다. 경찰은

폴리유 주변의 모든 출입구를 봉쇄할 것이며, 남아 있는 시위대
는 모두 폭동 혐의로 기소하겠다고 방송했다. 미리 취재를 등록
하지 않은 기자도 시위대로 간주하겠다고 선언했다. 17일 밤을
기해 폴리유는 완전히 봉쇄됐다. 한국 언론 중에는 데일리안과
뉴시스가 폴리유 안에 남았다. SNS에는 밤새도록 폴리유에서
탈출하다 체포된 사람들과 그들을 학대하는 홍콩 경찰의 모습
이 떠다녔다.

　11월 18일(월요일)이 되자 더욱 많은 사람이 거리로 나왔다.
나는 폴리유에 갇힌 학생들을 구하기 위해 발 벗고 나선 사람들
의 모습에 압도당했다. 그러나 폴리유 항쟁은 19일 밤과 20일
새벽 사이에 경찰의 강공을 견디지 못하고 사실상 해산되었다.

　마지막 취재를 마치고 한국으로 돌아오던 날, 홍콩의 하늘은
파란색을 뿜내고 있었다. 멀어지는 침사추이를 바라보는데 처
음으로 이런 생각이 들었다. '나는 이곳에 다시 올 수 있을까?'
홍콩국제공항은 여전히 텅 비어 있었다.

중국은 승리를 확신했다

　홍콩 지방의회 선거일이 다가왔다. 선거를 며칠 앞두고 홍콩
과 중국, 그리고 전 세계는 각자가 응원하는 편의 승리를 위해
전력을 다했다. 11월 18일 홍콩 고등법원은 마스크 착용을 금
지한 긴급조치가 홍콩기본법과 시민의 권리장전 조례를 위반한
다고 판결했다. 이 판결은 위법 결정 자체로도 의미가 있지만,

무엇보다 아직까지 홍콩이 독립적으로 기능하고 법치가 남아 있다는 점을 보여주었다. 중국은 즉각 반발하며 기본법에 대한 해석 권한은 자기에게 있다고 주장했다.

11월 20일에는 홍콩 시민권자이자 영국 영사관 직원인 사이먼 쳉Simon Cheng이 기자회견을 열고 자신도 중국을 방문했다 억류되었다고 밝혔다. 중국은 그에게도 성매매 혐의를 뒤집어씌웠다. 이 사건을 접한 홍콩 시민들은 쳉이 중국 본토가 아닌 웨스트카오룽 역에 억류당했다는 사실에 더욱 놀랐다. 2018년에 문을 연 이 역을 홍콩이 아니라 중국이 관할하기 때문에 납치의 무대가 될 것이라는 우려가 팽배했는데, 이번 사건으로 현실화하였다. 홍콩 시민들은 송환법에 반대해야 하는 이유를 한 번 더 절감했다. 11월 21일에는 미국 의회에서 '홍콩 인권 및 민주주의 법Hong Kong Human Rights and Democracy Act of 2019'이 통과되었다. 공화당이 발의한 이 법안에 민주당도 협력하여 상하원 모두 만장일치로 가결되었다. 이처럼 상황은 대체로 민주파에게 유리하게 흐르고 있었다. 그런데 베이징은 곧 있을 선거에서 친중국계의 승리를 의심하지 않았다. 과연 누구의 예측이 옳았을까?

11월 24일이 밝았다. 중국 관영 『인민일보』와 『환구시보』는 일제히 친중파의 승리를 예상하는 기사를 냈다. 주요 외신이 "시위대를 100퍼센트 지지하지는 않지만, 이번만큼은 민주파에 표를 주고 싶다"는 홍콩 시민들의 인터뷰를 소개한 것과 정반대의 논조였다.

투표가 시작되기 전부터 투표소에 긴 줄이 늘어섰다. 오전

11시가 되자 초반의 투표율이 보도됐다. 18퍼센트. 2015년과 비교하면 세 배나 높은 수치였다. 만 18세 이상의 모든 국민이 투표권을 갖는 한국과 달리 홍콩은 직접 유권자 등록을 해야 투표를 할 수 있다. 복잡한 과정은 아니지만 선거 사무소에 방문해야 하기 때문에 대체로 투표율이 낮다. 하지만 이번엔 정말 달랐다.

2014년의 우산혁명과 2019년의 송환법 반대 투쟁을 거치며 홍콩 사람들은 '보통선거 실시'를 요구했다. 그 염원으로 2019년에만 홍콩 전체 유권자의 10퍼센트를 상회하는 39만 명이 유권자 등록을 했다.

최종 투표율은 71퍼센트(294만 명)로 기록되어 2015년 지방선거 때의 47퍼센트를 훌쩍 뛰어넘었다. 참고로 역대 최고 투표율은 2016년 총선거 당시의 58퍼센트였다. 최종 투표율이 발표되자 민주계가 압승할 것이라는 전망이 흘러나왔다.

메이는 하루 종일 흥분해 있었다. "진짜야 환타. 오후 4시에도 투표소 대기 줄이 줄지 않았어. 이런 적은 처음이야. 어쩌면 기적이 일어날지도 몰라." 윙 씨도 비슷한 이야기를 했다. "아버지가 처음으로 민주파에 투표하셨어. 후보가 마음에 안 든다며 기권을 할지언정, 민주파에는 절대로 표를 주지 않던 분이었는데 말이야. 이번엔 확실히 민주파가 이길 거야. 얼마나 크게 이기는지만 달라질 뿐, 대세는 변하지 않을 거야. 내 주변에는 친중파를 찍었다는 사람이 한 명도 없어!"

이들의 바람처럼 결과는 민주파의 압승이었다. 홍콩에는 총 18개의 지방선거 선거구가 있는데 2015년에는 친중국파가 약

54퍼센트를 득표하며 전 지역에서 승리했다. 반면 이번에는 민주파가 57퍼센트를 득표하며 란타우섬 선거구를 제외한 모든 곳에서 승리했다. 4년 만에 18 대 0에서 1(친중국파 총 59석 확보) 대 17(민주파 총 347석 확보)로 대역전한 것이다. 시민들은 각자가 행사한 한 표의 위력을 실감했다. 뜨거운 민심을 확인한 홍콩 경찰도 그간의 강경 방침에서 한 발 물러설 수밖에 없었다.

민주파의 승리 소식을 듣고 가장 경악한 곳은 베이징이다. 친중국파의 승리를 예상했던 『환구시보』는 선거 결과를 기사로 내보내지도 않았다. 『뉴스위크 재팬』의 보도에 의하면 중국 관영 언론은 친중파가 패배하는 것에 대한 기사를 준비조차 하지 않았다고 한다.

중국이 상황을 오판한 까닭은 무엇일까? 1950년대 대약진 운동 시기에 마오쩌둥을 비롯한 중국 지도부는 자신들이 조만간 소련을 능가하고, 30년 뒤에는 미국을 앞지를 것이라고 생각했다. 하지만 그 결과는 2000만 명이 아사한 현대사 최악의 비극으로 끝났다. 권위주의 정권 특유의 거짓 보고 때문이다. 지도자의 비위를 거스르면 목이 날아가는 상황에서 '보고되는 정보'는 '지도자가 원하는 정보'일 수밖에 없다. 그런 상황이 지금도 바뀌지 않은 것이다.

선거가 끝나고 많은 언론은 이번 선거 혁명으로 인해 홍콩 시위가 더욱 격화될 것이라고 예상했다. 또한 홍콩의 민심을 파악한 중국이 이를 어찌 극복해낼 것인지에 대해서 기사를 쏟아 냈다. 그러나 언제나 절망 속에서 희망이 피어나고, 희망이 가장 커졌을 때 절망이 싹튼다.

12.

일국양제 시대의
종말

코로나19의 습격

선거로 드러난 홍콩 시민들의 의사에 이견을 낼 사람은 없어 보였다. 이제 남은 문제는 중국이 결과를 인정하느냐였다. 중국이 입을 열기를 기다리는 약 일주일간 거리는 평화로웠다. 민간인권전선은 12월 18일 세계 인권의 날을 맞이해 80만 명이 참여한 집회를 열어 건재를 과시했다. 그런데 바로 그때 베이징이 캐리 람 행정장관에 대한 재신임을 천명했다. 중국의 의사는 분명했다. 이번 선거 결과를 무시하겠다는 뜻이었다. 그러자 홍콩 경찰도 다시 시위대를 압박해왔다.

메이는 이런 국면에서도 애써 태연하게 굴었다. "이번 선거로 민심이 어느 편인지 확실히 확인했어. 이제 본 게임에서 이기면 돼." 그가 말한 본 게임은 2020년 9월로 예정된 홍콩 총선거였다. 그때도 민주계가 의석을 석권한다면 야권에 불리하게 설계된 판을 뒤집어버릴 수 있다. 이 희망이 시위대를 버티게 했다. 그리고 이것이야말로 불타버린 홍콩을 되살릴 수 있는 유일한 방법이었다.

얼마 후 2020년 새해가 밝았다. 민간인권전선은 1월 1일에 다시 100만 명이 모인 집회를 열었다. 이날의 행사는 2019년보다 더 뜨거워질 2020년을 예고하는 것 같았지만, 이내 중국에서 시작된 사건으로 인해 모든 동력이 꺼지고 말았다. 바로 코로나19 팬데믹이다. 홍콩은 2002년에 사스바이러스를 겪었다. 이 기간 동안 중국 전역에서 5300명이 감염되고 349명이 사망했는데, 홍콩에서는 무려 1750명의 환자가 발생했고 이중 299

명이 죽었다. 홍콩은 중국 우한의 코로나 감염자가 44명에 불과하던 2020년 1월 3일에 감염병 위기를 2단계로 격상했다. 홍콩과 우한 사이의 인적·물적 교류가 많았기에 홍콩 정부가 발빠르게 조치한 것이다. 1월 8일에는 우한으로 향하는 모든 기차와 비행기에 대한 심사가 강화됐다.

1월 23일 홍콩에서 첫 감염자가 발생했다(중국에서 온 39세 남성). 같은 날 우한을 다녀온 홍콩인도 양성 판정을 받았다. 이후 환자가 늘기 시작하자 1월 25일에 감염병 위기를 최고 단계로 높이고 각급 학교에 20일간의 휴교를 명령했다. 사흘 후인 1월 28일, 앞서 마스크 금지법을 발효했던 캐리 람이 직접 마스크를 쓰고 카메라 앞에 서서 홍콩과 중국 간 고속철도의 운행을 중단하고 모든 공무원은 재택근무를 시작하며 중국과 연결된 몇몇 접경을 폐쇄한다고 발표했다. 이제 온 사회의 관심이 방역 활동으로 옮겨갔다. 다수의 홍콩 시민은 정부가 국경을 폐쇄하지는 못할 것이라고 예상했다. 실제로 1월 28일에 일부 국경을 폐쇄하긴 했지만, 가장 중요한 로후는 닫지 못했다.

반중 감정에 전염병에 대한 두려움이 겹쳐지고, 홍콩 정부에 대한 불신마저 더해지자 친중파에 가깝던 시민들까지 국경의 전면 폐쇄를 요구하기 시작했다. 의료계는 국경 폐쇄를 주장하며 2월 3일부터 닷새간 총파업에 돌입했다. 국경을 폐쇄하면 중국인뿐 아니라 중국에 거주하는 홍콩인의 출입마저 금지된다. 따라서 완전 폐쇄는 사실상 불가능하다. 하지만 시민들은 국경을 닫지 못하는 이유는 홍콩 정부가 중국에 굴종했기 때문이라고 믿었다. 그렇지만 더 이상 거리로 나가서 자신의 의사를 표현할 수 없었다. 이를 계기로 2019년에 시작된 저항 운동도 사실상 종료되고 말았다. 코로나19가 시위를 진압해버린 것이다. 이제 홍콩뿐 아니라 전 세계에서 개인의 자유와 권리보다 국가의 방역이 더 중요해졌다.

불길한 징후

이쯤에서 시계를 과거로 돌려보자. 2003년의 국가보안법 제정 시도는 현재의 송환법처럼 완전히 철회할 수 있는 문제가 아니었다. 홍콩기본법 23조에 국가보안법 제정이 명시되어 있기 때문이다. 역대 행정장관들이 본격적으로 착수하지 않았을 뿐이지 보안법 제정을 위한 준비는 꾸준히 진행되었다.

중국은 2003년 국가보안법 제정에 실패했을 때 "실수가 없었는지 되돌아보라"라는 말로 행정장관 둥젠화를 질책하고, 홍콩 시민의 선택을 존중한다는 자세를 취했다. 하지만 역대 행정장관들은 언제 국가보안법 제정을 재개할 것이냐는 질문을 피할 수 없었다. 캐리 람도 같은 질문을 받았다. 그는 취임 바로 다음 날 "홍콩 정부가 국가보안법 제정에 제 역할을 하지 않는 것은 중국 중앙정부에 대한 의무를 태만히 하는 것"이라고 설명하고 "시기와 정치적 분위기를 고려하여 적절한 때에 제정할 수 있다"라고 답했다. 얼마 후 시진핑은 "국가의 주권을 위협하고 중앙의 권위에 도전하는 것은 마지노선을 넘는 행위로 절대 용납할 수 없다"라고 홍콩에 경고하며 "국가의 안전을 수호하기 위해 홍콩의 체제를 개선하라"라고 요구했다. 확실히 국가보 안법 제정에 힘을 싣는 발언이다. 하지만 언제 시작할 것인지에 대해서는 의견이 분분했다.

송환법 반대 시위 초기에는 중국도 강경 발언을 자제하고 문제 해결을 홍콩에 일임했다. 그러다 2019년 7월 28일 시위 대가 홍콩 연락사무소를 습격해 오성홍기를 훼손하고 홍콩의 독립을 외치자 상황이 바뀌었다.

중국은 티베트에서, 그리고 신장위구르자치구에서 분리주 의를 억압하고 있다. 분리주의를 방치할 경우 중국이 수십 개 로 쪼개질지 모른다는 두려움 때문이다. 홍콩의 독립 요구 또한 중국 정부가 정해놓은 레드라인을 넘어서는 행위다. 다만 중국 이 홍콩에 무력 개입할 가능성은 매우 낮다. 1989년 천안문을 피로 물들인 이후 약 20년간 전 세계로부터 경제 제재를 받았 던 중국은 그런 실수를 반복하지 않을 것이다. 만약 홍콩을 피 로 물들인다면 덩샤오핑의 유훈이 완전히 박살날 것이기 때문 이다. 또한 타이완과의 양안 문제를 정치적·외교적으로 해결할 수 없게 된다. 그렇다면 중국은 어떤 선택을 하게 될까? 그 대답 을 듣기까지 시간이 오래 걸리지 않았다.

코로나19가 기세를 올리던 2020년 2월 25일 친중 의원이 주축이 된 '홍콩연구회'가 국가보안법을 제정해 혼란을 종식시 키자며 온라인 서명운동을 시작했다. 여기에 약 20만 명이 응하 면서 친중파가 건재하다는 사실을 증명했다.

국가보안법

코로나19로 인해 모든 거리가 고요하던 4월 18일, 홍콩 경찰은 마틴 리를 비롯해, 지미 라이, 리척얀 등의 민주파 거물 15명을 체포했다. 혐의는 집회와 시위에 관한 법률 위반으로, 이들은 하루 동안 조사를 받고 풀려났다. 마틴 리는 기자들을 만나 "여러 달에 걸쳐 젊은이들만 체포되는 것을 보며 죄책감을 느꼈다. 이제라도 체포되어 홍콩의 자랑스러운 젊은이들과 민주화의 길을 함께 걷는 게 기쁘다"라고 말했다.

2020년 5월 20일 중국에서 뜻밖의 소식이 들렸다. 장예쑤이張業遂 전국인민대표대회 대변인이 이번 전인대에서 논의할 아홉 가지의 안건에 홍콩특별행정구의 국가보안법 제정이 포함되었다고 밝힌 것이다. 이때 홍콩은 사회적 거리두기로 인해 9인 이상의 모임을 금지하고 위반 시 최대 2만 5000홍콩달러 혹은 징역 6개월로 처벌했다. 5월 28일 전인대는 '홍콩특별행정구의 국가 안전을 수호하는 법률 제도와 집행 기제 수립 및 완비에 관한 결정'을 의결했다. 결과는 찬성 2878표 대 반대 1표, 기권 6표였다. 결정문의 내용을 요약하면 다음과 같다.

> 최근 몇 년간 홍콩에서 홍콩 독립을 주장하며 중국의 단결 및 영토 보전을 심각하게 위협하고 테러를 일삼는 세력이 대두했다. 외국 세력까지 홍콩 문제에 개입하는 상황에서 일국양제 시스템을 개선하고 홍콩의 장기적 안정을 추구하며 홍콩인의 합법적 권리와 이익을 보호하기 위해 전국인

민대표대회 상무위에 관련법 입법 권한을 부여한다.

더 짧게 요약하면, 중국 의회가 홍콩 국가보안법을 만들면 홍콩 정부는 이를 시행하라는 말이다. 참고로 홍콩기본법 18조에 "전국인민대표대회 상무위원회가 법률을 증감할 수 있다"라는 근거 조항이 있다. 천안문 학살로부터 30년이 지난 지금 중국은 '법에 의해' 다른 누군가의 세상을 파괴할 방법을 찾아낸 것이다. 이는 중국이 그토록 강조했던 일국양제와 고도자치의 파산을 뜻한다. 거인은 결국 홍콩을 지키고 있던 마지막 벽을 부수기 시작했다.

2020년 6월 20일 전인대 상무위는 홍콩 국가보안법 개정 초안을 발표했고, 6월 30일에 만장일치로 통과시켰다. 이 법은 당일 관보에 게시되어 7월 1일부터 발효되었다. 그러자 서구 사회가 먼저 중국의 조치에 대응했다. 홍콩의 마지막 총독 크리스 패튼은 『타임스』를 만나 "G7이 이번 사태에 개입해야 한다"라고 촉구했고, 미국의 마이크 폼페이오Mike Pompeo 국무장관은 "홍콩에 부여했던 경제 도시로서의 특별 지위를 박탈하고 앞으로는 중국의 일부로 간주하겠다"라고 경고했다. 영국은 BNO 여권을 소지한 홍콩인의 영국 국적 취득 절차를 간소화하겠다고 발표했다. 하지만 국제 사회의 개입도 여기까지였다. 코로나19로 전 세계가 신음하는 상황에서 누구도 중국을 상대로 '법에 의한 통치'와 '법을 이용한 통치'의 차이를 논할 여유가 없었다.

마침내 등장한 홍콩 국가보안법에는 독소 조항이 가득하다.

- 이 법은 홍콩 영주권자뿐 아니라 외국인에게도 적용된다.
- 이 법은 국가 분열, 국가 정권 전복, 테러 행위, 외국 세력과 결탁 혹은 해외 세력에 의한 국가 안전 위해 등 네 가지 범죄에 적용된다.
- 이상의 범죄 행위는 벌금형 없이 최소 징역 3년, 최대 종신형으로 처벌한다.
- 홍콩 행정부와 중국 정부에 대한 증오심을 조장하는 행위도 처벌한다.
- 매우 심각한 안보 범죄의 경우 중국이 직접 기소하고 비공개로 재판할 수 있다.
- 대중교통을 파괴하는 일도 테러 행위로 처벌한다.
- 이 법으로 처벌받은 사람의 피선거권을 박탈한다.

한마디로 무소불위의 국가보안법이 탄생한 것이다. 마지막으로 중국은 기존의 법률이 국가보안법과 충돌할 경우 국가보안법을 우선 적용한다고 부칙에 명시했다. 그렇게 2020년 7월 1일, 홍콩이 중국에 반환된 지 정확히 23년 만에 항인치항, 고도자치, 일국양제가 막을 내렸다. 사방에서 중국이 홍콩을 병합했다는 탄식이 터져나왔다.

그날 이후

2020년 7월 1일 이후 무엇이 달라졌을까? 이제는 홍콩에서

"광복홍콩 시대혁명"을 외치는 것만으로도 처벌을 받는다. 홍콩 정부는 여기에 국가보안법 22조의 '국가 정권 전복죄'를 적용할 것이며, 3년 이상 10년 이하의 징역형에 처한다고 경고했다. 실제로 라이치콕 교도소에 수감된 한 재소자는 감옥 벽에 이 구호를 적었다는 이유로 국가보안법 위반 혐의가 추가되었고, 홍콩 중문대 학생 여덟 명은 졸업식 날 구호가 적힌 깃발을 들고 거리로 나왔다가 선동 혐의로 기소됐다. 지미 라이는 외세와 공모한 혐의로 기소되었는데, 그가 한 일이라고는 폼페이오가 홍콩 문제를 언급한 트윗을 리트윗하고 고맙다는 말을 덧붙인 게 전부였다. 민주당의 테드 후이Ted Hui, 청년신정당의 바기오 렁, 그리고 데모시스토당의 네이선 로 등 다수는 망명을 선택했다. 그 사실이 알려지자 홍콩 경찰은 이들의 계좌를 동결하고 지명 수배했다.

또한 홍콩 정부는 모든 공무원에게 홍콩 정부에 대한 충성 맹세와 기본법 준수 서약을 의무화했다. 국가보안법 위반자를 밀고할 수 있는 인터넷 사이트도 만들었는데, 개설 당일에만 1000여 건의 신고가 쇄도했다고 한다. 초등학교 수업 시간에 '홍콩 독립'에 관한 영상을 튼 교사는 자격을 박탈당했고, 조슈아 웡 등 민주계 인사가 저술한 책은 공립도서관에서 폐기되었다. 홍콩 교육부는 여섯 개 출판사에서 나온 여덟 종의 사회과 교과서에 기술된 삼권 분립에 대한 설명을 삭제하거나 수정하라고 요구했다. 시민불복종에 대한 기술에는 "이 운동에 참여하면 형사 처벌한다"는 내용이 추가되었고, 현대중국 교과서의 "중국에서는 법치가 제대로 이루어지지 않고 있다"는 내용은 삭제되었다. 이에 대해 교육부는 "자문만 했을 뿐이다"라고 변명했다.

세계는 중국의 만행을 두고 보지 않았다. 미국 국무부는 자국민이 홍콩에서 체포될 가능성을 경고하며 홍콩과 중국의 여행 안전 등급을 2단계 '주의'로 격상했고 미국, 영국, 캐나다, 호주, 뉴질랜드 등 5개국은 홍콩 정부와 맺은 범죄인 인도 협정을 취소했다. 구글은 더 이상 홍콩 경찰의 자료 제공 요청에 응하지 않을 것이며, 앞으로 '미국·홍콩 간 형사사법 공조 조약'에 따라 미국 법무부를 통해서만 처리하겠다고 발표했다.

가장 최악의 변화는 홍콩 시민들이 마지막 희망을 걸고 있던 홍콩 총선거가 2020년 9월에서 2021년 12월로 연기된 것이다. 정부는 코로나19 방역을 위한 조치로 설명했지만, 선거 연기는 중국이 제국주의에 의한 폭압 통치로 규정했던 영국 식민지 시절의 긴급조치법을 따른 것이다. 이어서 민주파 의원 네 명의 의원직이 박탈됐다. 이들이 미국 의원들에게 '홍콩 인권 및 민주주의 법' 제정을 촉구한 일이 국가보안법 및 홍콩 정부에 대한 충성 맹세를 위반했다는 이유였다. 이들에 대한 의원직 박탈은 사법 절차 없이 일방적으로 이루어졌고, 이에 반발해 민주계 의원 전원이 사퇴하면서 의회가 사실상 해체되었다.

마지며

안녕, 나의 도시여

2019년 11월의 취재가 마지막 홍콩행이 되었다. 주변에는 우리가 기억하는 홍콩의 마지막 모습을 보기 위해 간다고 말했지만, 정말로 끝이라고는 생각하지 않았다. 나는 2020년 8월에 다시 홍콩으로 갈 계획을 세우고 있었다. 그때가 되면 9월의 총선거를 벼르던 홍콩 시민들이 다시 일어설 것이기 때문이다. 그러나 나는 계획을 실행할 수 없었다. 그사이 국가보안법이 발효되었고, 다시 코로나가 확산되면서 홍콩 정부는 방역을 핑계로 총선거를 아예 연기했다.

국가보안법이 통과된 후 텔레그램에서 연락을 주고받던 사람들이 하나둘 사라지기 시작했다. 누구는 잡혀갔고, 누구는 극심한 공포에 빠져 스스로 모습을 감추었다. 외국인인 나와 홍콩의 정세에 대해 의견을 나누는 일도 '외세와의 결탁'으로 몰려 처벌을 받을지 모른다. 이제는 나도 홍콩으로 가기가 두렵다.

메이는 2020년 내내 극심한 우울증에 시달렸다. 어느 날 갑자기 텔레그램으로 근황을 전하고는 답을 할 새도 없이 사라지는 일이 반복되었다. 국가보안법이 발효된 날에는 더 이상 홍콩에 오지 말라고 했다. 모두 잊으라고…, 여기에서 겪은 일, 본 것, 추억까지도 모두 다.

"만약 네가 우리를 만나러 온다면, 너를 다시 보게 된다면 무

REMEMBER HONGKONG

302

척 행복할 거야. 하지만 이제 우리는 (외국인) 친구들이 홍콩으로 와서 정부의 표적이 되는 걸 원하지 않아."

윙 씨에게 연락이 온 건 2021년 초이다. 그는 윙 할아버지의 부고를 전해주었다. 할아버지가 국가보안법이 발효된 날 집회에 나갔다 다치셨다고 했다.

"그것 때문에 돌아가신 거야?"

"그건 아니야. 노인들이 그렇잖아. 그 뒤로 갑자기 건강이 나빠지셨어. 손쓸 겨를도 없이⋯. 환타야, 이제 홍콩에 오지 마. 여기는 위험해. 가게도 정리할 거야. 나도 타이완이든 캐나다든 어디로든 갈 거야."

이렇게 내가 알던 홍콩이 점점 사라져갔다.

1950년 10월 중국은 티베트가 중국의 일부임을 선언하고 인민해방군을 진격시켰다. 티베트는 그들을 막아낼 여력이 없었다. 그래서 UN에 지원을 요청했지만, UN은 중국과 인도가 벌이는 그레이트 게임에 끼고 싶지 않았다. UN 안전보장이사회 이사국이던 타이완 정부도 이 사태에 개입하지 않았다. 그들에게도 티베트는 회복해야 할 중국 땅이었기 때문이다. 이리 밀리고 저리 치이던 티베트는 '17개조 협약'을 맺고 중국의 일부가 되었다.

중국이 티베트를 합병하며 한 약속은 화려했다. 달라이 라마의 통치를 포함한 티베트의 모든 정치 체제를 인정하고, 중국에서 벌어지고 있는 과격한 개혁도 따를 필요가 없으며, 모든 일은 티베트 자치정부가 알아서 할 것이라고 말했다. 홍콩이 반환되기 46년 전에 중국은 티베트에서 일국양제를 실험했다.

무치포

티베트의 일국양제는 1959년 티베트 반란(혹은 독립 투쟁)을 계기로 끝났다. 중국이 달라이 라마를 납치할 것이란 소문이 퍼지자 30만 명의 티베트인이 포탈라궁을 에워싸고 저항했다. 중국은 달라이 라마가 인도로 탈출하는 모습을 지켜보며 협약을 무효화했다. 이렇게 중국이 설계한 첫 번째 일국양제는 '계획된 비극'으로 막을 내렸다.

그로부터 정확하게 60년 후인 2019년 홍콩에서 사상 초유의 대규모 시위가 발생했다. 중국 정부의 관점에서는 1959년 티베트 사태와 2019년 홍콩 시위가 똑같아 보일 것이다. 거꾸로 말해 티베트 민중이나 홍콩 민중의 관점에서도 중국 정부의 행태가 똑같아 보인다는 말이다.

이제 예정보다 1년 늦게 치러질 2021년의 총선거가 홍콩 시민들이 기대하는 마지막 희망이 되었다. 총선거는 엔드게임 end game까지는 아니지만 둠스데이dooms day를 몇 년쯤 늦출 수 있고, 홍콩 시민들로 하여금 미래가 좋아질 수도 있다고 희망하게 하는 최후의 보루이다.

시진핑 중국 국가주석은 2021년 1월 28일 홍콩 정부의 업무 보고를 받으며 '애국자치항愛國者治港'이라는 다섯 자를 남겼다. 곳곳에서 중국이 홍콩을 반환받으며 약속했던 3대 원칙 중 하나인 항인치항도 무너졌다는 탄식이 터졌다. 이어서 중국 전인대에 홍콩 선거법 개정안이 올라왔다. 이 안건이 총 2896표 중 찬성 2895표(기권 1표)로 가결되면서 중국식 민주주의는 또다시 전 세계를 놀라게 했다. 홍콩기본법에 의해 전인대 상무위가 만든 이 법안은 홍콩 시민들의 의사와 상관없이 곧바로 홍콩에 적용되었다.

법안의 내용은 모두의 예상을 뒤엎을 정도로 강력했다. 앞에서 살펴보았던 홍콩 지방의회 의원의 홍콩 행정장관 표결권이 삭제되고 중국이 조정하는 관변 단체들이 그 자리를 차지했다. 입법회 의원 수는 70명에서 90명으로 늘었지만 주민이 직접 선출하는 지역구 의원은 35명에서 20명으로 줄어들었다. 남은 70석 중 40명은 행정장관 선거위원회가 간접선거를 통해 뽑고, 마지막 30석은 직능단체의 몫으로 남았다.

여기에 더해 중국은 더욱 꼼꼼하게 또 다른 제한을 만들었다. 이제 홍콩에서 의원에 출마하려면 '후보 출마 자격 심사'를 통과해야 한다. 중국이 후보자의 애국심과 준법 정신을, 다시 말해서 후보자가 얼마나 중국을 잘 따르는지를 직접 심사한다는 뜻이다. 중국 관영 방송은 이에 대해 "애국심이 없어도 홍콩에서 살 수 있다. 다만 정치는 할 수 없다"라고 못 박았다.

국가안보법에 의한 기소가 줄을 잇고 있다. 이 책에 이름이 나온 민주화운동가는 거의 다 국가보안법 위반으로 재판을 받고 있거나 구치소에 수감되었다.

보다 못한 영국은 2019년부터 말로만 하겠다던 BNO 여권 소지자의 영국 이민 신청을 받기 시작했지만, 중국 정부는 보란 듯이 접수 첫날에 중국과 홍콩에서 BNO 여권의 효력을 말소시켰다. 영국이 이민을 허가해도 홍콩을 떠날 수 없게 만든 것이다. 만약 150만 명의 홍콩인이 영국 등으로 이주한다고 해도 중국으로서는 나쁠 게 없다. 빈자리를 본토의 중국인으로 채우면 앞으로의 선거는 친중국파에게 더욱 유리해질 것이기 때문이다. 바로 그때 중국이 홍콩 행정장관 직선제를 선언하면, 홍콩을 반환받으면서 한 약속을 지키는 셈이 된다. 그러면서 홍콩의 정치 개혁과 제도적 민주주의가 완성되었다고 축배를 들지도 모른다.

홍콩은 잠잠해졌지만, 지금 이 시각에도 아시아의 곳곳이 들끓고 있다. 타이에서는 왕정에 반대하는 시민들이 거리로 나왔고, 미얀마의 시민들은 군부의 쿠데타에 맞서 목숨을 걸고 항거하고 있다. 홍콩 시민들은 전 세계의 모든 저항자들에게 2019년의 경험을 전수했다. 이름이 알려지지 않은 한 조직이 『홍콩 19 매뉴얼HK 19 Manual』이라는 자료를 만들었다. 책자는 총 60개 항목에 걸쳐서 경찰 대응법, 시위 용품 공급 요령, 의료 봉사팀 조직법 등을 설명한다. 이것이 2021년 3월 초에 미얀마어로 번역되어서 미얀마 저항자들의 필수 교본으로 쓰이고 있다고 한다. 당신이 어제 뉴스에서 본 미얀마의 시위대가 검은 옷을 입고 노란 헬멧을 쓰고 있는 이유다. 홍콩이 만들어낸 오픈 소스 시위는 전 세계로 번져서 압제에 저항하는 표준이 되었다.

2019년 홍콩의 저항자들은 민주주의를 외치며 1980년의 광주를 기억했고, 2021년 전 세계의 저항자들은 민주주의를 기다리며 2019년의 홍콩을 떠올리고 있다. 이 책이 세상의 모든 압제에 저항하는 이들을 이을 수 있는 작은 끈이 되기를 간절히 바란다.

메이는 나와의 마지막 채팅에서 이렇게 말했다.

"다시 싸움을 시작한 미얀마 사람들이 부럽고 존경스러워. 적어도 그들은 자신의 정부와 싸우잖아. 돌이켜 보면 우리는 홍콩 행정부와 싸우지 않았어. 우리는 인구가 홍콩보다 186배나 많은 중국을 상대로 싸워야 했지. 네 책의 추천사를 쓰지 못해서 미안해. 이제 우리는 그 누구에게도 신분을 드러내고 말할 수 없게 되었다는 것을 이해해줘. 어디에서든 널 다시 만날 수 있다면 좋겠어. 그때까지 잘 지내."

"그래 메이야, 너도 잘 지내. 나의 도시 홍콩에게도 인사를 전해줘. 길을 가다가 웡 씨네 가게 문이 열려 있으면 들어가서 탕위엔 한 그릇을 시키고 안부를 전해줘. 나도 너희들이 보고 싶다. 언젠가 우리가 모여서 2019년을 이야기할 수 있게 된다면, 그 장소는 분명히 홍콩일 거야. 그때까지 무사해줘. 꼭 다시 만나자."

이 책을 쓰는 일이 그 어느 때보다도 힘들었던 만큼 주변 사람들의 도움을 많이 받았다. 그들의 지지와 격려가 없었다면, 나는 지금도 이 책을 완성하지 못했을 것이다. 이 자리를 빌려 짧게나마 그들에게 감사의 마음을 전한다.

2019년에 두 번이나 취재비를 지원받았다. 자포자기 심정으로 SNS에 도움을 구한다는 글을 올렸는데, 사람들이 거기에 응답해준 것이다. 통장의 잔고가 늘어나는 것을 확인할 때마다 나는 목구멍이 울컥했다. 박은정, 박춘봉, 박세찬, 박성경, 노호경, 조미숙, 트위터의 나나, 조냉면, 은경, shaomifan, blitz 번개, 페이스북의 리태림, 박상은, 서강일, 전수영, 안신열 님께 진심으로 감사드린다.

도서관냥과 메이비, 박춘봉 님은 홍콩 취재를 동행해주었다. 우리는 쉽지 않은 길을 함께 걸으며 고초를 나눴다.

『리멤버 홍콩』의 원고를 검토해준 WithHa, 도서관냥, 그로밋, 『시사인』의 오성 오빠에게도 깊이 감사드린다.

맨날 징징거리는 가난한 나를 거두어서 먹여주고 재워준 지인들의 은혜도 기억하겠다. WithHa, 메이비, 도라마코리아의 수괴, 그로밋, 이민화 선생, 맹현철 선생, 남뿔라 보더, 유튜버 엘랑, 안나군, 도쿠다 이광민, 이리홍, 최문수, 니모, 김경진 전 의원과 그 외 일당들, 경향신문의 김종목 기자와 시사인의 김은남 기자, 대구의 신중석, 김동식, 에바미안, 아쉬시 비웨디 가족이 그들이다.

우연히 만나서 교류의 끈이 이어진 트위터 Robinghwa, 박찬일 주방장, 김웅기, 오수일, 바라나시 사랑, 강원조, 김태권, 노명우, 이현진 님, 길바닥 피디와 최진아에게도 감사드린다.

마지막으로 이 책의 처음과 끝을 모두 함께해준 사계절출판사에 무한한 감사를 보낸다.

리멤버 홍콩

2021년 4월 23일 1판 1쇄
2021년 9월 30일 1판 2쇄

지은이 전명윤

편집 이진·이창연·홍보람 **디자인** 김민해
제작 박홍기 **마케팅** 이병규·양현범·이장열 **홍보** 조민희·강효원

인쇄 천일문화사 **제책** J&D바인텍

펴낸이 강맑실 **펴낸곳** (주)사계절출판사
등록 제406-2003-034호 **주소** (우)10881 경기도 파주시 회동길 252
전화 031)955-8588, 8558 **전송** 마케팅부 031)955-8595 편집부 031)955-8596
홈페이지 www.sakyejul.net **전자우편** skj@sakyejul.com
블로그 skjmail.blog.me **페이스북** facebook.com/sakyejul
트위터 twitter.com/sakyejul

ⓒ 전명윤, 2021

ISBN 979-11-6094-724-3 03910